Wolfgang Schwartz

Bornholm

Die östlichste Insel Dänemarks

45 ausgewählte Touren

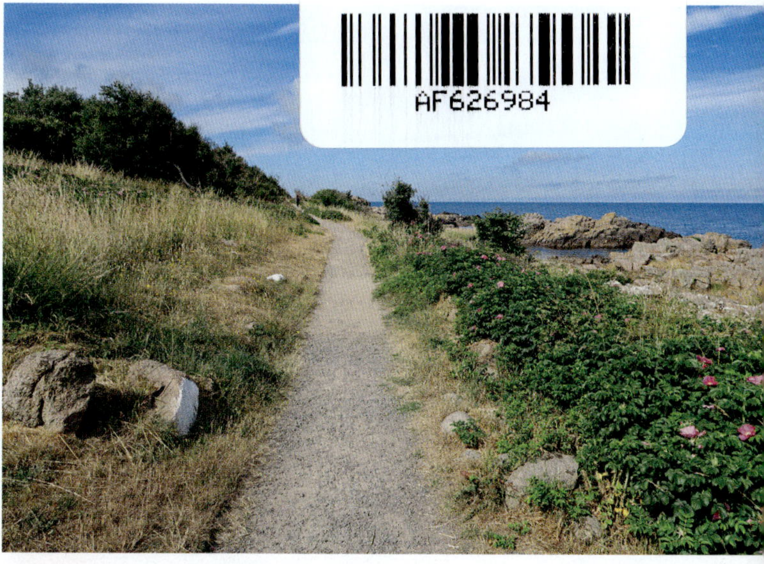

ROTHER
BERGVERLAG

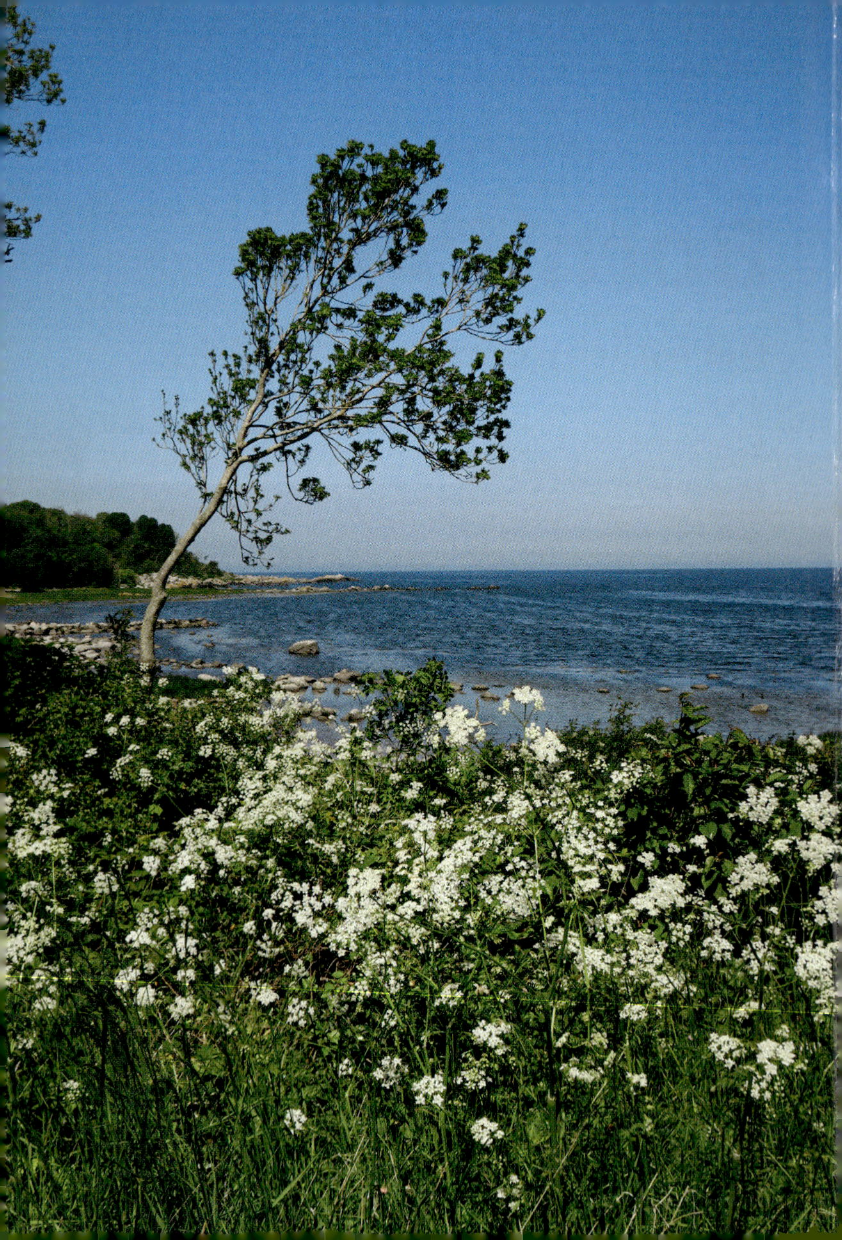

VORWORT

Bornholm ist seit Jahrzehnten eine der beliebtesten Urlaubsinseln der Ostsee. Dass das ausgesprochen familienfreundliche Eiland nicht nur zahlreiche Sehenswürdigkeiten für jede Altersgruppe bietet sowie bei Radfahrern wegen der alten Bahntrassenradwege geschätzt wird, sondern auch Wanderern ein großes Spektrum an Touren ermöglicht, zeigt dieser Wanderführer.
Da ist zum einen der Klassiker Kyststi: Auf diesem Küstenpfad lässt sich ganz Bornholm umrunden (siehe Tipps für Streckenwanderer). Beschrieben sind in diesem Buch die meisten (schönen) Etappen, die zusammengesetzt beinahe komplett um die Insel herumführen.
Aber auch im Inselinneren gibt es viele Wanderwege, die das Entdecken von Sehenswürdigkeiten und Naturoasen ermöglichen, von versteckten Wasserläufen und Weihern, dunklen Schluchten, Heideflächen oder massiven und teilweise wackelnden Felsblöcken, die oft nur zu Fuß erreichbar sind.
Bornholm ist mit seiner höchsten Erhebung, dem 162 Meter hohen Rytterknægten, zwar keine flache, aber auch keine gebirgige Insel. Von daher bewegen sich alle Wanderungen eher im leichten bis mittleren Bereich, wobei die größte Herausforderung dann nicht bei den Höhenmetern, sondern bei der Wegbeschaffenheit liegt: Das Gehen auf tiefsandigem und vor allem steinigem Untergrund, speziell am Strand, ist recht anstrengend und verlangsamt das Gehtempo stellenweise auf die Hälfte des Üblichen. Wobei der tatsächliche Zeitbedarf ohnehin oft weit von der eigentlichen Gehzeit abweicht – den vielen Sehenswürdigkeiten und einladenden Rastplätzen in der Natur sei Dank.
Diese zweite Auflage wurde nicht zuletzt dank der Mitwirkung zahlreicher aufmerksamer Leser überarbeitet und ergänzt – in diesem Zusammenhang ein besonderer Dank an Brigitte und Hartmut Nitz für besonders umfassende Hinweise und Vorschläge.
Ich wünsche Ihnen eine schöne, erholsame und erlebnisreiche Zeit beim Wandern auf Dänemarks östlichster Insel!

Balka, im Frühjahr 2024 — Wolfgang Schwartz

Ostküste bei Bølshavn (Tour 25).

INHALTSVERZEICHNIS

Norden

SYMBOLE

Symbole im Tourenkopf

- mit Bus erreichbar
- Einkehrmöglichkeit
- für Kinder geeignet

Symbole im Höhenprofil

- Ort mit Einkehrmöglichkeit
- Einkehrmöglichkeit
- Privat-, Wirtschaftsgebäude
- Parkplatz
- Bushaltestelle
- Hafen, Schiffsanlegestelle
- Kirche, Kapelle
- Burg, Museum, Ruine
- Aussichtsturm
- Leuchtturm
- Windmühle
- Wassermühle
- Campingplatz, Ferienpark
- Aussichtsplatz
- Picknick-, Rastplatz
- archäologische Stätte
- Gipfel
- Brücke, Steg
- Abzweigung
- Strand, Bademöglichkeit
- Wasserfall

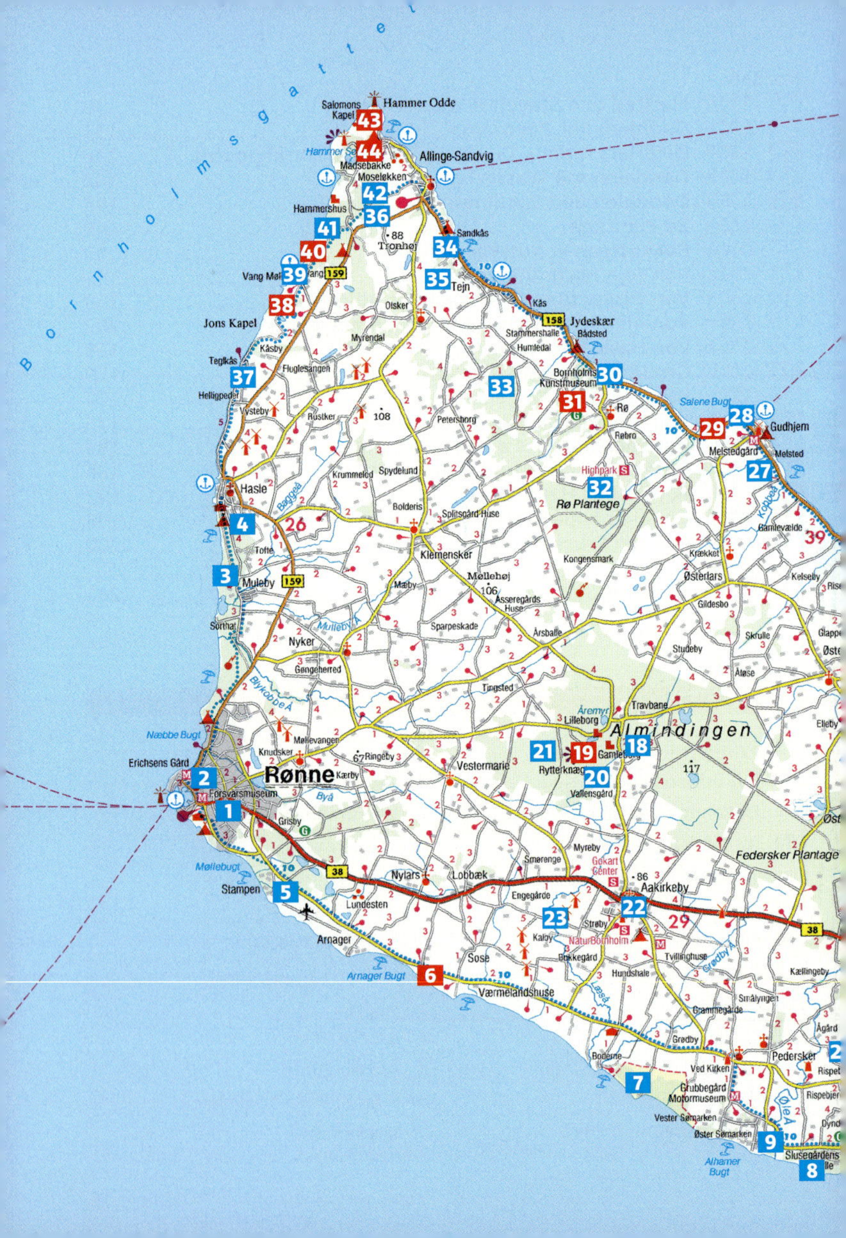

Bornholmsgattet
Hammer Odde
Salomons Kapel
Allinge-Sandvig
Madsebakke
Moseløkken
Hammershus
Tronhøj
Sandkås
Vang
Tejn
Olsker
Jons Kapel
Kås
Jydeskær
Bådsted
Stammershalle
Humledal
Myrendal
Tegikås
Kåsby
Fluglesangen
Bornholms Kunstmuseum
Helligpeder
Vysteby
Rutsker
Petersborg
Rø
Salene Bugt
Gudhjem
Melstedgård
Melsted
Rø Plantage
Highpark
Hasle
Krummeled
Spydelund
Bolderis
Splitsgård Huse
Klemensker
Kongensmark
Gamlevælde
Kelseby
Tofte
Muleby
Mæby
Møllehøj
Asseregårds Huse
Kækket
Østerlars
Gildesbo
Sorthat
Sparpeskade
Årsballe
Skrulle
Nyker
Gøngeherred
Studeby
Atøse
Tingsted
Travbane
Lilleborg
Almindingen
Næbbe Bugt
Møllevangen
Knudsker
Ringeby
Gamleborg
Erichsens Gård
Rønne
Kærby
Vestermarie
Rytterknægten
Vallensgård
Forsvarsmuseum
Grisby
Myreby
Federsker Plantage
Smørenge
Gokart Center
Aakirkeby
Møllebugt
Stampen
Nylars
Lobbæk
Engegårde
Lundesten
Strøby
Arnager
Kaløy
NaturBornholm
Bokkegård
Sose
Tvillinghuse
Hundshale
Kællingeby
Arnager Bugt
Værmelandshuse
Smålyngen
Grammegårde
Grødby
Pedersker
Bodeme
Ved Kirken
Grubbegård Motormuseum
Vester Sømarken
Øster Sømarken
Slusegårdens
Alhamer Bugt

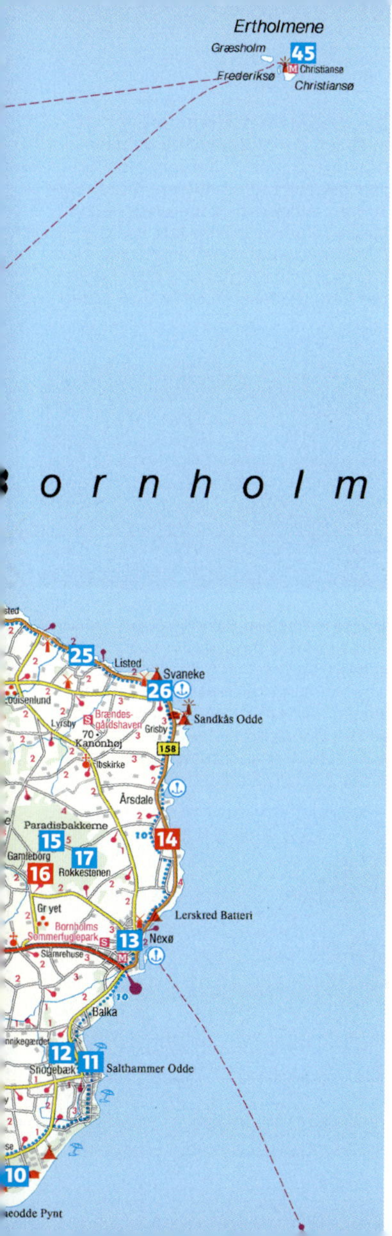

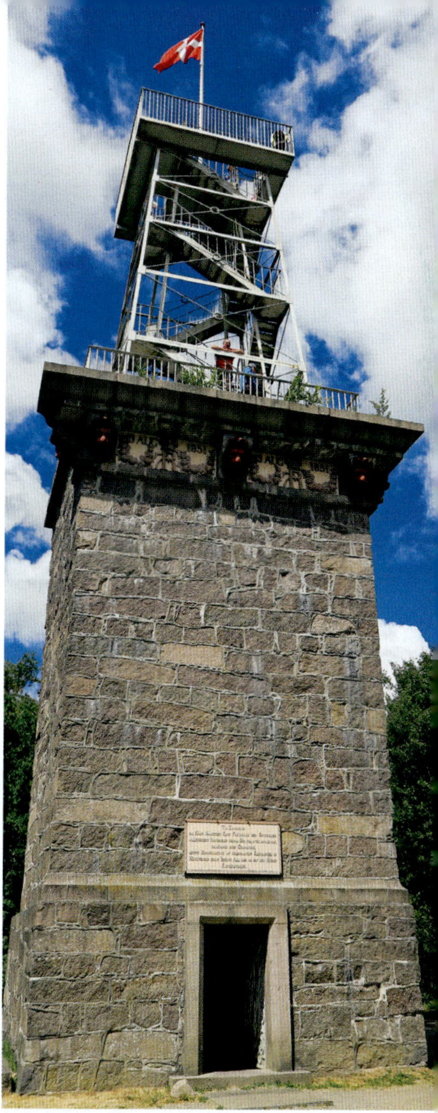

Aussichtsturm auf Bornholms höchstem Berg, dem Rytterknægten, 162 m (Tour 19).

TOP-TOUREN

Küste zwischen Nexø und Svaneke
Zwischen Nexø und Svaneke führt der Kyststi entlang einer schärenartigen Küstenlandschaft mit Schanzenanlagen, Windmühle im Fischerdorf Årsdale und einem Leuchtturm nach Svaneke, überragt vom hölzernen Wasserturm Jørn Utzons *(Tour 14, 3.30 Std.)*.

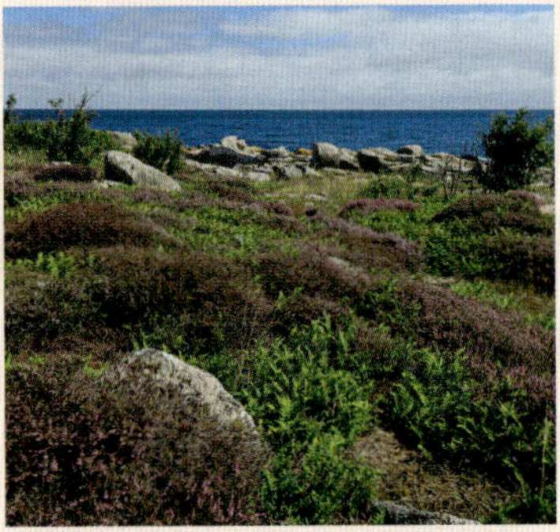

Durch die Paradieshügel
Die Paradisbakkerne sind als Wanderparadies durch drei farblich markierte Rundwege erschlossen, die alle zu einem Wackelstein und dem idyllischen Grydesø führen. Der gelbe ist mit seinen Weihern, Tal- und Heidelandschaften der schönste *(Tour 15, 3.00 Std.)*.

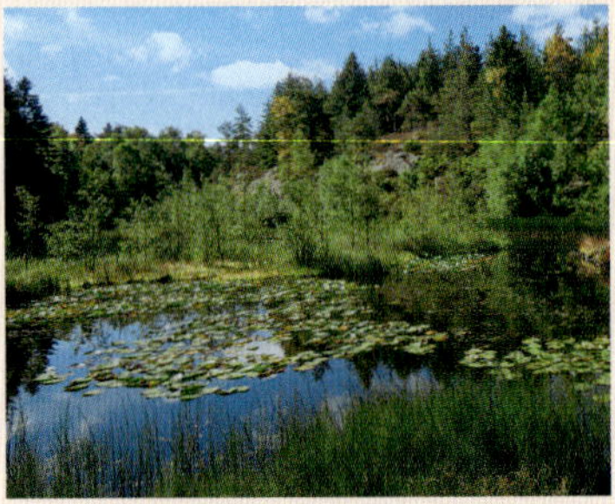

Das Waldgebiet Almindingen
In einem der größten Waldgebiete Dänemarks, dem aufgeforsteten Allmendegebiet Almindingen, führen drei Touren auf einem guten Wegenetz zu vielen Sehenswürdigkeiten, wie die Rundwanderung zu alten Burgen, dem breitesten Spaltental und dem höchsten Berg der Insel *(Tour 19, 3.30 Std.)*.

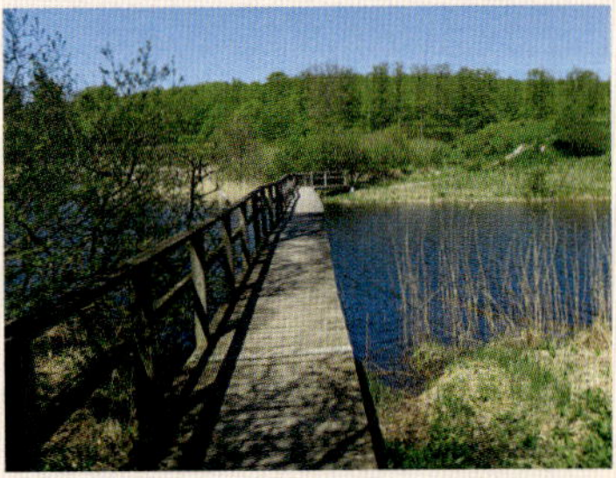

Küste zwischen Sandvig und Saltuna
»Bornholm in a nutshell« wird der Abschnitt südlich von Saltuna wegen der abwechslungsreichen Küste genannt, die auf diesem kurzen Abschnitt einen guten Querschnitt der verschiedenen Landschaften und Küstentypen bietet *(Tour 25, 3.00 Std.)*.

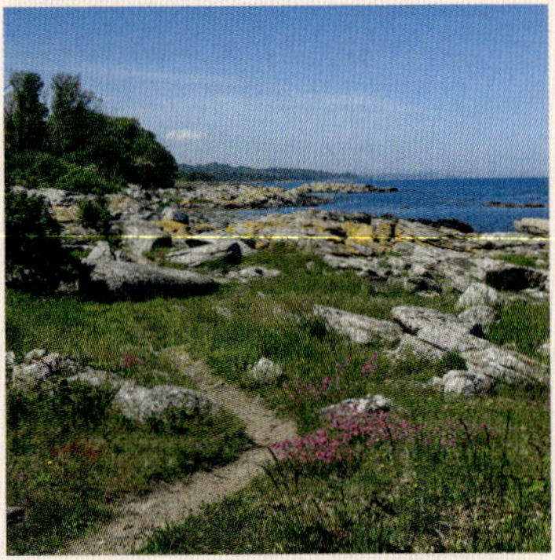

Panorama-Runde bei Gudhjem
Gudhjem ist Genuss und Geschichte mit aussichtsreichem Wandern und Stätten, die an die Geschichte der ehemaligen Künstlerkolonie mit Heringshafen und Räucherei erinnern. Oberhalb von Gudhjem erwandern wir einen verträumten Waldweiher und den Aussichtspunkt Bokul *(Tour 28, 1.00 Std.)*.

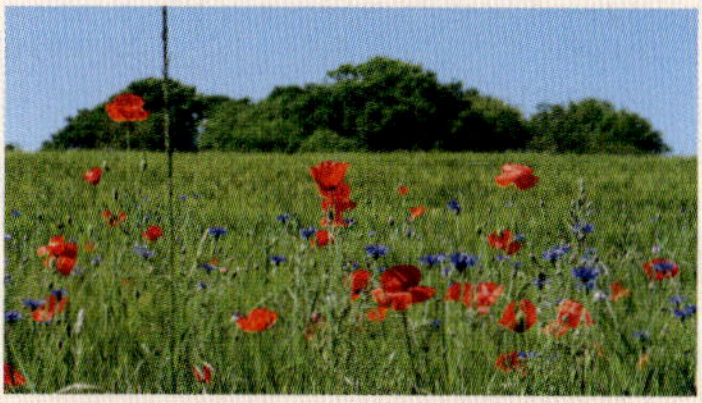

Østerlars Kirke – Helligdomsklipperne
Eine Tour mit vielen Superlativen und Kultur, mit Bornholms größter Rundkirche, Dänemarks höchstem Wasserfall, der ehemaligen Künstlerkolonie Gudhjem, vielen tollen Aussichtspunkten und dem modernen Kunstmuseum *(Tour 29, 4.00 Std.)*.

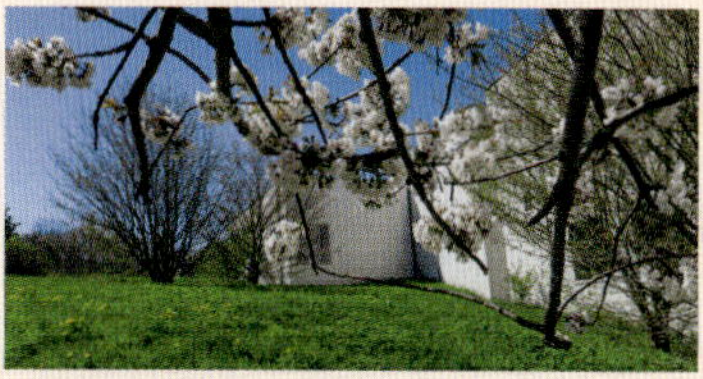

Ringebakkerne bei Vang
Südlich von Vang wurden bis zur Jahrtausendwende tonnenschwere Granitblöcke abgebaut. Ein vielseitiger Rundweg führt durch die vom Steinbruchboom geprägte Landschaft namens »Klondyke«, durch ein idyllisches Spaltental und vorbei an einer Wassermühle und den Felsen bei Jons Kapel *(Tour 38, 2.00 Std.)*.

Küstensteig Jons Kapel – Sandvig
Diese wohl schönste Etappe des Kyststi erschließt einige von Bornholms Top-Sehenswürdigkeiten wie die Felsformation Jons Kapel, Burg Hammershus, Steinbruchseen – die Ostsee mit der schwedischen Küste am Horizont immer im Blick *(Tour 40, 4.00 Std.)*.

Burg Hammershus und Schlossheide
Am neuen Infozentrum der Burg Hammershus beginnt diese abwechslungsreiche Rundtour durch Wald, über eine aussichtsreiche Heidefläche und zu einer der größten Burganlagen Nordeuropas *(Tour 41, 2.00 Std.)*.

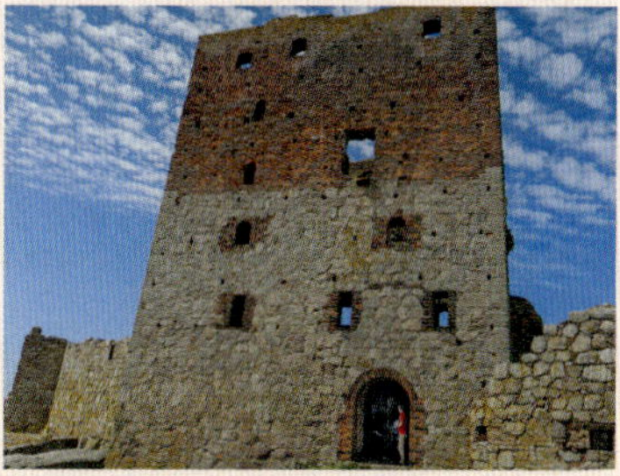

Halbinsel Hammeren
Die Halbinsel Hammeren im Norden von Bornholm bietet ein weit verzweigtes Wegenetz über Heide, durch Wald, über Granitblöcke, vorbei an Seen – die Ostsee fast immer im Blick. Zwei Rundwanderungen erschließen Bornholms Norden, eine führt schön an der Küste entlang (Tour 43, 3.00 Std.).

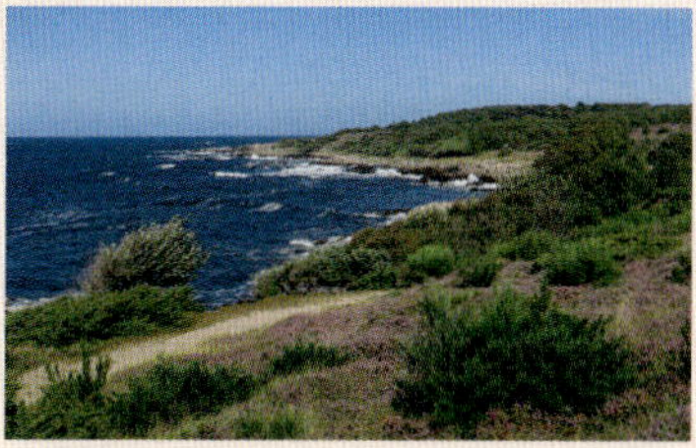

WICHTIGE HINWEISE FÜR UNTERWEGS

Tourenauswahl und -planung

Als überschaubare Insel mit keinen allzu hohen Bergen bietet Bornholm natürlich keine richtigen Bergtouren, dafür mit seiner abwechslungsreichen Landschaft eine große Auswahl an kürzeren Wanderungen durch unterschiedliche Naturräume, sowohl entlang der Küste als auch im Inselinneren. Der rund um die Insel führende Küstenweg kann sowohl in einzelnen Etappen als auch durchgehend begangen werden, während die Touren im Inselinneren nur als kürzere Wanderungen möglich sind, idealerweise als Rundwege, manchmal aber auch Streckenwanderungen, wo man von A nach B geht, in seltenen Fällen auch hin und zurück.

Bei allen Streckenwanderungen mit unterschiedlichem Start- und Zielort sollten vorab die Fahrpläne der Busse konsultiert werden, die hier als Übersicht in der Tabelle auf Seite 20 dargestellt werden. Es empfiehlt sich auf jeden Fall, die Busfahrpläne vorab im Internet zu verifizieren (siehe S. 24).

Das Wetter spielt bei der Tourenplanung keine allzu große Rolle. Tendenziell ist es natürlich günstiger, bei sehr großer Hitze eher Wanderungen im Wald wegen des Schattens zu machen und bei starkem Wind bei der Tourenplanung die Windrichtung zu beachten, um z. B. nicht entlang der Küste gegen starke Windböen kämpfen zu müssen.

Anforderungen

Die Summe der Anforderungen, die eine Tour unter normalen Bedingungen stellt, ist aus der Farbe der Tourennummer ersichtlich. Bornholm bietet Wanderungen in folgenden Schwierigkeitsgraden:

SCHWIERIGKEITSKATEGORIEN

■ = Leicht

Wanderungen auf überwiegend markierten Wegen, durch Ortschaften sowie entlang einfach zu begehenden Küstenabschnitten ohne besondere technische oder konditionelle Anforderungen.

■ = Mittel

Touren auf Wegen, Steigen und Pfaden, die wegen ihres Untergrundes (steinig) schwierig zu gehen sind, sowie Touren mit etwas steileren, aber nicht langen An- bzw. Abstiegen.

Ausrüstung

Alpine Wanderausrüstung ist auf Bornholm natürlich nicht nötig, aber angesichts felsiger Passagen mit Stufen sind feste stabile Wanderschuhe (ggf. knöchelhoch) durchaus angeraten. (Teleskop-)Stöcke sind kein Muss, aber vielleicht für manche Wanderer hilfreich, gerade bei Stufen oder Felsen.

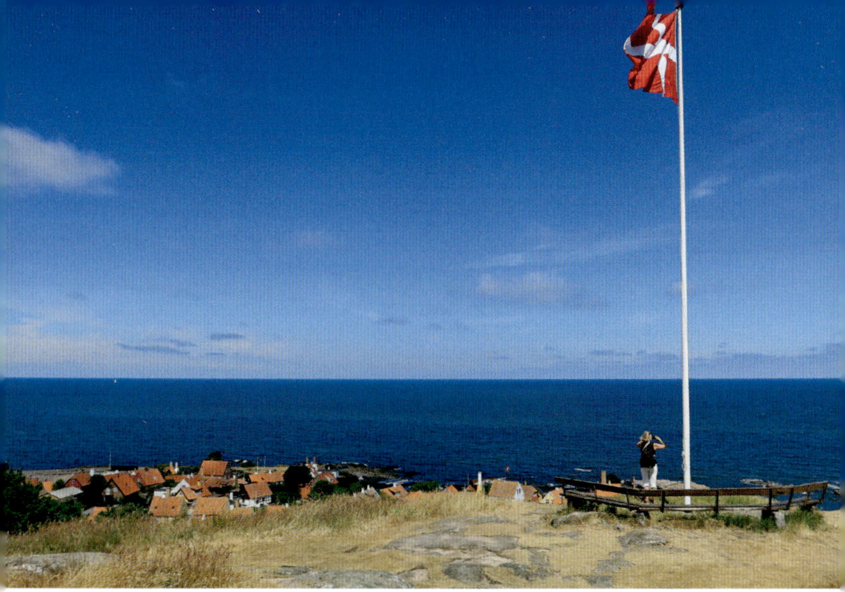

Am Bokul-Aussichtspunkt, 47 m, oberhalb von Gudhjem (Touren 28, 29).

Wie bei allen Inseln muss man immer mit plötzlichen Wetterumschwüngen rechnen. Daher sollte regenfeste Kleidung, auch hilfreich bei kühlem Wind, auf Dänemarks sonnenreichster Insel nicht fehlen. Dünne und lange Kleidung ist ein wirksames Mittel gegen zu viel UV-Strahlung der Sonne sowie Mücken – letztere in der Nähe von windgeschützten stehenden Gewässern bzw. Feuchtgebieten vor allem im Spätsommer. Auf jeden Fall gesünder als so mancher Chemie-Cocktail gegen UV-Licht und Mücken!
Unerwünschte Tiere wie Zecken und Kreuzottern (siehe S. 12) kommen ebenfalls vor, erstere am ehesten im hohen Gras, letztere in Heidegebieten. Schützend gegen beide sind Schuhe mit höherem Schaft bzw. lange Hosen.

Verhalten unterwegs

- Bei einigen Abschnitten müssen Sie sich den Weg mit Radfahrern teilen, die auf Bornholm in der Regel zivilisiert unterwegs sind mit Rücksicht auf andere Verkehrsteilnehmer wie Wanderer.
- Viele Wege verlaufen über privaten Grund, von daher werden Wanderer um entsprechende Rücksichtnahme gebeten.
- Dass man keinen Müll zurücklässt, sondern ihn (im mitgebrachten Müllbeutel) mitnimmt und entsprechend entsorgt, versteht sich von selbst.
- Anders als in vielen deutschen Küstengebieten an der Nordsee ist das Begehen der Dünen generell erlaubt, allerdings mit Rücksichtnahme auf die

Natur. Steilufer sollten generell nicht betreten werden wegen dort nistender Vögel (wie Uferschwalben). Einige Wanderungen führen durch Schutzgebiete (z. B. Touren 12, 13), wo die Wege nicht verlassen werden dürfen.

- Seit dem trockenen Rekordsommer 2018, dem sogar das traditionelle Mittsommernachtsfest mit Lagerfeuern aus Brandschutzgründen zum Opfer fiel, gilt auch auf Bornholm wie sonst eher in südlichen Ländern: besondere Vorsicht bei Feuern in freier Natur, auch auf den ausgewiesenen Feuerstellen auf Rastplätzen!
- Die einzige in Dänemark und auf Bornholm vorkommende Giftschlange ist die Kreuzotter. Sie ist von Natur aus scheu, zu Begegnungen kommt es allenfalls, wenn sie überrascht wird. Dann sollte man nicht hektisch reagieren und ihr Zeit zum Rückzug geben. Wenn auch i. d. R. nicht lebensbedrohlich, sollte man im Falle eines Bisses die betroffene Extremität möglichst ruhig stellen und umgehend einen Arzt konsultieren.

Wandern mit Kindern

Wandern mit Kindern ist ideal auf Bornholm, einer besonders familienfreundlichen Urlaubsinsel. Die Wanderungen sind nicht zu lang, bieten viel Abwechslung, Küste und kindgerechte Höhepunkte (Symbol im Tourenkopf).

Wegenetz und Markierungen

Rund um die Insel Bornholm verläuft der 120 Kilometer lange markierte Küstenpfad (siehe Küstensteig Kyststi, S. 14). Wie die Küstenwege anderer Inseln wurde der **Kyststi** zu anderem Zweck angelegt als zum Freizeitvergnügen: ursprünglich zum Beobachten möglicher feindlicher Schiffsbewegungen, später für das Rettungswesen zum Patroullieren der Küstenwacht, da in Zeiten ohne Leuchttürme, Radar und GPS Schiffshavarien an der fel-

GPS-TRACKS UND KOORDINATEN DER AUSGANGSPUNKTE

Auf **gps.rother.de** stehen zu diesem Wanderführer GPS-Tracks und die Koordinaten der Ausgangspunkte zum kostenlosen Download bereit. Dieser QR-Code führt direkt zum Download.
2. Auflage, Passwort: **454602tvq**
Die GPS-Tracks können in die **Rother App** importiert werden. In der App kann man unterwegs stets sehen, wo man gerade ist und wo es langgeht. **Anleitungen dazu: rother.de/gps**
Trotz sorgfältiger Prüfung können wir Fehler und zwischenzeitliche Veränderungen nicht ausschließen. Verlassen Sie sich für die Orientierung niemals einzig und allein auf die GPS-Daten, sondern beurteilen Sie die Verhältnisse vor Ort.

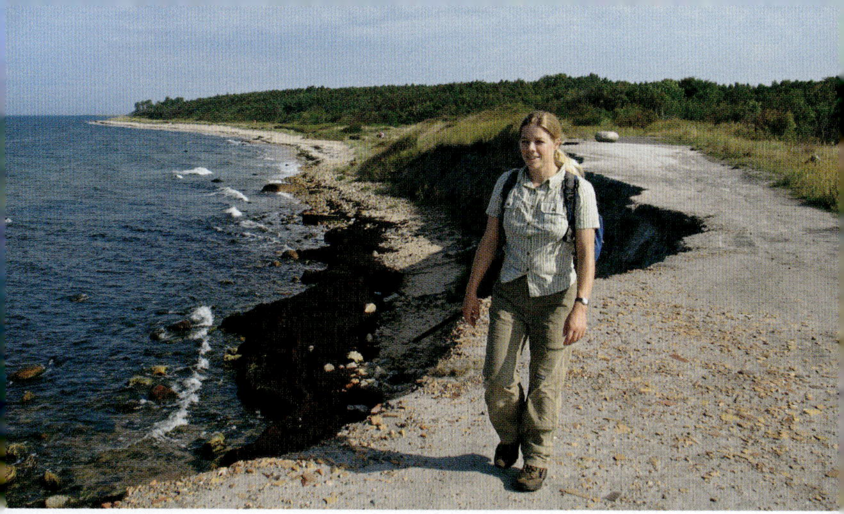

Unterwegs an Bornholms Westküste bei Pyritsø (Tour 3).

sigen Küste zur Tagesordnung gehörten. In den 100 Jahren zwischen 1832 und 1932 strandeten allein in dem zehn Kilometer langen Küstenabschnitt südlich von Vang 202 Schiffe, davon zerschellten 92 an den Felsen.
Neben dem die Insel umrundenden Küstenpfad führt seit 2020 ein weiterer Fernwanderweg über die Insel: Der **Højlyngssti** (»Hochheidesteig«) verläuft 67 Kilometer lang quer durch das Innere von Sandvig im Norden nach Årsdale im Süden und verbindet dabei die inselhaft verbliebenen Heidelandschaften, die vor rund 400 Jahren rund ein Viertel der Inselfläche bedeckten. Viele Abschnitte des Højlyngssti werden durch bereits im Buch enthaltene Wanderungen abgedeckt (vor allem Touren 15, 18, 19, 32, 33, 36, 41 und 44).
Beide Fernwege sind mit einem weißen Wanderer auf orangem Grund markiert.
Weitere Fußwege sind überwiegend mit farbigen Pfeilen und Punkten gekennzeichnet, dazu kommen gelegentlich Richtungswegweiser.
Die touristische Infrastruktur ist ideal für Wanderer: Es gibt unterwegs viele Rastgelegenheiten mit Tischen und Bänken sowie stellenweise Holzhütten bzw. Zeltgelegenheiten, kenntlich gemacht als »teltplads«. Dort können Wanderer für eine Nacht gratis übernachten. Öffentliche WCs sind sehr häufig und können gratis genutzt werden, meistens in Ortsmitte, an Häfen sowie Kirchen. Das Leitungswasser ist überall bedenkenlos trinkbar.
An markanten Punkten informieren Tafeln über Sehenswürdigkeiten in dänischer und meist auch englischer sowie deutscher Sprache, zunehmend auch auf Polnisch.

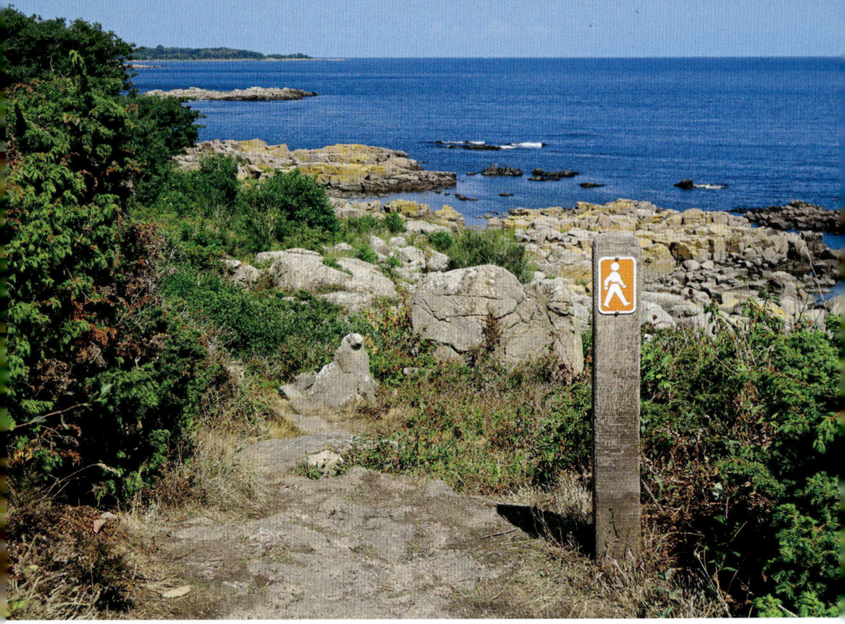

Immer der gelben Markierung nach: am Kyststi zwischen Nexø und Årsdale (Tour 14).

Küstensteig (Kyststi)

Nicht alle Etappen des 120 Kilometer langen Küstensteigs (Kyststi) sind schön zu gehen, weil manche über längere Strecken entlang von Straßen führen. Diese wenigen Abschnitte werden hier auch nicht berücksichtigt, dafür andere Abschnitte als Tagestouren beschrieben, die sich zu einer längeren Streckentour kombinieren lassen. Die entsprechenden Kombinationsmöglichkeiten sind in der Kurzinfo einer jeden Wanderung angegeben.
Wer Bornholm komplett umrunden möchte, findet in der Tabelle auf Seite 15 eine Auflistung aller relevanten Küstenetappen des Buches, ausgehend von Rønne im Uhrzeigersinn um die Insel. Die im vorliegenden Wanderführer beschriebenen Touren decken sich weitgehend mit den entsprechenden Etappen des Kyststi (aber nicht immer vollständig!), sind aber z.T. in anderer Gehrichtung beschrieben, je nach Eignung von Orten als Ausgangs-/Endpunkt. Der Kyststi ist wie alle Wanderwege der Insel gelb markiert.
Bei den Touristbüros sowie im Internet (zzgl. Versand) ist der 60-seitige Kurzwanderführer »Coastal Path Bornholm« erhältlich für 60 dkr mit Beschreibung und Karten des gesamten Küstenpfades in 23 Etappen (bornholm.info/de › webshop (unten) › Bücher).

TOUREN ALS ETAPPEN DES KYSTSTI

Tour*	Strecke	km	Gehrichtung**	Zelt- (Z)/Biwakierplatz (B)
3	Rønne – Hasle	11,0	gleich	Blykobbe-Wald (Z, B), Hasle (B)
37	Hasle – Jons Kapel	7,6	gleich	Ginesminde bei Kapel (B)
40	Jons Kapel – Vang – Hammeren – Sandvig	13,0	gleich	Vang (B, Z), Finnedal (Z), Hammverhavn (B, Z), Hammersoe (B)
34	Sandvig – Allinge – Sandkås – Tejn	6,4	entgegengesetzt	Tejn (B)
30	Døndalen – Helligdomsklipperne	0,7	gleich	
29	Helligdomsklipperne – Gudhjem – Kobbe Å	9,2	entgegengesetzt	Røstad bei Helligdomsklipperne (B)
25	Saltuna – Svaneke	10,9	entgegengesetzt	
14	Svaneke – Nexø	10,8	entgegengesetzt	
11	Nexø – Dueodde	12,4	entgegengesetzt	Snogebaek (B)
8	Dueodde – Vestre Sømarken	9,0	gleich	Strandmarken (Z), Sjømarken (Z)
7	Vestre Sømarken (Variante) – Boderne	9,2	z. T. entgegengesetzt	Boderne (B)
6	Boderne – Arnager	10,3	gleich	Sose (Z), Arnager (B, Z)
5	Arnager – Rønne	10,2	gleich	

* **Touren des Kyststi im Buch, ausgehend von Rønne im Uhrzeigersinn um die Insel**
** **Beschriebene Gehrichtung der Etappe im Buch**

Wer den Küstenpfad als Streckentour gehen möchte, hat folgende Möglichkeiten:

- Tagestouren mit festem Standort: Das ist angesichts der guten Busverbindungen gut machbar, und man spart sich den ständigen Wechsel von Unterkünften (im Südwesten sowieso sehr wenige) und vor allem das Tragen eines schweren Rucksacks.
- Durchgehende Streckentour mit wechselnden Unterkünften. Ganz konsequent ist das nur möglich für Hardcorewanderer mit Zeltausrüstung, da es auf einigen Etappen keine Unterkünfte am Weg gibt. Zeltplätze dagegen sind flächendeckend vorhanden, und seien es einfache (»teltplads« oder

»leijrplads«); davon einige mit Shelter, hölzernen Hütten zum Biwakieren. Auf diesen sehr kleinen Zeltplätzen mitten in der Natur darf man sein Zelt zwischen 18 und 10 Uhr aufschlagen (maximal zwei bis drei pro Platz). Entlang der Küste gibt es diese Zeltplätze mit teilweise Biwakhütten am Hammerhavn, Finnedal, bei Vang, bei Hammershus, Helligdomsklipperne, Saltene sowie im Süden in Snogebæk, Boderne, bei Strandmarken, Sose und Arnager sowie im Blykobbe-Wald zwischen Rønne und Hasle. Online-Suche nach Zelt- und Biwakierplätzen mit Detailinfos: udinaturen.dk > FIND FACILITETER PÅ KORT > OVERNATNING (nur Dänisch).

Aktivitäten

Bornholm bietet insbesondere im Sommer eine Reihe weiterer Aktivitäten: Es gibt zahlreiche Radvermieter zum Erkunden der quer über die Insel verlaufenden Radrouten (insgesamt 300 km), die stellenweise entlang der alten Bahntrassen verlaufen. MTB-Routen gibt es nach Schwierigkeitsgrad differenziert u.a. in Almindingen, nördlich von Rønne oder bei Ringebakkerne (bornholm.info/de/trailcenter-bornholm). An mehreren Stränden sowie Häfen können außerdem Surfbretter (im Süden) sowie Paddelboote (Norden) geliehen werden. Die Firma Havkajak bietet im Norden der Insel (Sandvig, Hammerhavn) Fahrten mit dem Kajak (1er und 2er) sowie Stand-Up-Paddling (SUP) an. Klassiker sind Kajakfahrten rund um die Halbinsel Hammeren im Norden (nur bei ruhiger See). Geführte Touren kosten für 2 Stunden rund 400 dkr, Tel. +45 2933 0991, havkajakbornholm.dk
Klettern und Abseilen ist im Sommer am Opalsø möglich an Granitfelswänden alter Steinbrüche: 2 Stunden ab etwa 450 dkr, Tel. +45 2395 7119, klatringbornholm.dk.
Darüber hinaus gibt es im Sommer eine ganze Reihe von Aktivitäten speziell für Kinder und Jugendliche, darunter »Deadslide« am Opalsø im Norden, eine 290 m lange und bis 60 km/h schnelle Seilbahn mit Bremsung im Steinbruchsee (tovbanen.dk).

Bornholms längste Seebrücke an der Südküste in Arnager.

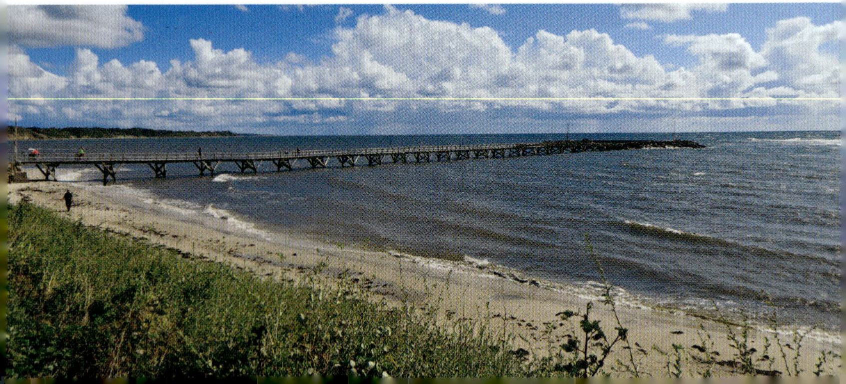

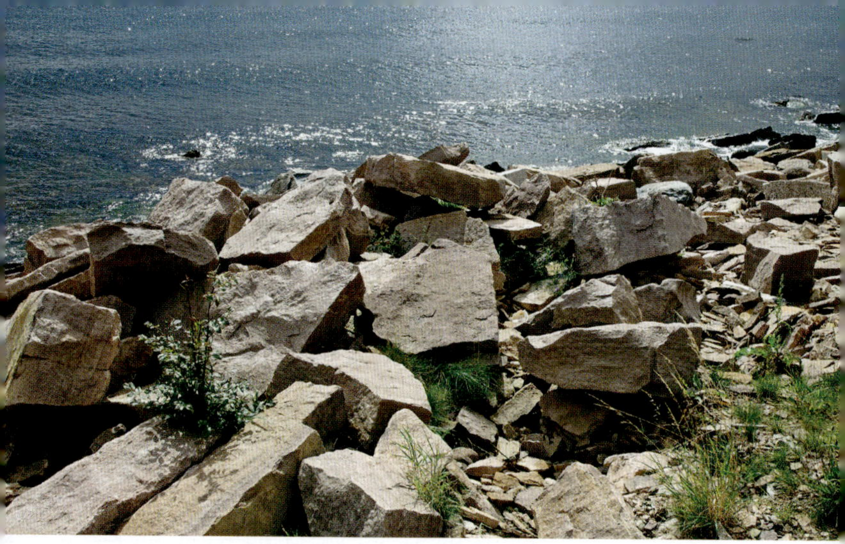

Nördlich von Nexø stapeln sich Sandsteine als Abraum des früheren Steinbruchs.

Beste Reisezeit

Im Sommer ist viel los auf Stränden und in Unterkünften sowie in der Gastronomie. Wanderwege werden vom Sommerpublikum eher weniger genutzt, sind daher auch im Sommer gut zu gehen. Was gegen die Sommermonate spricht, sind eher die hohen Preise der Unterkünfte sowie Fähren. Ansonsten lässt sich von Ostern bis Oktober gut wandern mit einer etwas höheren Regenwahrscheinlichkeit im Herbst.

Die Vegetation ist natürlich im Frühjahr am interessantesten, und in manchen Waldgebieten und Spaltentälern wie dem Døndal wird man vom Duft des Bärlauchs förmlich benebelt. Wer gerne badet, sollte beachten, dass die Ostsee in der ersten Jahreshälfte noch ziemlich kalt ist. Angenehm sind die Wassertemperaturen von Juli bis September.

Zur Reisezeit gibt es noch zwei Einschränkungen: Im Sommerhalbjahr werden für die Touristen eine Menge Veranstaltungen durchgeführt, die z. T. inzwischen eine solche Größenordnung erreicht haben, dass die Insel dann vor lauter Besuchern förmlich untergeht, deren Zahl diejenige der Inselbewohner manchmal sogar übersteigt. Das merkt man natürlich weniger auf den Wanderwegen selbst, aber umso mehr in Unterkünften, Restaurants, Bussen und auf Fähren. Besonders besucherstark sind etwa Følkemødet, eine große politische Debattierveranstaltung mit dänischen Spitzenpolitikern (Mitte Juni in Allinge, rund 100.000 Besucher, folkemoedet.dk) oder die Open-Air-Musikveranstaltung Wonderfestiwall (Ende August bei Hammershus, rund 5000 Besucher, wonderfestiwall.dk).

Klima

Wegen der Insellage hat Bornholm ein ausgesprochen maritimes Klima, d. h. die Temperaturschwankungen sind nicht so stark wie auf dem Festland. Die Ostsee wirkt als Wärmespeicher, und daher ist der Herbst wärmer als auf dem Festland. Die Mitteltemperaturen schwanken zwischen 0 °C im Januar und 17 °C im Juli. In den Sommermonaten scheint die Sonne mit durchschnittlich mehr als 250 Stunden pro Monat länger als auf dem Festland.

Die Felsen erwärmen sich bei Sonnenschein schnell, sodass das Klima auf Bornholm – an windgeschützten Stellen – manchmal an das Mittelmeer erinnert. Trotz seiner borealen Lage ist das Klima auf Bornholm eher submediterran. Dazu passen auch die – im Vergleich zum Festland – geringen jährlichen Niederschläge von etwa 600 mm (in Hamburg 760 mm). Bornholmer Extreme sind dabei Almindingen mit 720 mm, wegen der relativ großen Höhe und des Waldes, sowie die Erbseninsel Christiansø mit 420 mm, da sich hier die Wolken meist schon abgeregnet haben.

KLIMATABELLE BORNHOLM

		Jan	Feb	Mrz	Apr	Mai	Jun	Jul	Aug	Sep	Okt	Nov	Dez	Ø
Maximal-Temperatur	°C	3	3	5	9	14	18	20	20	16	12	8	5	11
Minimal-Temperatur	°C	0	-1	0	3	7	11	14	14	11	8	4	1	6
Wassertemperatur	°C	16	16	16	17	20	24	27	28	27	25	21	18	21
Sonnenstunden/Tag	h	2	4	6	9	9	8	7	6	3	1	1	1	4,75
Tage mit Regen		7	9	7	7	7	8	8	9	10	12	11	11	9

Anreise

Mit Auto & Fähre

Von Deutschland aus ist die Anreise mit dem Auto über die Fährverbindung Rügen – Bornholm am sinnvollsten bzw. schnellsten. Beachten Sie bei der Anreise, dass an sommerlichen Wochenenden auch nach dem Neubau die Rügenbrücke bei Stralsund als staugefährdetes Nadelöhr zu Verzögerungen führen kann. Vom Rügener Fährhafen Mukran südlich von Sassnitz gibt es eine direkte und ganzjährige Fährverbindung mit Bornholm. Im Sommer verkehren die Schiffe täglich, am Wochenende auch zweimal pro Tag. Abfahrten ab

Katamaranfähre im Hafen von Rønne.

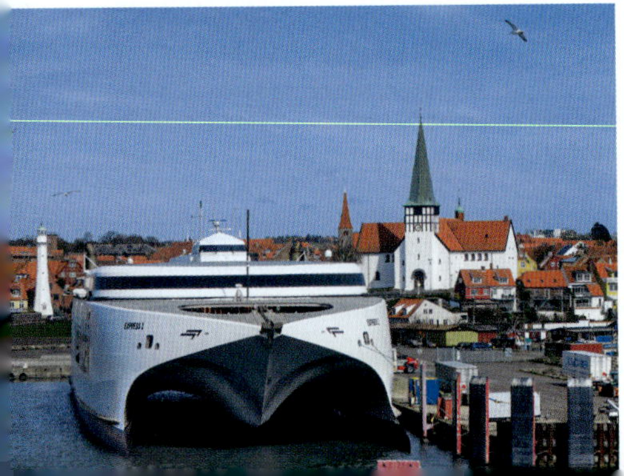

Sassnitz sind meistens mittags, Rückfahrten ab Bornholm morgens. Während der rund 3.30 Std. langen Überfahrt passiert man mehrere neue Windparks vor Rügen.
Dieselbe Reederei (Bornholmslinjen, bornholmslinjen.de) bedient außerdem Fährverbindungen zwischen Rønne und Køge, südlich von København (nächtliche Verbindungen, ca. 5.30 Std.) sowie Schnellverbindungen mit Ystadt in Schweden (mehrmals täglich, ca. 1.20 Std.).

■ Mit der Bahn und Fähre

Von Deutschland aus ist in den meisten Fällen die Anreise per Bahn nach Rügen und von dort die Weiterfahrt mit der Fähre nach Bornholm erste Wahl. Ganzjährig ist der Fährhafen Sassnitz-Mukran mit Buslinie 22 im Stundentakt an Sassnitz und Binz angebunden, beide mit Bahnhof.
2023 verkehrte nach einem Probebetrieb im Vorjahr eine Regionalbahn von Bergen auf Rügen zum Fährhafen Mukran-Sassnitz und zurück – abgestimmt auf die Fährzeiten. Allerdings nur zwischen Juni und Oktober und am Wochenende. Es ist zu hoffen, dass dieses Angebot ausgeweitet und stärker umworben wird (zuletzt war es im DB-Navigator erst wenige Wochen vor der Urlaubszeit eingestellt). Dann kann die Fahrt auch gerne etwas kosten: 2022 und 2023 war die Fahrt trotz gegensätzlicher Angaben im DB-Navigator (6 €) gratis für Fährpassagiere und wurde vom Land Mecklenburg-Vorpommern finanziert.
Eine Alternative für Reisende aus Deutschland ist die Anreise über Dänemark und Schweden mit besseren Fährverbindungen nach Bornholm, insbesondere wenn man frühzeitig online ein Bahnticket zum günstigen Euro-Sparpreis nach bzw. von Kopenhagen ergattern kann (bahn.de). Südwestlich vom Bahnhofsgebäude (Ingerslevsgade) fahren mehrmals täglich Busse der Firma Kombardo in 3.15 Std. nach Rønne und setzen ab Ystad mit der Katamaranfähre nach Bornholm über (kombardoexpressen.dk/allebusruter/koebenhavn-roenne).

■ Mit dem Flugzeug

Die Anreise per Flugzeug zum kleinen Flughafen von Bornholm (Bornholms Lufthavn, bornholms-lufthavn.dk) ist eher nicht zu empfehlen. Direktflüge nach/von Deutschland gibt es seit der Insolvenz von Air Berlin nicht mehr. Man muss über Kopenhagen fliegen, weshalb die Anreise per Flugzeug – je nach Herkunft – in den meisten Fällen kaum schneller ist als mit Auto und Fähre (von der schlechteren Ökobilanz ganz zu schweigen).

Verkehrsinfrastruktur auf Bornholm

Mit Ausnahme der Wanderungen auf den Erbseninseln sind alle Wanderungen auf Bornholm per Auto und die meisten auch per Bus erreichbar. Nähere Infos findet man in den Kurzinfos. Hier eine Übersicht über die Fahrpläne des Bornholmer Busunternehmens BAT.

FAHRPLÄNE DER WICHTIGSTEN BUSLINIEN

Linie*	Strecke	Mo–Fr**	Sa & So**
1	Rønne – Hasle – Allinge – Gudhjem – Almindingen – Rønne und retour	fast stündl.	alle 2 Std.
3	Gudhjem – Østermarie - Almindingen – Rønne und retour	fast stündl.	alle 2 Std.
4	Rønne – Østermarie - Østerlars – Bølshavn – Svaneke – Nexø und retour	fast stündl.	fast stündl.
6	Rønne – Nylars - Åkirkeby – Snogebaek – Nexø und retour	fast stündl.	fast stündl.
7	Rund um die Insel im Uhrzeigersinn	Mai–Okt. 4–5xtägl.	Mai–Okt. 4–5xtägl.
8	Rund um die Insel gegen den Uhrzeigersinn	Mai–Okt. 4–5xtägl.	Mai–Okt. 4–5xtägl.
2	Rønne – Rø – Helligdommen – Allinge – Sandvig – Hammershus	fast stündl.	alle 2 Std.
5	Rønne – Vestermarie - Åkirkeby – Nexø und retour	ca. alle 2 Std.	3 x tägl.
9	Åkirkeby – Almindingen – Østermarie – Østerlars – Gudhjem und retour	2–3 x tägl.	–
10	Rønne – Hasle –Vang – Allinge– Sandvig und retour	7 x tägl. außerhalb der Sommerferien, 2 x tägl. in den Ferien	4 x tägl. nur in Gegenrichtung

* **Die vier erstgenannten sind die Hauptlinien der Inseln mit den touristisch wichtigsten Verbindungen.**

** **In den Sommerferien fahren die Busse etwas seltener (in den offiziellen Fahrplänen rot dargestellt).**

Fahrzeiten können sich ändern, aktueller Fahrplan bei BAT – din bus på Bornholm, Büro am Hafen von Rønne, Tel. +45 56952121, bat.dk

Die Busse verkehren in der Regel relativ pünktlich, allerdings sind vor allem in der Hauptsaison infolge hohen Verkehrs- und Fahrgastaufkommens Verspätungen wahrscheinlich. Sehr wanderfreundlich ist eine Besonderheit bei Bornholmer Bussen: Diese halten generell – außer in Orten – zum Ein- und Aussteigen auch zwischen Haltestellen entlang der Strecke – Handzeichen bzw. Mitteilung beim Buspersonal genügt. Trotzdem sind bei den Wandertouren die nächstgelegenen offiziellen Bushaltestellen angegeben – nützlich für die (Zeit-)Planung mit dem Fahrplan.

Bornholmer Bustarife

Wer nur sporadisch fährt, bekommt im Bus Einzelfahrkarten (»Kontantbilleter«) für 5 verschiedene Tarifzonen, etwa zwischen 16 und 80 dkr (Stand: 2024).

Wer etwas häufiger unterwegs ist, fährt am günstigsten mit Streifenkarten (»Klippekort«), die für 1 bis 5 Tarifzonen erhältlich sind – im Bus, in Supermärkten oder Touristinfos. Auch bei Kleingruppen sind diese günstig. Je höher die Tarifzone, desto größer die Rabattierung (35–50 % günstiger als Einzelkarten).

Für die Kategorie Vielfahrer gibt es Tages- (158 dkr) und Wochenkarten (525 dkr), die auf der ganzen Insel gelten und bei Touristinfos sowie dem Büro der Busfirma BAT am Hafen von Rønne erhältlich sind. Der Onlinekauf ist über die dänische App Rejseplanen (u.a. Deutsch) möglich, allerdings nur über das digitale dänische Zahlungsverfahren Mobile Pay, das nach Registrierung mit einer Kreditkarte oder Paypal verknüpft werden kann.

Ausführliche Infos sowie eine Übersicht der Tarifzonen gibt es in den überall auf der Insel ausliegenden Fahrplänen (Køreplan) sowie im Internet: bat.dk, rejseplanen.dk

Versorgung vor Ort

Alle größeren Orte haben Supermärkte, überwiegend der dänischen Kette DagliBrugsen (vergleichbar Edeka), kvickly (größere Supermärkte in Rønne und Nexø), Netto (dänischer Discounter) sowie seit einigen Jahren auch Lidl (Rønne, Nexø), seit dessen Erscheinen die sonst in Dänemark recht hohen

Am Hafen von Rønne befindet sich Bornholms zentraler Busbahnhof.

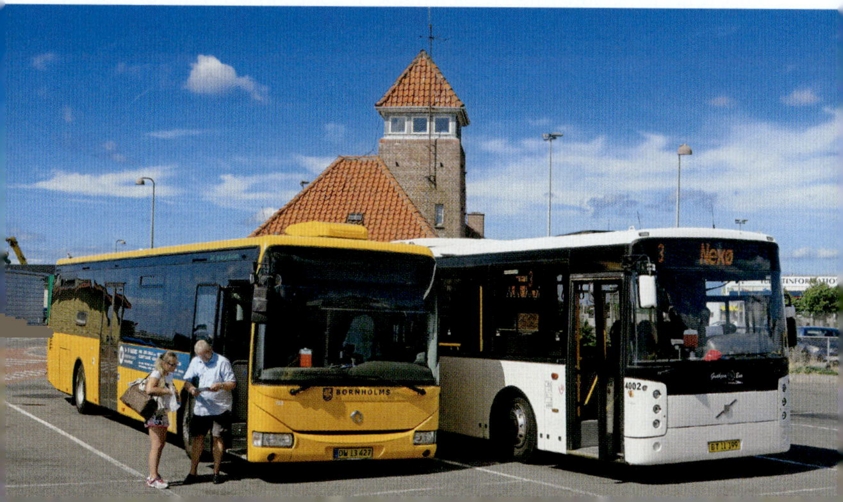

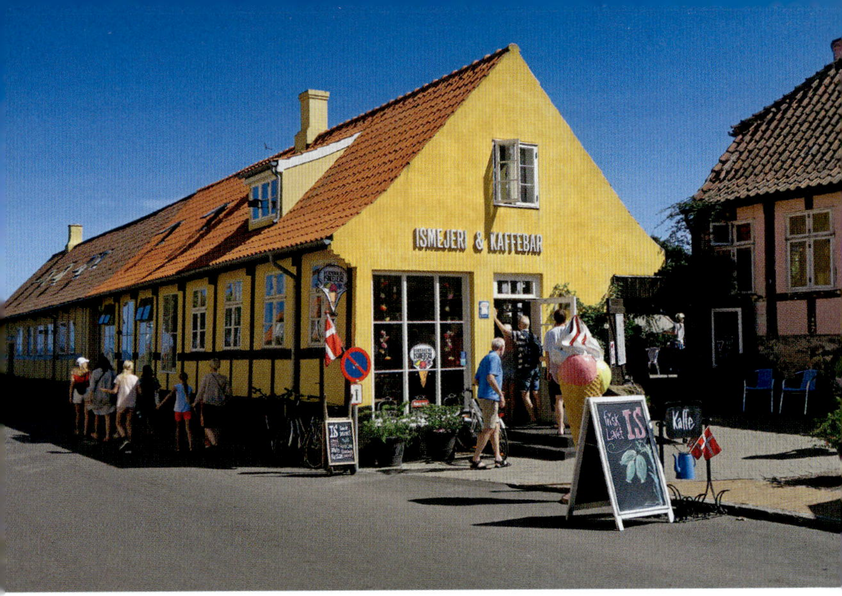

Eisläden sind im Sommer gut besucht – wie hier in Svaneke.

Lebensmittelpreise auch in anderen Supermärkten etwas gesunken sind. Auch das Sortiment hat sich erweitert und ist nicht mehr so fleischlastig bzw. fett und süß wie früher. Viel Frisches, vegane Produkte sowie Biokost führt jeder Supermarkt. Dänemark ist Spitzenreiter in Europa bei Bio-Lebensmitteln, deren Anteil am Lebensmittelumsatz mit rund 10 % doppelt so hoch ist wie in Deutschland. Supermärkte sind in der Regel täglich durchgehend geöffnet, meistens etwa zwischen 9 und 22 Uhr. In der Nebensaison kann es in kleineren Supermärkten Einschränkungen bei den Öffnungszeiten geben.

Essen gehen ist teuer in Dänemark, was die hohe Beliebtheit von Ferienhäusern erklärt, in denen man selbst kochen kann. Für eine mittlere Eisportion sind 35 dkr nicht ungewöhnlich, wobei der Grundpreis (eine Kugel etwa 25 dkr) recht hoch und der Mehrpreis für weitere Kugeln (etwa 8 dkr pro Kugel) eher gering ist.

Unterkunftsarten

Für Familien sind die allgegenwärtigen Ferienhäuser und -apartments in Dänemark die bevorzugte Unterkunftsform, nicht zuletzt weil sich damit die hohen Preise der Gastronomie umgehen lassen. Auch Zelten ist populär in Dänemark, vor allem entlang der Ostküste gibt es viele Campingplätze. Für Streckenwanderer bietet Dänemark einfache kleine Zeltplätze ohne

jeden Luxus mit Holzhütte, wo eine Nacht zwei bis drei Zelte gratis aufgeschlagen werden dürfen zwischen 18 und 10 Uhr (→ Kyststi).
Kleinere Unterkünfte in Form von Pensionen gibt es relativ wenige auf Bornholm, dafür eine ganze Reihe von Hotels, die allerdings verhältnismäßig teuer sind. Größere Hotels beherbergen häufig auch Busgruppen. Eine etwas günstigere Alternative zu Hotels sind Jugendherbergen (Vandrerhjem), von denen es auf Bornholm welche in Rønne, Svaneke, Sandvig, Åkirkeby, Hasle und Gudhjem gibt und die oft einen erstaunlich guten Standard bieten. Links und Infos zu den meisten Unterkünften verschiedener Kategorien bietet die Website der Bornholmer Touristinformation (siehe S. 24).

Literatur und Karten

Es gibt mehrere Reiseführer zu Bornholm, manche sind eher dürftig bzgl. der Informationen über die Insel. Eine positive Ausnahme: Haller, Andreas: »Bornholm«, Michael Müller Verlag, ISBN 9783966850551, der derzeit informativste Reiseführer zu Bornholm auf dem deutschen Markt, zuletzt aktualisiert 2022 (Neuauflage geplant für 2025).
Vor Ort gibt es in den Touristbüros gratis brauchbare und informative Broschüren, Karten und Faltpläne, etwa: Faltblätter des dänischen Umweltministeriums zu geschützten Gebieten wie Nordbornholm mit Hammershus, Almindingen, Rø Plantage.
Fünf topografische Karten des Projekts Nord decken Bornholm detailliert im Maßstab 1:25.000 ab. Diese können bestellt werden zum Preis von 19,90 € pro Karte bei mapfox.de.

Der Opalsø: früher Steinbruch, heute Schauplatz verschiedener Outdoor-Sportarten.

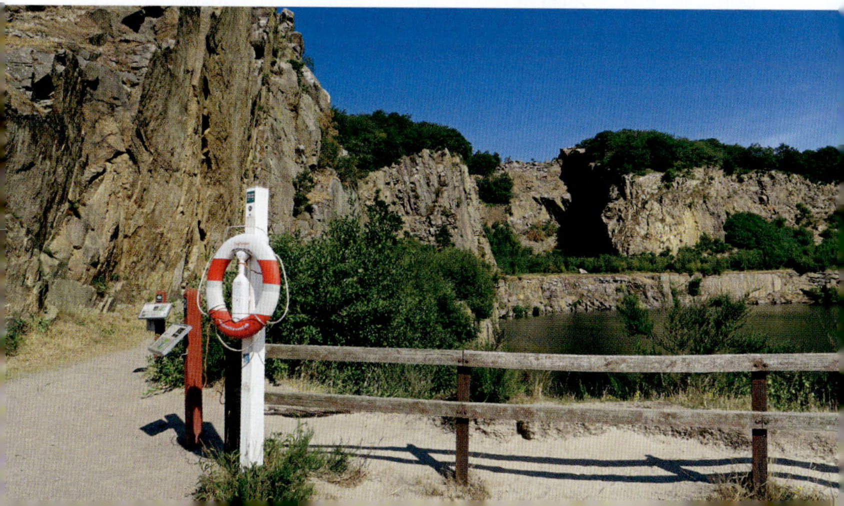

Im deutschsprachigen Buchhandel ist die für Wanderer brauchbarste Karte diejenige von Kompass: Nr. 236 »Bornholm 4 in 1«, Maßstab 1:50.000, ISBN 9783990449523.

Wichtige Telefonnummern und Adressen

Touristische Informationen:
Destination Bornholm ApS, Tel. +45 5695 9500, bornholm.info. Bornholms Touristinformation, vor Ort vertreten mit Büros in allen Städten entlang der Küste; das Hauptbüro Bornholms Velkomstcenter befindet sich am Hafen von Rønne, Nørdre Kystvej 3: gut ausgestattet, kostenlose Computernutzung mit Internetzugang und WLAN, viel nützliches Infomaterial gratis.

Nützliche Internet-Adressen:
- bat.dk: Busse auf Bornholm. Fahrzeiten, Zonen, Tarife.
- rejseplanen.dk: Routenplaner für öffentlichen Verkehr in Dänemark inkl. Ticketkauf (auch als App).
- bornholmslinjen.de: Fährreederei. Alle Infos zur Anreise nach Bornholm und Ticketbuchung.
- visitdenmark.de: Dänische Tourismuszentrale. Reisetipps sowie Infos und Links zum Urlaub in Dänemark.
- dmi.dk: Dänisches meteorologisches Institut mit guter werbefreier Vorhersage (auch als App).

DÄNISCH – DEUTSCH FÜR WANDERER

å	Bach, kleiner Fluss	fyr, fyrtårn	Leuchtturm
bane	Zug, Bahn	færdsel	Verkehr
bakke	Hügel	færge	Fähre
batteri	Geschützstand	gade	Straße (Stadt)
bjerg	Berg	gamleborg	alte Burg
borg	Burg	gennemgang	Durchgang
bro	Brücke	grav	Grab
bugt	Bucht	gård	Hof, Herrensitz
bunker	Bunker	hav	Meer
bus	Bus	havn	Hafen
bæk	kleiner Bach	hede	Heide
bænk	Bank	helleristninger	Felszeichnung, -ritzung
båd	Boot	hjertesti	Trimmpfad
center, centret	Zentrum	holm	Landenge
cyclerute	Radweg	hus	Haus
dal	Tal	hytte	Hütte
dam, dige	Teich	høj	Hügel
dysse	Hünengrab, Dolmen	indre dige	Binnendeich
dæmning	Damm	kilde	Quelle
eng	Wiese	kiosk	Kiosk

kirke	Kirche	sande	Sand, verlandetes Areal
klint	Steilufer	skanse	Schanze, Festungswall
klit	Düne	skib	Schiff
klitplantage	Küstenschutzwald	skov	Wald
knude	Knoten(punkt)	slot	Schloss
kro	Gasthaus	sluse	Schleuse
kyst	Küste	sprækkedal	Spaltental
købmand	Kaufmann, Laden	sten	Stein
landsby	Dorf	stenbrud	Steinbruch
legeplads	Spielplatz	sti	Steig, Weg
lyng	(Heide)kraut / Erika	storm	Sturm
lystskov	Hain	strand	Strand
mile	Düne	syd	Süden
mindesten	Gedenkstein	sø	See
mose	Moor	teltplads	Zeltplatz
museet	Museum	tidevand	Gezeiten
mølle	Mühle	torv	Markt(platz)
norden	Norden	tårn	Turm
odde	Landzunge	top	Gipfel
område	Gebiet	udsigt	Aussicht
ø	Insel	vand	Wasser
øst	Osten	vandfald	Wasserfall
parkering plads	Parkplatz	vandrerhjem	Jugendherberge
plantage	Plantage, Anpflanzung	vej	Weg, Straße
rokkesten	Wackelstein	vest	Westen
ruin	Ruine	vig	Bucht
røgeri	Räucherei	værn	Wehr

Der Opalsø: früher Steinbruch, heute Schauplatz verschiedener Outdoor-Sportarten.

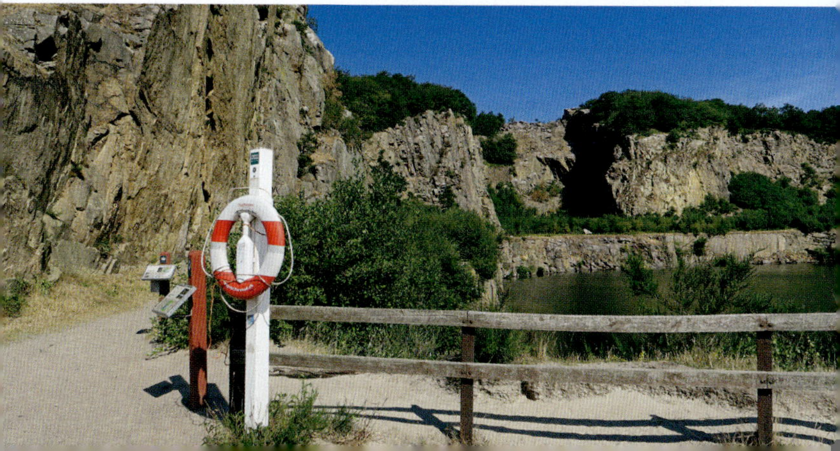

NATUR UND KULTUR – EIN ÜBERBLICK

Geografie

Bornholm ist die östlichste Insel Dänemarks und mit einer Fläche von 588 km² und einer Küstenlänge von 158 km die fünftgrößte Insel des Landes. Damit liegt die Insel mit ihrer Fläche zwischen den deutschen Stadtstaaten Hamburg und Bremen. Die Einwohnerzahl sinkt seit Jahren und durchbrach 2017/18 erstmals die 40.000er-Grenze – nach unten. Im Jahr 1965 hattte Bornholm mit 48.620 Personen seine größte Einwohnerzahl.
Der geringste Abstand zum Festland beträgt 37 km – zur südschwedischen Küste. Nach Rügen im Südwesten sind es 80 km, von Dueodde zum polnischen Kolberg 100 km und zum dänischen Mutterland 150 km. Bei der Oberflächenform Bornholms dominiert leicht gewelltes Hügelland, das allseits zu seiner höchsten Höhe im Inselinneren ansteigt, dem 162 m hohen Rytterknægten im Almindinger Wald. Die ganze Insel wird von rund 50 Wasserläufen durchzogen, etwa der Læsa oder der Blykobbe Å. Die Küste unterliegt im Norden starker Abtragung, was an den Felsklippen zu erkennen ist, während im Süden eine flache Küste durch Sedimentation entstand mit Sandstränden und Dünenketten wie bei Dueodde.
Typisch für Bornholm sind die Spaltentäler (auf Dänisch »sprækkedale«), 2 bis 100 m breite »Risse« der Erdoberflächen. Die 65 Spaltentäler Bornholms gehen auf alte Verwerfungen und Störungen an der Erdoberfläche zurück, die durch aufsteigendes Diabas-Gestein gefüllt wurden, das wegen seiner weicheren Konsistenz verwitterte. Spaltentäler beherbergen wegen ihrer extremen Bedingungen (viel Feuchtigkeit, wenig Licht) eine sehenswerte Vegetation.

Dänemarks größte Burg: die mittelalterliche Ruine Hammershus.

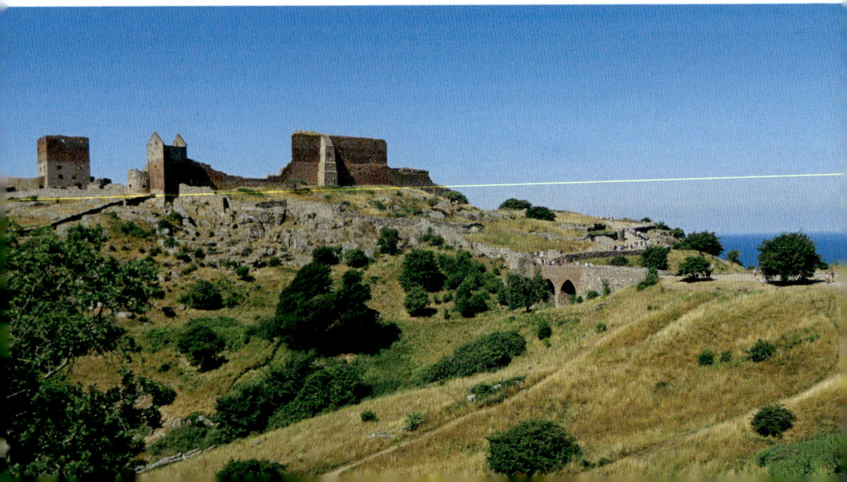

Die früher eigenständige Regionskommune Bornholm gehört seit 2007 wie Kopenhagen und Frederiksberg zur Region Hovedstaden. Mit Ausnahme der mittelalterlichen Hauptstadt Åkirkeby (2100 Ew.) liegen alle größeren Orte an der Küste, der Größe nach: Rønne (13.800 Ew.), Nexø (3700 Ew.), Hasle (1600 Ew.), Sandvig-Alligne (1500 Ew.), Svaneke (1100 Ew.), Tejn (800 Ew.) und Gudhjem (750 Ew.).

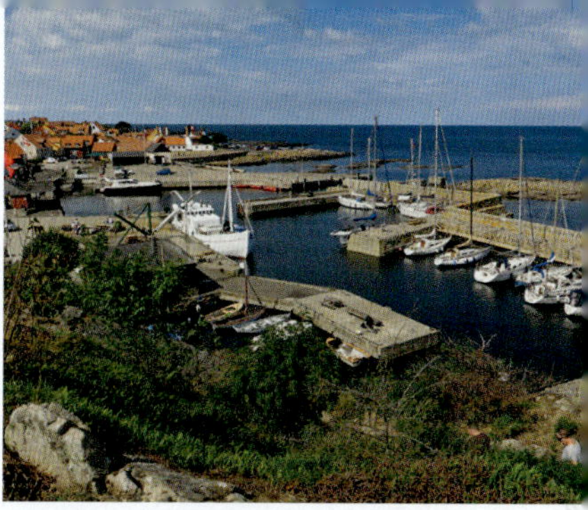

Bornholms älteste Hafenstadt: Gudhjem.

Ostsee

Die Ostsee ist als 400.000 km² großes Binnenmeer nur über den Großen und Kleinen Belt sowie den Øresund zwischen Dänemark und Schweden mit der Nordsee und damit den Weltmeeren verbunden. Die größte Tiefe der im Mittel 55 m tiefen Ostsee wurde im Landsorttief vor Stockholm mit 459 m Meter gemessen, das Bornholmtief östlich der Insel reicht 92 m abwärts. Die durch den Durchzug eiszeitlicher Gletscher geprägte Ostsee präsentiert sich mit unterschiedlichen Küsten, im Norden den von Schweden bekannten felsigen Schären und im Süden einer Ausgleichsküste, die durch den Wechsel von Steil- und Strandküsten geprägt ist. Das zwischen Schweden und Deutschland gelegene Bornholm bietet alle diese Küstenformen.

Geschichte

- Von der vorgeschichtlichen Besiedlung Bornholms gibt es zahlreiche Spuren steinzeitlicher Gräber (etwa in Nylars oder Arnager) sowie bronzezeitliche Bautasteine, Gräber und Felszeichnungen quer über die Insel verstreut.
- Die Besiedlung in der Eisen- und Wikingerzeit (400 v. Chr. bis 1000 n. Chr.) ist durch zahlreiche Gräberfunde nachgewiesen – wie etwa Krüge, Schmuck und Münzen. Aus jener Epoche sind die ersten Schriftzeichen bekannt: Die meisten der 40 Runensteine von Bornholm werden auf das 11. Jh. datiert. Entgegen ihrem »heidnischen« Image finden sich dort auch christliche Hinweise. Passend dazu sind Runensteine heute in mehreren Kirchen zu finden.
- Im 12. Jh. kam es zum Streit zwischen dem dänischen König und dem Erzbischof von Lund. Beide errichteten gewaltige Stützpunkte auf Bornholm: der Däne die Königsburg Lilleborg beim heutigen Almindingen und der Erzbischof die Burg Hammershus. Erstere wurde 1259 vom Wendenfürsten Jaromar von Rügen zerstört, dem Bruder des schwedischen Erzbischofs (siehe Tour 18). In dieser Zeit wurden neben anderen sakralen Gebäuden auch die trutzigen Rundkirchen errichtet.

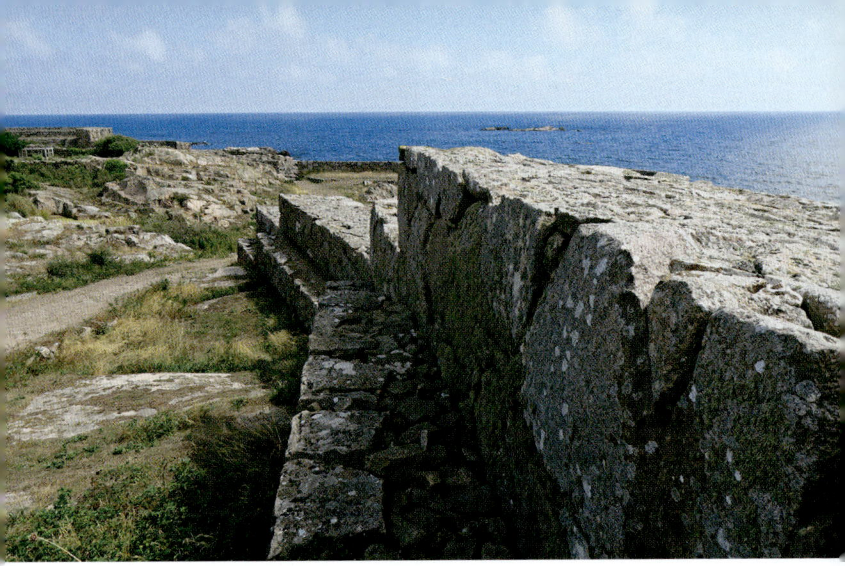

Auf Dänemarks östlichster Insel Christiansø (Tour 45).

- Am 15.8.1522 stürmten Truppen der Hansestadt Lübeck Schloss Hammershus. Kurz darauf erhielt Lübeck die Insel als Pfand für 50 Jahre, d. h. das Recht auf zusätzliche Steuern. Die Lübecker verstärkten die Burg Hammershus, was an den Backsteinen des Mantelturms mit Lübecker Siegel erkennbar ist (siehe Tour 41).
- 1645 nahmen die Schweden Bornholm mit einer Flotte von 29 Schiffen ein. Bornholm wurde für kurze Zeit eine schwedische Provinz, ehe am 8.12.1658 der schwedische Gouverneur Printzenskjöld einem Attentat von Bornholmer Bauern (offiziell Freiheitskämpfern) zum Opfer fiel. Kurz darauf wurde Bornholm wieder dem dänischen Königreich eingegliedert.
- Aus Angst vor erneuten Einfällen des »Erbfeindes« Schweden sowie später als Bollwerk gegen die Engländer bauten die mit Napoleon verbündeten Dänen militärische Befestigungsanlagen aus mit einem Netz von 100 Schanzen rund um die Insel, dem Kastell in Rønne (siehe Tour 1) sowie Ertholmene vor Bornholm (siehe Tour 40). Dort waren im 19. Jh. 600 dänische Soldaten stationiert, um den Engländern zu Zeiten der Kontinentalsperre 1808–1813 Paroli zu bieten bzw. diese durch dänische Kaperfahrten zu schwächen.
- Seit etwa 1900 entwickelte sich der Tourismus sprunghaft, anfangs vor allem in Sandvig. Parallel dazu wurde die Inselbahn gebaut mit von Rønne aus radial verlaufenden Strecken (in Betrieb 1900 bis 1968), die heute großteils als Radwege dienen.

- Im Zweiten Weltkrieg war Bornholm für fünf Jahre von den Deutschen wegen seiner strategisch günstigen Lage besetzt. Die Nationalsozialisten wollten bei Dueodde einen militärischen Stützpunkt errichten, um von dort das Fahrwasser südlich von Bornholm kontrollieren zu können. Glücklicherweise kamen sie über die Anlage eines – noch heute sichtbaren – Betonfundaments nicht hinaus (s. Tour 10). Aufsehen erregte während der deutschen Herrschaft eine V1-Rakete, die, von Peenemünde gestartet, über Bornholm abstürzte.
- Weil sich die Deutschen weigerten, vor den Russen zu kapitulieren, fielen am 7./8. Mai russische Bomben auf Rønne und Nexø. Gleich nach dem russischen Bombardement stiftete die schwedische Regierung als Soforthilfe 300 Holzhäuser für Rønne und Nexø, die zum größten Teil noch heute stehen.
- In die Schlagzeilen geriet Bornholm im September 2022, als östlich der Insel mehrere Explosionen – davon eine gerade mal 12 Seemeilen von Dueodde entfernt – die dicht an der Insel vorbeiführenden Nord-Stream-Pipelines zerstörten. Anfängliche Befürchtungen auf dadurch aufgewirbelte Umweltgifte im Bornholmtief – darunter Altlasten aus dem Krieg – bewahrheiteten sich zum Glück nicht.

Sprache

Die meisten Einwohner Bornholms sind wegen der zentralen Lage in der Ostsee mit Touristen aus diversen Ländern ausgesprochen vielsprachig. Abgesehen von Dänisch (und Englisch) verstehen und sprechen die meisten Bornholmer gut Deutsch, genauso übrigens auch Schwedisch (viele Schweden besuchen Bornholm).

Ein kleiner Sprachführer mit für Wanderer relevanten Begriffen findet sich auf Seite 24/25.

Sehenswürdigkeiten

Bornholm bietet zahlreiche Sehenswürdigkeiten für alle Altersgruppen, etwa vorgeschichtliche Gräber, Bautasteine (Menhire), Felszeichnungen, Runensteine, mittelalterliche Kirchen, darunter vier Rundkirchen, alte Räuchereien, urige Häfen, zeitgemäße Museen, einen mittelalterlichen Freizeitpark für Kinder, Kunsthandwerksateliers und -ausstellungen sowie ein breites gastronomisches Angebot mit vielen lokal hergestellten Produkten, mit mehr (Fisch, Bier, Brot) oder weniger Tradition (Kaffee, Wein, Whisky).

Traditionelle Fischräucherei.

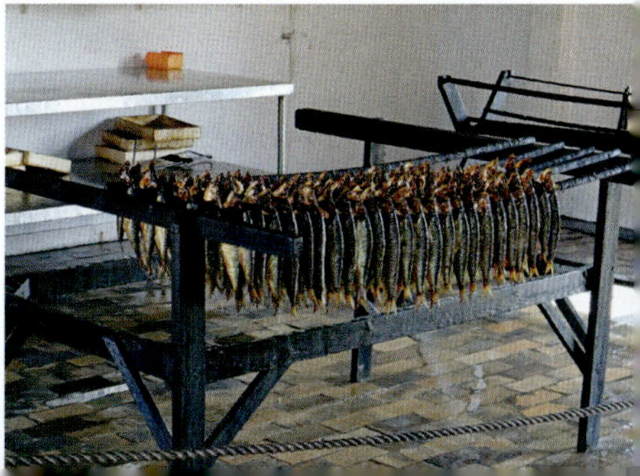

Tradition des Fischräucherns

Fischräuchereien sind allgegenwärtig an der Küste von Bornholm und haben eine lange Tradition. Aber erst ab dem Jahr 1886 verbreitete sich von Gudhjem aus die (Herings-)Räucherei mit offenem Schornstein in großem Stil, vermutlich angeregt aus Schottland. Zur Zeit des Räuchereibooms zwischen den Weltkriegen soll es 135 Fischräuchereien (»røgeri«) auf Bornholm gegeben haben, alleine ein kleines Fischerdorf wie Årsdale zählte 14 Räuchereien – Feinstaub war damals noch kein Thema. Heute sind noch 75 Räuchereien erhalten, davon nur rund ein Dutzend in Betrieb.
In den 1950er-Jahren mussten viele Räuchereien infolge strenger Lebensmittel- und Arbeitsplatzgesetze geschlossen werden oder nachrüsten mit u. a. größerer Deckenhöhe, Kacheln sowie Toiletten für das Personal. Einige öffneten Jahrzehnte später nach erheblichen Investitionen wieder, darunter 1990 die heute beliebte Räucherei von Hasle, wo eine kleine Ausstellung über die Region und das Fischräuchern informiert.

Geologie und Landschaftsentstehung

Der Norden Bornholms gehörte – wie das übrige Skandinavien auch – zum kaledonischen (vor 400 Millionen Jahren gebildeten) Landschild, der im Tertiär – vor 50 Millionen Jahren – im Süden abrupt abbrach. Ein Resultat davon sind mehrere 100 m tiefe Gräben oder horstartige felsige Erhebungen in der Ostsee – wie Bornholm.
Die heutigen Landschaftsformen wurden weitgehend im Quartär während der vergangenen Kaltzeiten durch den Einfluss der Gletscher geprägt – zuletzt bei der Weichsel-Eiszeit vor 80.000 bis 10.000 Jahren. Das Vorrücken der bis zu drei Kilometer mächtigen Gletscher nach Süden führte zu einem starken Gesteinsabtrag und zur Herausbildung der heutigen Wellenform der Insel.
Die schürfende und schleifende Wirkung des Gletschereises früherer Eiszeiten hat den Bornholmer Granit teilweise geglättet. Dieses ist an Rundhöckern im Norden Bornholms – wie dem Hammeren – gut zu erkennen. Im typischen Fall sind diese Rundfelsen zum Osten hin abgerundet, zum Westen hin steiler und lassen mit ihren Rillen auffällige Spuren vom Eis erkennen.
Wie im übrigen südlichen Ostseeraum findet man auf Bornholm viele Findlinge; das sind von den Gletschern in den Eiszeiten herangetragene Felsbrocken oder größere Steine. Bei schmalem Untergrund fehlt den Findlingen eine stabile Lagerung – Bornholmer bezeichnen sie dann als »Rokkestene«, zu deutsch: Wackelsteine, etwa bei Paradisbakkerne (siehe Touren 15–17), Almindingen (siehe Tour 18) oder der Rutsker-Plantage (siehe Tour 30).
Beim Rückzug des Eises haben Schmelzwässer viele Geröllreste und Sedimente über das zuvor mit Eis bedeckte Land gespült; diese Geschiebelehmflächen sind ein fruchtbarer Grund für die Landwirtschaft Südborn-

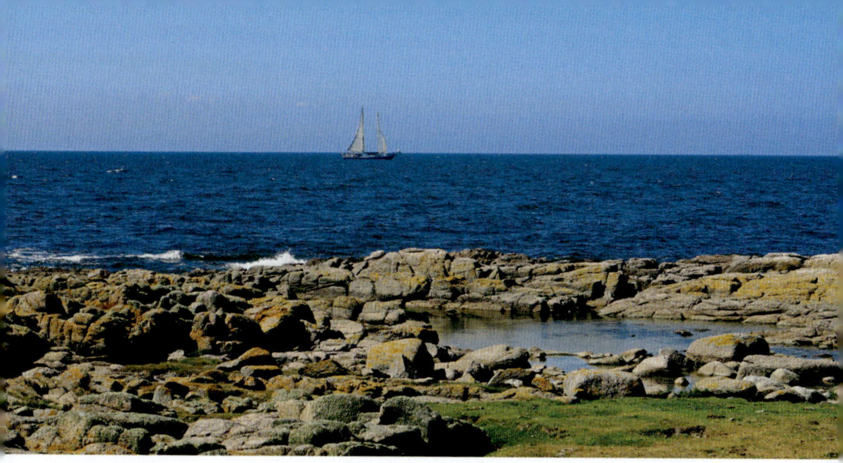

Granitblöcke säumen das Ufer an der Hammer-Halbinsel.

holms. Das Abschmelzen des Eises nach Ende der Kaltzeit führte dazu, dass die Landfläche von Bornholm sich aufgrund der Gewichtsentlastung erhöhte (wie die meisten Flächen Skandinaviens); der Hammeren soll sich seit der letzten Eiszeit um 60 m gehoben haben.

Eis ging, Wald kam: Zwischen Bornholm und Rügen in der Ostsee gefundene Kiefernreste beweisen, dass es früher eine Landverbindung zum Süden gegeben haben muss. Eine Erklärung dafür sind die verschiedenen Hebungen und Senkungen der Landmassen sowie des Meerwasserspiegels der Ostsee.

Entsprechend den Entstehungsbedingungen zieht sich quer über Bornholm, etwa zwischen Hasle und Nexø, eine Gesteinsgrenze mit nördlich magmatischem (Granit, Gneis) und südlich Sedimentgestein (v.a. Sandstein), die gut zu erkennen ist am Klintebakken bei Åkirkeby (s. Tour 21).

Gestein und dessen Abbau

Bornholm ist für Mineralogen ein beliebtes Areal zum Sammeln von Steinen, den ältesten Zeugen der Erdgeschichte: Die auf Bornholm anzutreffenden Gesteine Feldspat, Quarz, Glimmer und Hornblende sind mehr als 3 Milliarden Jahre alt, Gneis und Granit dagegen »nur« rund 1,5 Milliarden Jahre. Letztere bilden zwei Drittel des Untergrundes von Bornholm, vor allem im Norden. Die Geologie ordnet sie den Grundgebirgsgesteinen des Baltischen Schildes zu, die im Tertiär emporgehoben worden sein sollen. Folgende Granitarten kommen auf Bornholm vor:

- Svaneke-Granit aus Kalifeldspat
- Hellgrau-rötlicher Vang-Granit zwischen Vang und Tejn besteht aus klarem hellem Quarz und weist einige dunkle Flecken auf.

- Roter Hammer-Granit im Norden wird seit dem 19. Jh. abgebaut v. a. für den Straßenbau.
- Dunkler harter Granit bei Rønne wird als Granodiorit bezeichnet und besteht aus schwarzgrauem Plagioklas sowie Hornblende.

Der dem rötlichen Granit ähnelnde Gneis bildet die nördlichen Klippen Bornholms.

Südlich der geologischen Grenze trifft man auf Sedimente aus dem Erdmittelalter (mehr als 200 Millionen Jahre alt), auf Schiefer-, Kalk- und Sandstein. Beispiele sind das Schiefergestein bei Læsa südwestlich von Almindingen oder der Nexø-Sandstein, der in vorkambrischer Zeit (vor rund 500 Mio. Jahren) als Verwitterungsprodukt des Granits entstand und ebenso wie jener abgebaut wurde als Baumaterial für Häuser, für Einfriedungen sowie als Pflastersteine. Von wirtschaftlicher Bedeutung sind auch Braunkohleflöze, die in den Weltkriegen abgebaut wurden (rund 30.000 Tonnen am Rubinsø bei Hasle, siehe Tour 4) sowie Tonablagerungen von Eisstauseen als Basis für Bornholms Keramik. Östlich von Rønne wurde bis in die jüngere Gegenwart hinein Kaolinsand abgebaut, entstanden durch die chemische Zersetzung von Feldspat im Granit vor rund 200 Mio. Jahren.

Flora

Die Vegetation auf Bornholm ist erstaunlich vielfältig, bedingt durch die unterschiedlichen Klimabedingungen und Böden. Ursprünglich, d. h. natürlich, sind artenreiche Laubwälder, die durch Eingriffe des Menschen häufig zu Gebüsch, Heide-, Ackerland oder monotonen Monokulturen degradiert wurden. Naturnahe Wälder findet man auf Bornholm nur noch punktuell, etwa in Spaltentälern, die sich wegen ihrer schweren Zugänglichkeit einer lohnenden wirtschaftlichen Nutzung entziehen konnten. Hier findet man noch Eschen, Ulmen, Ebereschen, Faulbäume und Hainbuchen und natürlich feuchtigkeits- und schattenliebende Pflanzen wie Farne, etwa der schwarzstilige Streifenfarn.

Auf den Sandböden der südlichen Küsten sind eher Kiefer und Birke heimisch. Auf Waldböden fallen der vor allem im Frühsommer nach Knoblauch duftende Bärlauch, das zweiblütige Veilchen (*Viola biflora*), der Lerchensporn (*Corydalis cava*), der Scheiden-Goldstern oder der Wald-Wachtelweizen auf. An Ackerrändern dominieren im Sommer Klatschmohn, Kamille, Wegwarte sowie Flocken- und Kornblume. In Heidelandschaften wachsen Besenheide, Krähenbeere und Wacholder, etwa bei Hammeren. Heidelandschaften bedeckten um 1700 rund ein Viertel der Inseloberfläche, von denen nur noch einige inselhafte Flächen vorhanden sind, die wegen ihrer Lage auf höher gelegenen nährstoffarmen Böden auch *Hølyng* (»Hochheide«) genannt werden.

Auf Bornholmer Strandwiesen gedeihen seltene Blütenpflanzen wie Mehlprimeln, Spargelklee sowie verschiedene Orchideen, etwa am Ufer bei Bølshavn (siehe Tour 22). An windgeschützten Stellen gedeihen einige mediterrane Pflanzen, die eher im Mittelmeerraum, nicht aber in Dänemark zu erwarten sind. Dazu gehören Pflanzen der steppenartigen Hänge am Hammeren wie die Kassubische Wicke und die Zwerg-Luzerne, aber auch Feigen- und Maulbeerbäume bei bzw. in Svaneke, Sandvig oder Gudhjem. Ein interessantes Ergebnis fördert ein gemeinsames Projekt von Botanikern und Achäologen bei der Burg Hammershus zutage: 53 Arten sonst nicht heimischer Kräuter-, Gewürz-, Heil- und Giftplanzen, die sich nach der Kultivierung im früheren Burggarten ausgebreitet haben.

Fauna

Vor einigen Tausend Jahren lebten auf Bornholm Elche, Kronhirsche und Wildschweine. Der letzte Kronhirsch soll 1770 von Jägern erlegt worden sein. Seit dem 19. Jh. wurden die in der Jagd beliebten Rehe sowie die heute häufigen Füchse und Eichhörnchen eingeführt. Von Menschen unbewusst auf Bornholm eingeführt wurden Nerze aus Zuchtfarmen – wie sie in Dänemark immer noch üblich sind. Diese haben sich in einigen Wasserläufen und an der Ostküste ausgebreitet und werden als Eindringlinge bekämpft. Bäche, Waldseen und Moore bieten ideale Bedingungen für Amphibien wie Kröten und Frösche, darunter der Kleine Grüne Laubfrosch, die Erdkröte und der Seefrosch.

Rund um Bornholm wurden rund 40 Fischarten gezählt, darunter Heringe, Dorsche, Schollen, Aale und seltener auch Lachse. Die Fischbestände sind im 20. Jh. infolge Überfischung so weit zurückgegangen, dass kaum noch kommerzieller Fischfang betrieben wird. Erfreulich ist die Zunahme von Meeressäugern in Form von Kegelrobben, die seit einigen Jahren eine mehrere Hundert Tiere starke Population bei den Erbseninseln bilden.

Rund 100 Vogelarten brüten auf Bornholm. Unter den Seevögeln dominieren Möwen und Kormorane. Auf der Erbseninsel Græsholm, seit 1926 ein Vogelschutzgebiet, leben vor allem Tordalk, Trottellumme, Eiderente und Haubentaucher. Trottellummen und Tordalke nisten auch in den Klippen zwischen Jons Kapel und Hasle. Die Zahl der auf Bornholm brütenden Kraniche hat in den letzten Jahren zugenommen auf rund 60 Paare. Eine

Möwenkolonie auf der Hammer-Halbinsel.

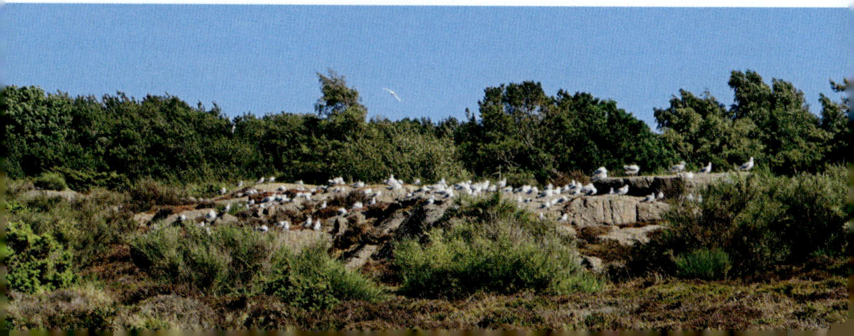

ornithologische Rarität, etwa im Blaskinsdal, sind Sprosser, eine osteuropäische Variante der Nachtigallen. Selten sind auch Greifvögel, es kommen vor allem Mäusebussarde und Wanderfalken vor. Die vielen Wälder auf Bornholm bieten einen guten Lebensraum für Klein- und Buntspechte, Schwarzspechte gibt es seit einiger Zeit nicht mehr.
Ein Vogel-Dorado ist das 50 ha große Moor Hundsemyre (siehe Tour 12) westlich von Snogebæk mit einem Aussichtsturm. Das Naturschutzgebiet ist allerdings vom 15. März bis 15. Juli gesperrt, um die brütenden Vögel nicht zu stören. Für den Vogelzug ideale Zeiten und Gegenden sind im Frühling die Hammer-Halbinsel im Norden und Dueodde im Süden.
An Schlangen ist die vor allem in Heidegebieten vorkommende Kreuzotter zu nennen, deren Biss auch für den Menschen giftig ist.

Naturschutz

Rund 6% der Fläche Bornholms sind unter Naturschutz gestellt, vor allem Spaltentäler mit oft schattenliebender Vegetation, Feuchtgebiete wie Moore und Seen im Verlandungsstadium, Trockenstandorte wie Heidegebiete und natürlich (vielseitige) Küstenabschnitte. Die bedeutendsten Naturschutzgebiete Bornholms im Überblick:

- Ringebakkerne, seit 1970 unter Naturschutz
- Paradisbakkerne, seit Beginn des 20. Jh. unter Naturschutz
- Balkalyngen, Heidelandschaft zwischen Nexø und Balkastrand
- Hundsemyre, 50 ha große Moorfläche westlich von Balkastrand
- Ekkodalen, Eichenwald über dem Spaltental
- Slotslyngen, 25 ha großes Heide- und Waldgebiet bei Hammershus
- Hammeren, seit 1970 unter Naturschutz

Die meisten der geschützten Gebiete Bornholms beschreibt der dänische Naturschutzverein auf seiner Website: fredninger.dk. Die Schutzgebiete sind auf der Karte mit einem Dreieck gekennzeichnet und mit einem Klick gibt es zahlreiche weitere Infos (auf Dänisch).

Umweltschutz & Nachhaltigkeit

Bornholm gilt als besonders nachhaltige Insel (2019 mit einem EU-Preis ausgezeichnet), auch wenn das auf den ersten Blick kaum auffällt: Windräder und Solarpanele sind auf der Insel eher Mangelware. Dafür werden rund zwei Drittel der Wärme und des Stroms aus Biomasse und in Biogasanlagen gewonnen.
Ab etwa dem Jahr 2030 soll Bornholm eine von zwei dänischen Energieinseln werden – neben einer Offshore-Insel in der Nordsee bei Esbjerg. Konkret geplant sind mit einer dänisch-deutschen Kooperation weitere Offshore-Windanlagen um Bornholm (gesamt 3 GW), ein Umspannwerk und Verkabelung zu den Anrainerländern. Damit würde Bornholm zu einem Drehkreuz für Windenergie mitten in der Ostsee.

Der Umwelt zuliebe ...

Auch beim Wandern hinterlassen wir einen ökologischen Fußabdruck, aber im Einklang mit der Natur unterwegs zu sein, ist gar nicht so schwer!

VORBEREITUNG UND ANFAHRT

- Sich vorab informieren, worauf in Bezug auf Natur und Umwelt in der jeweiligen Wanderregion besonders zu achten ist.
- Soweit möglich mit Bahn und Bus anreisen, Wander- und Rufbusse nutzen.
- Ist eine Anfahrt mit dem Auto nötig, Fahrgemeinschaften bilden.
- Bei weiten Anfahrten Mehrtagestouren planen oder von einem Quartier vor Ort aus mehrere Touren absolvieren.
- Flugreisen möglichst reduzieren und durch Beiträge zu Klimaschutzprojekten kompensieren.

KLEIDUNG UND AUSRÜSTUNG

- Beim Kauf von Outdoor-Kleidung auf umweltfreundliche und faire Herstellung achten und Kleidungsstücke möglichst viele Jahre nutzen.
- Ausrüstung kann man eventuell auch gebraucht kaufen oder ausleihen.
- Reparieren statt neu kaufen.

VERPFLEGUNG

- Beim Einkauf Bio-Ware, regionale und saisonale Erzeugnisse bevorzugen.
- Hütten und Gasthäuser auswählen, die regionale Produkte verwenden.
- Auf Einwegflaschen und Plastikverpackungen verzichten, stattdessen wiederverwendbare Trinkflaschen und Brotzeitboxen benutzen.

ÜBERNACHTUNG

- Bei lokalen Anbietern buchen, damit Menschen vor Ort profitieren.
- Auf Hütten und in anderen Unterkünften Strom und Wasser sparen.

UNTERWEGS

- Wege benutzen und Abkürzer vermeiden.
- Sperrungen von Wegen und Schutzgebieten respektieren.
- Keine Blumen pflücken und keine Pflanzen entnehmen.
- Waldbrandgefahr beachten.
- Müll wieder mit nach Hause nehmen und dort entsorgen.
- Toilettengänge in freier Natur möglichst vermeiden.
- Lärm vermeiden.
- Hunde an die Leine nehmen.

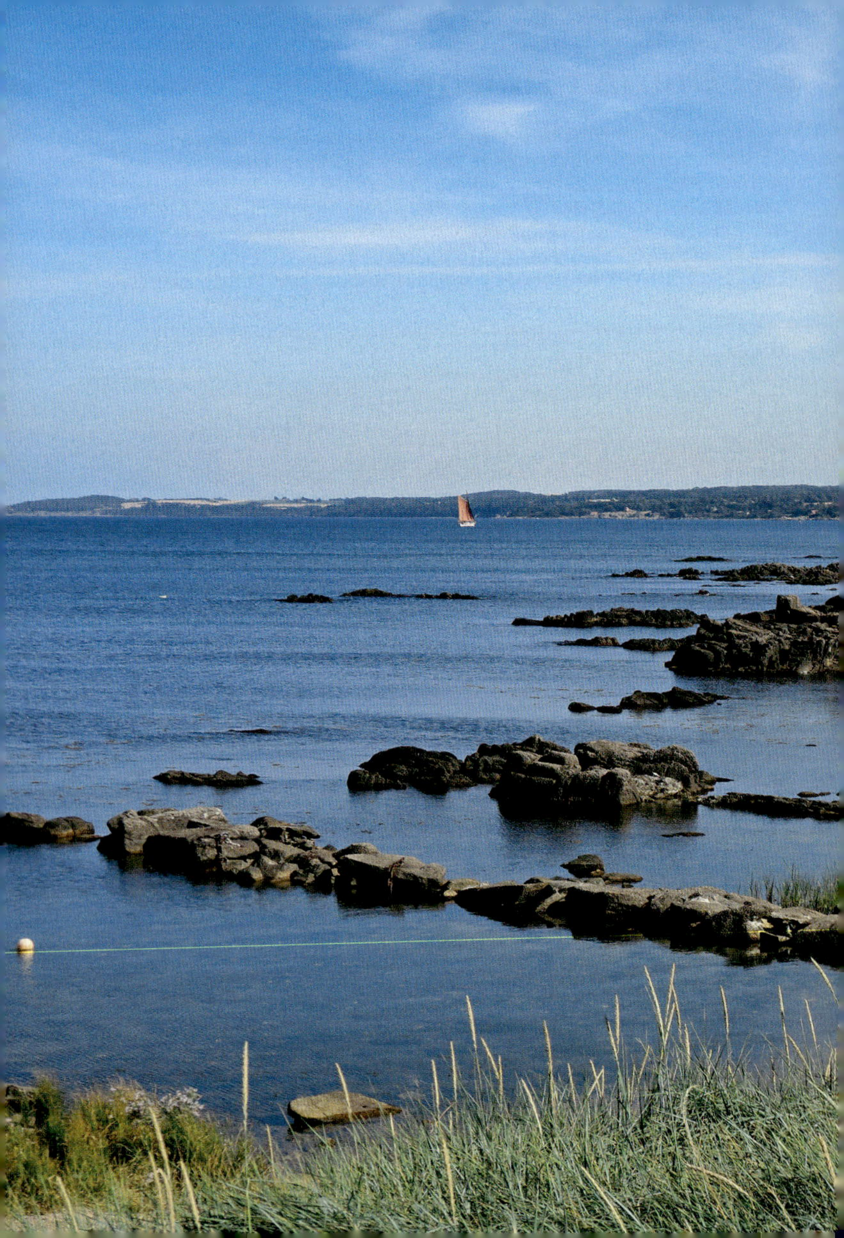

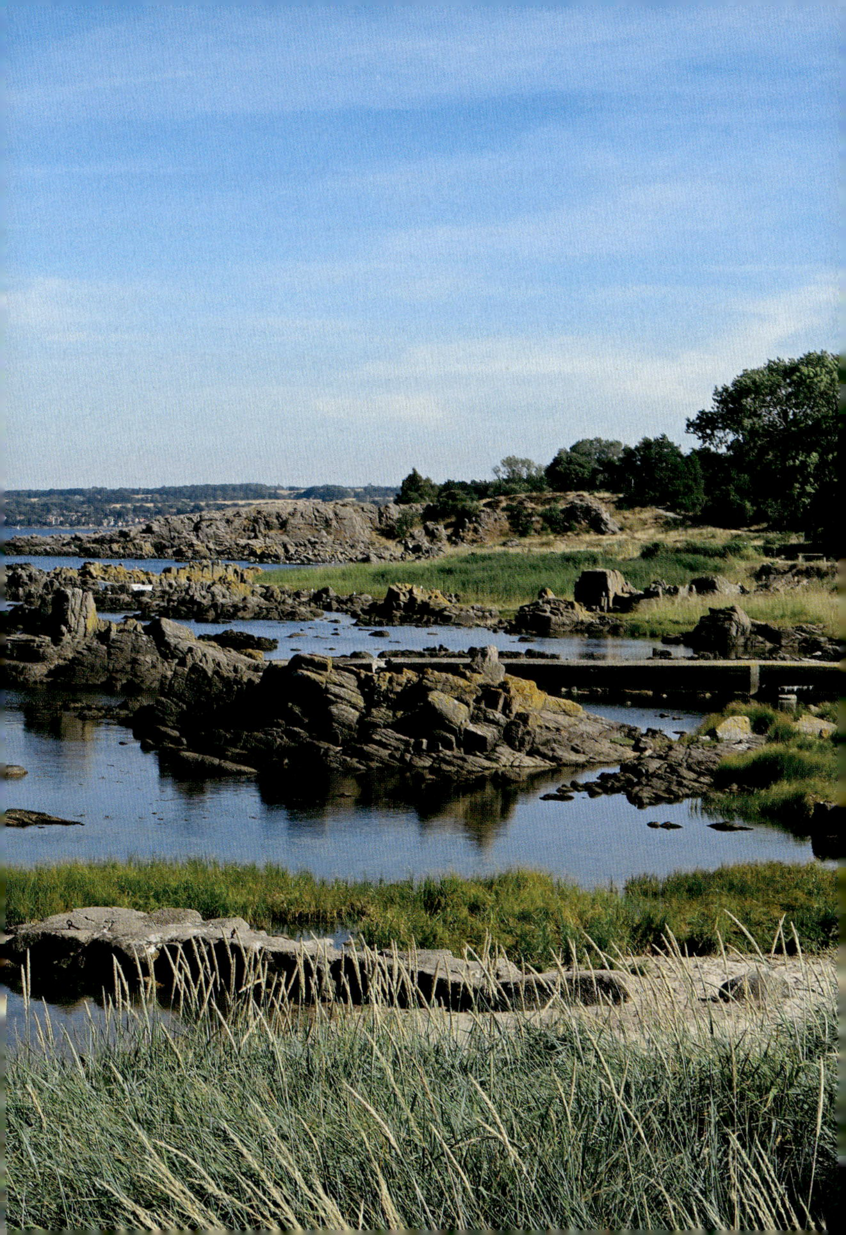

↗ 90 m | ↘ 90 m | 12.5 km

3.30 h

1 Rund um Rønne

Abwechslungsreiche Rundwanderung um Rønne mit viel Grün

Rund um Bornholms Hauptstadt Rønne führt diese Wanderung, überwiegend auf dem markierten Rundweg »Grønne Ring« über Feld-, Wald- und Wiesenwege, vorbei an alten Abbaugruben von Kaolinsand. Dieses Aluminiumsilikat, auch Porzellanerde genannt, verdankt seinen Namen der Stadt Gaoling in China, dem Mutterland des Porzellans. Der vor 200 Mio. Jahren durch Zersetzung von Feldspat im Granit entstandene Bornholmer Kaolin wurde seit dem 18. Jh. von der Königlichen Pozellanmanufaktur in Kopenhagen verwendet, später als Bleichmittel u.a. in Papier und zuletzt für Weißzement. Die 1990 stillgelegten Abbaugruben sind heute Lebensräume einer vielfältigen Flora und Fauna mit vielfältigen Wegen. Die Rundtour führt außerdem vorbei am Hafen mit Leuchtturm, einem alten Wachturm und der wiederbelebten Markthalle. Abkürzungen über Radwege sind möglich, die auf alten Bahntrassen vom Ortszentrum über die Insel führen.

Ausgangspunkt: Marktplatz (Store Torv) in Rønne. Mehrere Parkplätze rund um den Marktplatz sowie großer Parkplatz am Hafen bzw. beim Touristbüro in Rønne (Navi: 3700 Rønne, Nordre Kystvej 3). Unterwegs gibt es weitere Parkgelegenheiten, z.B. beim Snørrebakkesø.
ÖPNV: Neben dem Ausgangspunkt liegt die von fast allen Buslinien der Insel angefahrene Haltestelle Snellemark. Unterwegs Bushaltestellen Snorrebakken-Porcelænsvej am Schulwald und Strandvejen-Fredensborg beim Hotel Fredensborg.
Anforderungen: Leichte Wanderung über Feld-, Wald und Wiesenwege sowie Asphalt.
Markierung: Großteils grüner Ring auf weißem Grund (»Grønne Ring«).
Einkehr: Im Zentrum von Rønne, in der neuen Markthalle und im Hotel Fredensborg.
Varianten: Als Abkürzung gehen wir vor oder nach der Umrundung des Snorrebakke-Sees links am Kreisverkehr vorbei und dann auf dem Radweg Richtung Zentrum, entweder geradeaus zum Radweg bei der Markthalle oder vorher links auf dem Malmøvej durch das Schwedenhaus-Viertel, über Fußwege, vorbei am Stadtpark und zuletzt durch die St. Mortens Gade zum Marktplatz.
Kombi-Tipp: Tour 2 durch die historische Innenstadt.
Tipp: Bornholms Forsvarsmuseum in ehemaligen Militärmagazinen zur Verteidigungsgeschichte zwischen dem 17. Jh. und der Gegenwart (Mi–Sa 10–16 Uhr, formus.dk).

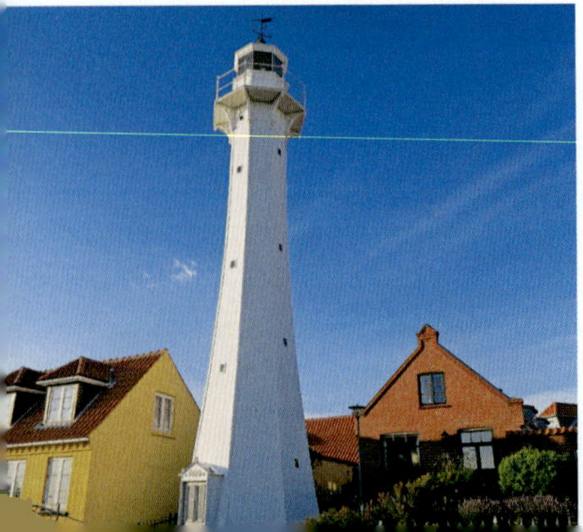

Der gusseiserne Leuchtturm Rønne Fyr oberhalb vom Hafen.

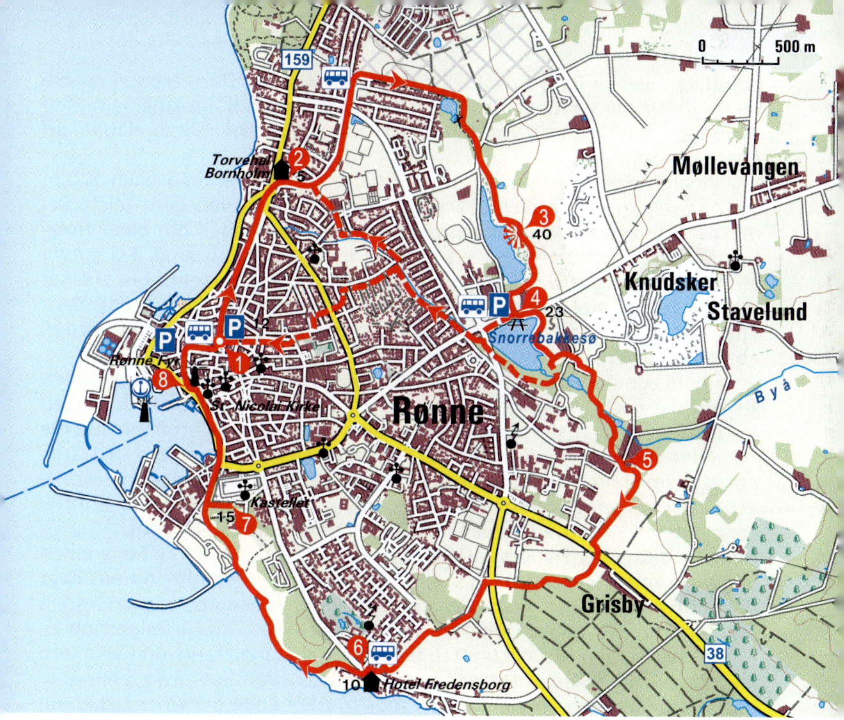

Vom zentral gelegenen Marktplatz **Store Torv** ❶ gehen wir nordwärts durch die Straße Store Torvegade, anfangs eine Fußgängerzone. An deren Ende erreichen wir einen Kreisverkehr, wo wir rechts in die Straße Gartnervangen biegen (Schild »Torvehal 100 m«). Gleich darauf folgen wir rechts der Radwegbeschilderung (u. a. »Nyker 5,6 km«). Links liegt die neu eröffnete Markthalle **Torvehal Bornholm** ❷, wo wir lokale Produkte u. a. in Bioqualität für ein Picknick kaufen können (Eingang auf der Rückseite, bei Thorkildsvej). In dem ehemaligen Schlachthof gibt es auch eine Bar bzw. ein Café.

Wir folgen dem asphaltierten Radweg entlang der früheren Bahntrasse in einer lang gestreckten Linkskurve und queren nach einem umzäunten Teich eine Straße (Nordre Ringvej). Wir bleiben weiter auf dem Radweg geradeaus, auch bei dem sich kurz darauf anschließenden Christian Plads mit einer Bushaltestelle (Nørre Løkke, Linie 22) und Straßenkurve zur Rechten. 50 m nach dem Platz erreichen wir eine kleine Kreuzung vor einer metallenen Autosperre und einem Feld. Eine Tafel informiert über den von der EU gesponserten »Grønne Ring«, dem wir rund um Rønne folgen werden (Logo weißer Ring bzw. Pfeil auf grünem Grund). Dazu biegen wir bei dieser Kreuzung rechts in den Markvej, der sich nach 80 m zu einem Pfad verjüngt – am Ortsrand von Rønne entlang mit einem Militärgelände auf der linken Seite.

Vor einem Teich tauchen wir in den Wald ein und nehmen nach 100 m die Abzweigung nach rechts. Dabei bleiben wir links von dem Teich. Bei der nächsten Gabelung halten wir uns rechts und gehen auf einer Holzbrücke über Teiche, entstanden durch Abbau von Kaolinsand. Bei einem Müllbehälter folgen wir dem Fahrweg mit Kiesbelag geradeaus bis zu einer kleinen Straße, wo eine weitere Tafel über den »Grønne Ring« informiert. Wir gehen rechts an ihr vorbei und geradeaus auf dem Kiespfad weiter, abzweigende Wege nicht beachtend.

Bei einem zunehmend zugewachsenen **Aussichtspunkt** 3 mit Bank treffen wir auf die nächste Infotafel über den Abbau von Kaolinsand, als dessen Folge dieser See entstanden ist, hinter dem wir eine Freilichtbühne und die »Skyline« von Rønne erkennen. Bei der nächsten T-Kreuzung am Ortsrand, nach einem Stein, folgen wir der kleinen Straße nach links, dem Porcelænsvej. Sie ist benannt nach dem Produkt, das aus dem früher als Bleichmittel verwendeten Kaolinsand (auch »Porzellanerde« genannt) besteht.

Nach Querung der Hauptstraße erreichen wir auf der anderen Seite einen Parkplatz mit Tisch und Bank sowie WC. Vor bzw. unterhalb von uns liegt der **Snorrebakkesø** 4, ebenfalls entstanden durch den Abbau von Gestein (Kaolinsand). Wir gehen links, um den See zur Hälfte im Uhrzeigersinn zu umrunden, halten uns nach 50 m bei einer Gabelung rechts und wandern kurz darauf über einen Holzsteg. Wir verlassen den See etwa 5 Minuten nach dem Holzsteg, indem wir am südöstlichen Ende bei einer Gabelung den Kiesweg links aufwärts nehmen (grüner Ring). Wenn Sie Kaolinsand sehen möchten, bietet sich bei der Gabelung nach rechts ein kurzer Abstecher an. Hinter einem Holzsteg schimmert links am Waldhang die helle Porzellanerde.

Bei dem Anstieg heraus aus der Seegrube ignorieren wir links abzweigende Pfade und erreichen eine Kreuzung vor einem Containerplatz, mit einer Infotafel rechts. Wir folgen weiter geradeaus dem Grønne-Ring-Wegweiser. Bei einem Haus am Waldrand gehen wir nach rechts und leicht absteigend in den Wald. Wir achten genau auf die Markierung des Grønne-Ring-Weges, d. h. wir biegen bei einer Gabelung nach links ab und beachten kleinere abzweigende Pfade nicht.

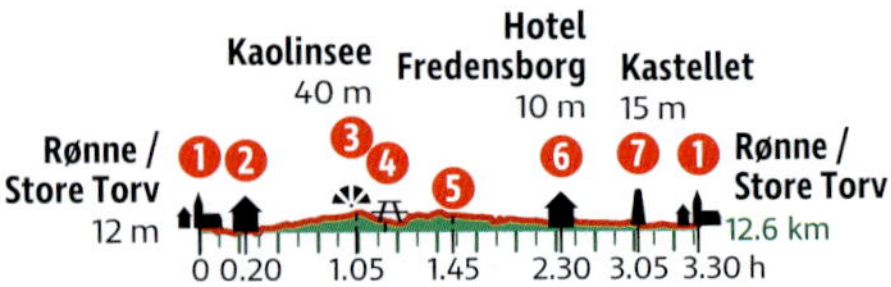

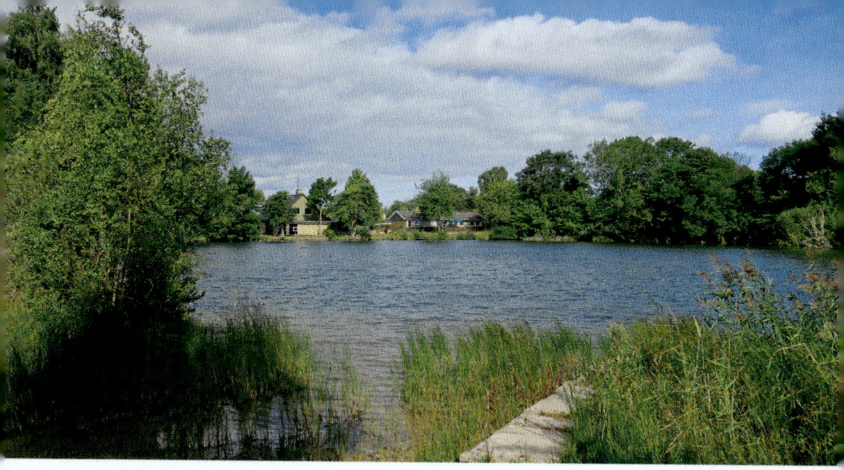

Ehemalige Abbaugrube von Kaolinsand am Rand von Rønne.

Wir verlassen den Wald bei einer großen Betonfläche zur Rechten und folgen der Straße kurz nach links, um nach wenigen Metern halbrechts zu gehen, links an dem großen Schuppen vorbei und auf einen Wall. Diesen verlassen wir in einer Rechtskurve auf einem Pfad, vorbei am Eingangstor zu einem **Schulwald** 5 (Schild »Skoleskoven 4.11.2015«). Der Weg führt erst rechts am Zaun und später rechts an einer Baumreihe entlang zu einer größeren Straße, wo wir für 50 m nach links gehen und rechts dem Weg entlang einer Baumreihe folgen, wo im Spätsommer zahlreiche Mirabellen ähnelnde Kirschpflaumen zum Pflücken einladen.
Der Weg taucht schließlich in den Wald ein, wo wir bei einer T-Kreuzung rechts gehen (Markierung grüner Ring) und dem breiten Waldweg durch eine Linkskurve folgen. Der mit grünem Ring markierte Weg führt 100 m nach einem Rechtsschwenk aus dem Wald heraus, rechts an einem Waldkindergarten (»Natur og Skovbørnehuset«) vorbei und unter der Hauptstraße hindurch. Danach folgen wir dem Smedegårdsvej nach links (Sackgassenschild, grüner Ring).
In einer Linkskurve der kleinen asphaltierten Straße biegen wir rechts in den Kies-/Spurweg im Wald (Verkehrsverbot mit Ausnahme für Anlieger bzw. gesperrt für Durchgangsverkehr: »Ærindekørsel tilladt«). Vor einer Wiese mit links Holzlattenzaun folgen wir dem Weg durch die Rechtskurve am Waldrand entlang und nach 60 m vor einer Linkskurve links dem Graspfad, linksseitig neben einer Baumreihe und später Hecken bzw. Häusern. Nach wenigen Minuten halten wir uns rechts und folgen den Pfeilen durch die Wohnsiedlung, dabei möglichst links haltend.Vor dem **Hotel Fredensborg** 6 erreichen wir die Hauptstraße. Rechts verkehren von der Bushaltestelle Fredensborgvej die Linien 21 und 22 Richtung Rønne.

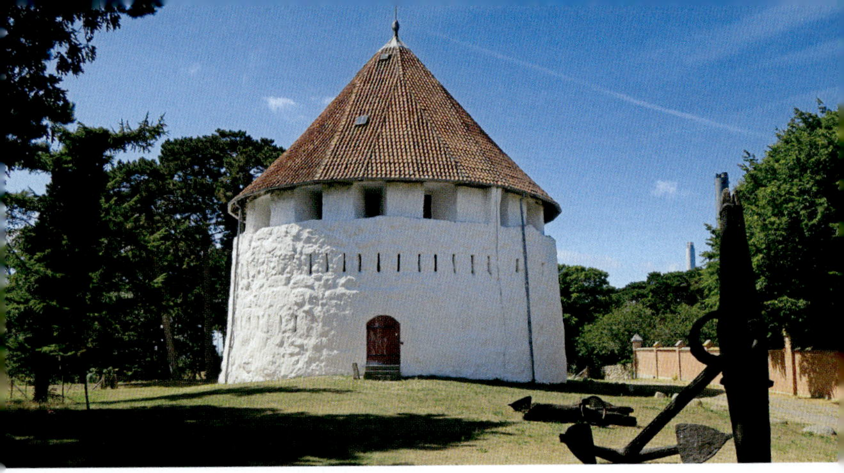

Massiver Festungsturm Kastellet aus dem 17. Jh.

Wir queren die Hauptstraße und folgen rechts vom Hotel dem Radweg durch Wald Richtung Rønne. Nach 150 m nehmen wir den links abzweigenden Fußweg (keine Markierung) und folgen diesem geradeaus Richtung Ufer, ohne Abzweigungen zu beachten, auch beim Parkplatz mit Tisch und Bank. Vor dem Ufer nehmen wir den rechts abzweigenden Kyststi (gelb), der hier auch als Hjertesti markiert ist (wörtlich »Herzsteig«, im weiteren Sinne »Trimmpfad«). Bei einer Dreifachgabelung mit Tisch und Bank rechts gehen wir geradeaus und bei der folgenden Gabelung links (Hjertesti). Kurz vor Rønne bietet sich von einer Bank mit Tisch ein hübscher Blick auf den Hafen. Wir gehen weiter geradeaus, ehe sich nach 150 m vor dem Friedhof nach rechts ein 150 m langer Abstecher anbietet zum Festungsturm **Kastellet** 7 von 1689, heute Teil des benachbarten Verteidigungsmuseums (s. Tipp).
Wir nähern uns geradeaus Rønne links am Friedhof vorbei. Nach der Querung der Hauptstraße passieren wir die metallene Sperre und folgen der kleinen Straße (Kapelvej) oberhalb vom Hafen mit Blick auf die Hafenanlagen bis zur Kirche Sankt Nicolai. Hinter der Kirche gehen wir geradeaus in die Storegade, wo nach 30 m links ein kurzer Abstecher zum Leuchtturm **Rønne Fyr** 8 einen Blick auf den Hafen bietet. Der gusseiserne Turm wurde 1880 unter Ingenieur Berg errichtet. 100 m nach dem Leuchtturm erinnern im Asphalt drei eher unscheinbare Granitsteine an ein wichtiges Ereignis in der Bornholmer Geschichte: das Jahr 1658, als der schwedische Gouverneur von Bornholmer Freiheitskämpfern an dieser Stelle erschossen wurde, was das Ende der schwedischen (Fremd-)Herrschaft bedeutete.
Bei der folgenden Kreuzung mit der Straße Snellemark folgen wir dieser rechts aufwärts und erreichen kurz hinter der gleichnamigen Bushaltestelle zur Linken den **Marktplatz von Rønne** 1.

↗ 15 m | ↘ 15 m | 2.1 km

1.00 h

Stadtrundgang Rønne 2

Rundwanderung durch Bornholms Hauptstadt

Bornholms ehemalige Hauptstadt Rønne bietet alte gepflasterte Gassen mit gut erhaltenen Handwerkshäusern, Hauptwache, Hafen, Kirche, Kapitäns- und Kaufmannshöfen. In keiner anderen dänischen Stadt sind so viele Fachwerkhäuser aus dem 18. Jh. erhalten wie hier. Diese Wanderung führt durch das alte Ortszentrum von Rønne. Erst durch das frühere Handwerker- und Arbeiterviertel, zu erkennen an Straßennamen wie Bagergade oder Smedegade, ab der Kirche durch das Wohnviertel der Kaufleute und Kapitäne mit größer geschnittenen Grundstücken bzw. Höfen. Unterwegs passieren wir den Ort des Attentats auf den schwedischen Gouverneur im Jahr 1658.

Ausgangspunkt: Marktplatz (Store Torv) in Rønne. Parken ist (begrenzt) möglich auf dem südlichen Teil des Marktplatzes. Ansonsten gibt es viele weitere kleinere Parkplätze in direkter Umgebung, einen großen weiter unten am Hafen bzw. Touristbüro, 300 m von der Route entfernt (Navi: 3700 Rønne, Nordre Kystvej 3).
ÖPNV: Neben dem Ausgangspunkt liegt die von fast allen Buslinien der Insel angefahrene Haltestelle Snellemark.
Anforderungen: Stadtspaziergang auf gepflasterten oder asphaltierten Straßen und Wegen.
Markierung: Keine besonderen außer Straßenschildern und Wegweisern.
Einkehr: Viele Möglichkeiten in Rønne, v.a. im Zentrum rund um den Marktplatz.
Varianten: Zahlreiche Abkürzungs- und Variationsmöglichkeiten in der Altstadt mit ihren vielen kleinen Gassen.
Kombi-Tipp: Tour 1 (»Grüner Ring«) rund um Rønne.
Tipp: »Arbeitendes Keramikmuseum«: Hjorths Keramik mit mehreren Stationen wie Drehbänken und Öfen (Sommerhalbjahr Mo–Sa 10–17 Uhr, hjorthsfabrik.dk); Kaufmannshof Erichsens Gård aus dem 19. Jh. mit Stadt- und Gartenmuseum (Sommerhalbjahr Fr–Sa 10–16 Uhr).

Den Marktplatz **Store Torv** ❶ mit seinem Springbrunnen von 1908 verlassen wir südwärts, queren die Hauptstraße (Snellemark) und folgen der kleinen Tornegade, an deren Ende wir vor einem Fachwerkhaus links in die Einbahnstraße Nellikegade biegen. Nach einer Rechtskurve und einem kleinen Stück in gerader Richtung erreichen wir die Methodistenkirche. Rechts befindet

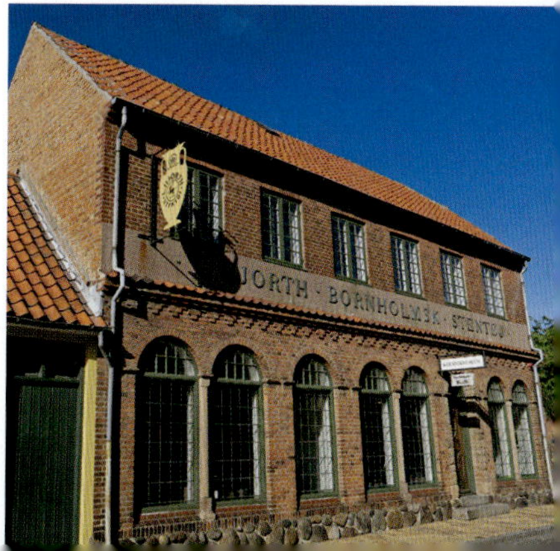

In Hjorths Keramik wird traditionell getöpfert.

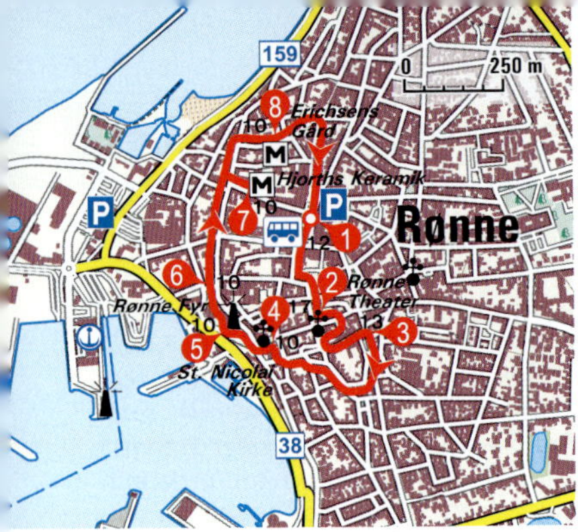

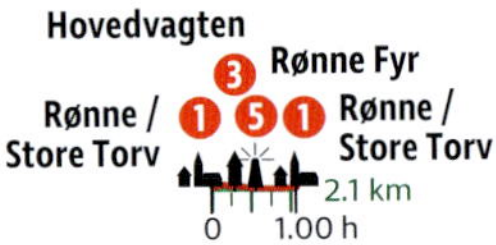

sich das **Rønne Theater** ❷, in einem ehemaligen Kaufmannshof von 1753, seit 1823 in Betrieb und damit das älteste Provinztheater des Landes mit heute rund 300 Plätzen. Vor der Methodistenkirche stehend halten wir uns links (Østergade), um nach 50 m rechts in die Gasse Stippen zu biegen, die sich zwischen alten Häusern um das Gotteshaus schlängelt. Wir halten uns danach links und folgen der Bagergade zur Søndergade mit der **Hovedvagten** ❸, einem der bekanntesten Gebäude von Rønne. Die Hauptwache wurde 1744 aus Backsteinen der Festung Hammershus errichtet – »Recycling« schon vor 250 Jahren! Früher war die Hauptwache eine Bürgerwache mit Militär- und Zivilgefängnis und gleichzeitig südliches Stadttor. Wir durchqueren rechts die Hauptwache und passieren den Vorplatz mit seiner Granitskulptur von Bent Sørensen (1987). Rechts neben der Hauptwache liegt der 1813 erbaute Købmand Rønnes Gård.

Nach dem Vorplatz halten wir uns leicht rechts und folgen der kleinen gepflasterten Gasse Korsgade in südliche Richtung. Bei den folgenden zwei Abzweigungen gehen wir rechts und passieren 200 m nach der Hauptwache rechts das mit einer Fläche von 25 m² kleinste Wohnhaus der Insel (Vimmelskaftet 11). Das 1775 errichtete Gebäude verfügt über ein Zimmer, Küche sowie Badezimmer und hat einen Immobilienwert von umgerechnet rund 100.000 € (2018). Kurz darauf erreichen wir die Hauptkirche von Rønne oberhalb vom Hafen: die dem Schutzheiligen der Seeleute geweihte **St. Nicolai Kirke** ❹. Auffällig sind in der Nordmauer das Spitzbogenportal von 1340 sowie im Inneren das gotländische Kalksteintaufbecken von 1350 und die Orgel von 1721.

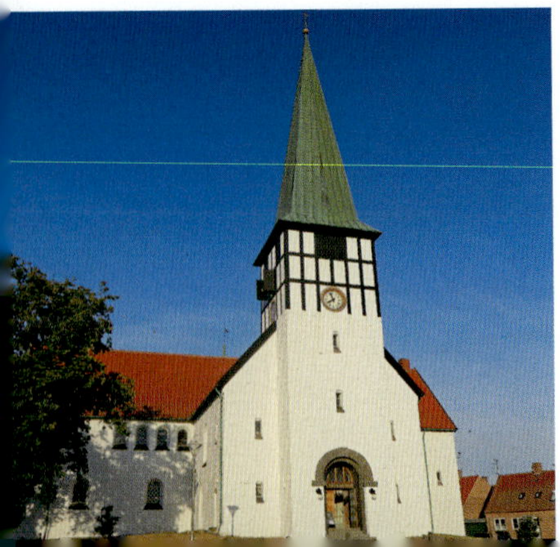

Die St. Nicolai Kirke ist dem Schutzheiligen der Seeleute geweiht.

Auf der dem Hafen zugewandten Seite der Kirche biegen wir rechts in die Storegade, wo nach 30 m links ein kurzer Abstecher zum Leuchtturm einen Blick auf den Hafen bietet, der 1933 erheblich und seitdem mit immer neuen Außenmolen kontinuierlich erweitert wird. Der gusseiserne Leuchtturm **Rønne Fyr** 5 wurde 1880 unter Ingenieur Berg errichtet. 100 m nach dem Leuchtturm erinnern im Asphalt drei eher unscheinbare **Pflastersteine** 6 aus Granit an ein wichtiges Ereignis in der Bornholmer Geschichte: das Jahr 1658, als der schwedische Gouverneur Johan Printzenskjöld mit seinem Hund von Bornholmer Freiheitskämpfern an dieser Stelle erschossen wurde, was das Ende der schwedischen (Fremd-)Herrschaft bedeutete.

Wir folgen weiter der Storegade und ignorieren abzweigende Straßen. 100 m nach der Querung der Straße Snellemark lohnt sich nach rechts (Krystalgade) ein kurzer Abstecher zu **Hjorths Keramik** 7, eine 160 Jahre alte Töpferei mit auffälliger Fassade. Vor 200 Jahren war Keramik ein wichtiger Wirtschaftszweig der Region mit mehr als 40 Töpfereien.

Wir folgen der Storegade weiter in nördlicher Richtung und biegen in die zweite Gasse rechts (Laksgade), wo wir nach 50 m auf der linken Seite mit dem **Erichsens Gård** 8 einen typischen Kaufmannshof passieren (Laksegade 7). Dieses 1806 erbaute Gebäude wurde 1838 vom Kanzleirat Th. Erichsen und 1950 von Bornholms Museum erworben. Wir folgen nun der granitgepflasterten Laksegade weiter bis zur geschäftigen Fußgängerzone, wo wir rechts zum Ausgangspunkt gehen, dem früher als militärischen Übungsplatz genutzten Marktplatz **Store Torv** 1, wo mittwochs und samstags Markttage sind.

Erichsens Gård, ein repräsentativer Kaufmannshof aus dem 19. Jh. in Rønne.

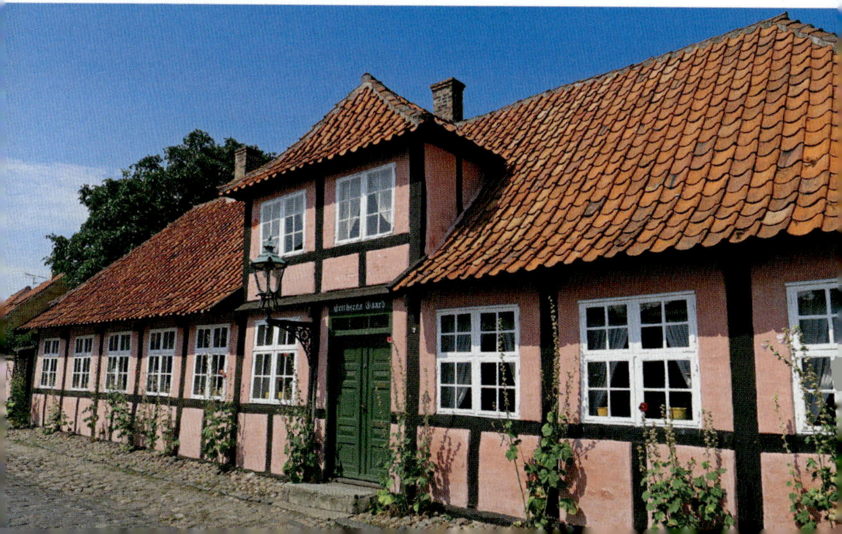

↗ 90 m | ↘ 90 m | 11.0 km

3 Von Rønne nach Hasle

3.00 h

Küstenwanderung mit flacher Küste, Wald und Abbauseen

Der flache Küstenabschnitt zwischen Rønne und Hasle im Südwesten Bornholms war lange Zeit geprägt von Sandverwehungen, die das Siedeln und die landwirtschaftliche Nutzung der dahinterliegenden Flächen erschwerten bzw. unmöglich machten. Ein im 19. Jh. angelegter 535 Hektar großer Schutzwald stoppte die Sandverwehungen und bildet die Kulisse dieser Küstenwanderung, auf der wir Spuren früherer industrieller Tätigkeiten begegnen: Kohle- und Lehmabbau, Glas- und Klinkerproduktion und Fischräucherei. Letztere wird heute wieder betrieben im Süden des Zielortes Hasle, während der nicht mehr rentable Abbau bzw. die Verarbeitung der meisten Bodenschätze im 20. Jh. eingestellt wurde.

Ausgangspunkt: Marktplatz (Store Torv) in Rønne, neben der Bushaltestelle Snellemark, wo fast alle Buslinien der Insel zu allen Orten halten. Busse zwischen Hasle (Torv) und Rønne saisonal variierend ca. alle 1 bis 2 Std. (Linien 1 und 7 ab Rønne sowie 4 und 8 ab Hasle, bat.dk). Parkplatz am Hafen bzw. Touristbüro in Rønne (Navi: 3700 Rønne, Nordre Kystvej 3). Alternativ gute Parkgelegenheiten kurz vor dem Ziel bei der Räucherei in Hasle (Navi: Søndre Bæk 20, 3790 Hasle).
Endpunkt: Dorfplatz (Hasle Torv) in Hasle mit Bushaltestelle. Im Gegensatz zum Dorfplatz zeitlich unbefristete Parkgelegenheit kurz vor dem Ziel bei der Räucherei in Hasle (Navi: Søndre Bæk 20, 3790 Hasle).
ÖPNV: Zwischen dem Ausgangs- (Rønne-Snellemark) und Endpunkt (Hasle-Torv) verkehrt alle 1–2 Stunden Buslinie 1, außerdem mehrmals täglich von Hasle nach Rønne Linie 8 und in Gegenrichtung Linie 7.
Anforderungen: Leichte Wanderung auf Wald- und Küstenwegen über Sand, kurz auch Steine, in Orten auf gepflasterten oder asphaltierten Wegen.
Markierung: Großteils gelbe Pfeile sowie Kyststi-Markierung.
Einkehr: Markthalle in Rønne; Räucherei im Süden von Hasle, geöffnet im Sommerhalbjahr tgl. 10–17 Uhr.
Varianten: In Rønne und im Schutzwald sind verschiedene, parallel verlaufende Wege möglich. Der Smaragdsø lässt sich auch auf einem abenteuerlichen Pfad rechts umrunden; dazu nach dem Pyritsø rechts, bei der Gabelung vor der Holzbrücke links, über die Brücke und aufwärts um den See.
Kombi-Tipp: Streckenweise kombinierbar mit Rundtouren 1 und 2 in Rønne sowie 4 bei Hasle.

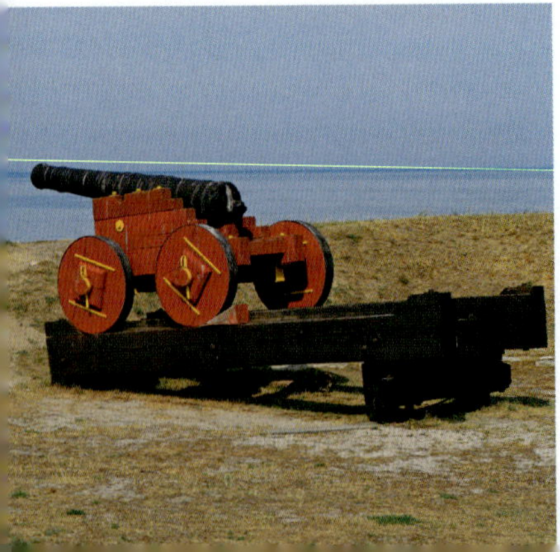

Wehrhaft: auf der Schanze bei Sorthat.

Von **Rønnes** zentral gelegenem Marktplatz **Store Torv** ❶ gehen wir nordwärts durch die Fußgängerzone (Store Torvegade) und biegen an deren Ende links in die Storegade. Hier nehmen wir die erste Gasse rechts und biegen sogleich nach links ab, um bei der folgenden T-Kreuzung rechts der Straße Nørre Bakke zu folgen, oberhalb vom Hafen. Nach 100 m nehmen wir vor dem Hotel Griffen den links zum Hafen hinunterführenden Weg, queren die Hauptstraße Nordre Kystvej und folgen auf der meerzugewandten Seite der Steinmauer der Uferpromenade nach rechts. Die asphaltierte Uferpromenade ist auch Radweg, daher Vorsicht!

In einer Rechtskurve verabschiedet sich die Straße vom Ufer, und wir setzen den Weg auf dem Bürgersteig statt der endenden Promenade fort. Bei einem Kreisverkehr gehen wir geradeaus und folgen der Straße Gartnervangen durch eine Linkskurve. Nach 100 m passieren wir vor einem Supermarkt (norwegischer Discounter »Rema 1000«) zur Rechten die wiederbelebte alte Markthalle von Rønne, die **Torvehal Bornholm** ❷ – mit Anbietern lokaler Produkte (z. T. bio) eine gute Gelegenheit zum Picknickkauf. Weiter geht es geradeaus auf dem Gartnervangen durch ein Wohngebiet bis zum Straßenende bei einer T-Kreuzung, wo wir dem Nordre Ringvej nach links folgen. Wir queren die Hauptstraße (Ampel), gehen kurz rechts und nehmen dann links den Lærkevej vorbei an hölzernen **Schwedenhäusern** ❸ – ein Geschenk der schwedischen Regierung

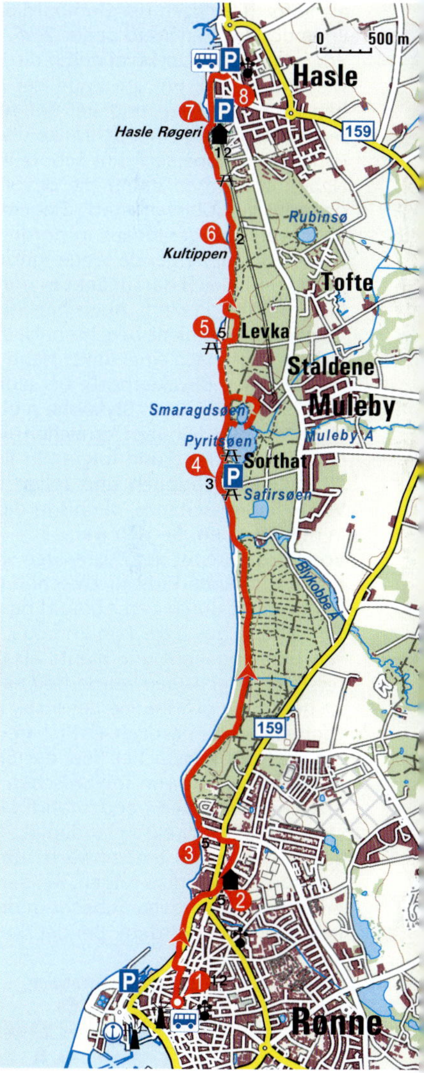

als Soforthilfe nach der Bombardierung Bornholms durch die Russen am Ende des Zweiten Weltkrieges 1945.
Wir folgen dem Lærkevej durch die Rechtskurve und kurz darauf dem Fußweg geradeaus, um am Ende der Bebauung vor dem Wald links zu gehen (Antoinettevej) und bei der folgenden Gabelung an einer Infotafel rechts, vorbei an einer Schranke und in den Wald **Blykobbe**, der 1820 von Peder Dam Jespersen zum Schutz vor Sandverwehungen angelegt wurde. Nebenbei wurden damit die Bevölkerung sowie später die aufkommende Industrie (Glaswerkstatt, Ziegelei) mit Brennstoff versehen. Wir folgen dem Waldweg geradeaus in nördliche und später nordöstliche Richtung, wobei wir abzweigende Wege ignorieren. Bei einer T-Kreuzung gehen wir rechts und gleich darauf links in nördliche Richtung weiter durch Wald (roter Pfahl mit Pfeilen). Auch hier heißt die Devise: immer geradeaus und Abzweigungen nicht beachten. Nach einer knappen halben Stunde halten wir uns 50 m nach einer linker Hand abgehenden Abzweigung zu einer aussichtsreichen Biwakierhütte bei einer Gabelung links (Kyststi) und queren kurz darauf den Bach Blykobbe Å über einen Holzsteg.
Nach einigen Minuten erreichen wir bei der Fischersiedlung **Sorthat** **4** eine kleine Straße und folgen ihr links durch eine Rechtskurve, vorbei an alten Geräteschuppen und Jollen von Freizeitfischern sowie einer alten Verteidigungsschanze, die bis in das 19. Jh. hinein mit ihren drei Kanonen in militärischem Betrieb war.
Von Sorthat leitet der Küstenweg weiter nordwärts und nach wenigen Minuten auf einen Erdwall zwischen Ostsee (links) und **Pyritsø**, entstanden bzw. erhöht durch den Abraum des rechts gewonnenen Tons. Der tonhaltige Boden aus dem Jura-Zeitalter (vor etwa 160 Mio. Jahren) wurde hier seit 1905 abgebaut und diente als Grundlage für den Hasle Klinker (Pflastersteine). Der Abbau wurde 1997 eingestellt, die mit Wasser gefüllte Grube ist heute der größte See der Insel. Kurz nach dem Pyritsø folgen wir dem Uferweg weiter nördlich. Östlich (rechts) von einer kleinen Holzbrücke liegt ein weiterer künstlicher See, der **Smaragdsø**; auch dieser ist entstanden durch den Abbau von Ton zwischen 1873 und 1915. Bei einem Tisch mit Bank erreichen wir eine Strandzufahrt. Links liegt **Levka** **5** mit einigen Geräteschuppen, früher ein Anlandeplatz für kleine Fischerboote.
Wir gehen rechts landeinwärts, um nach 100 m dem Kyststi links nordwärts in den Wald zu folgen. Bei der Abzweigung links wurde 1919 ein noch erhaltener 35 m tiefer Schacht in den Boden getrieben, um hier – vergeblich – Kohle zu fördern. Bei der Gabelung rechts neben einem Haus folgt

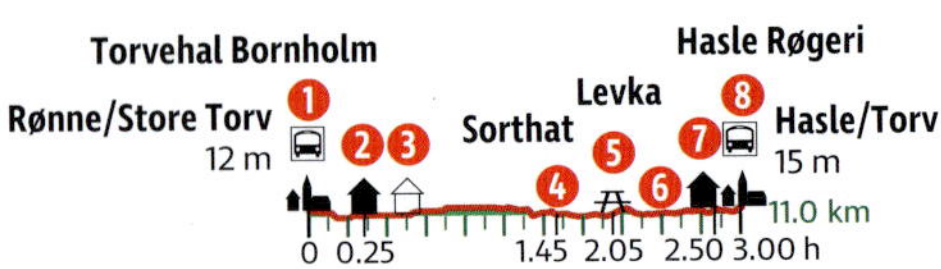

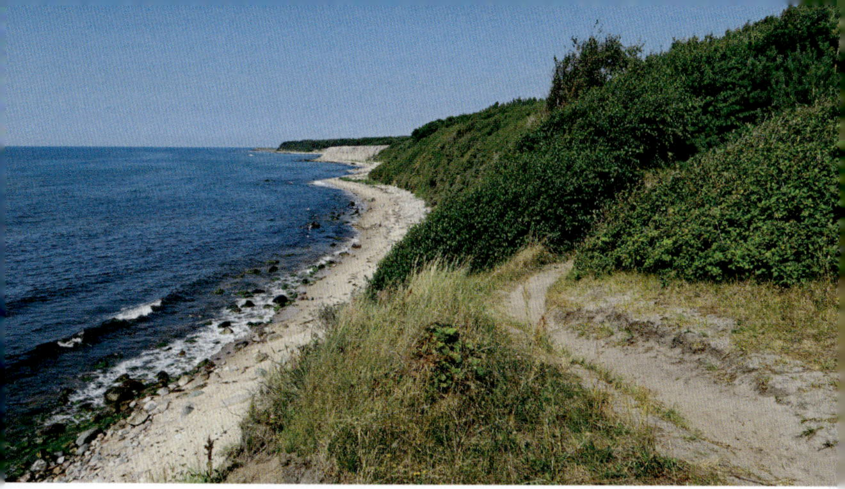

Aussichtsreich: am Uferweg bei Levka.

der Kyststi der rechten Abzweigung statt dem abbruchgefährdeten Kliffweg links und passiert eine Infotafel zum Zweiten Weltkrieg. 5 Minuten danach schwenken wir bei einer Gabelung nach links und vor der Küste nach rechts. Der Pfad verläuft oberhalb des Ufers im Bereich von **Kultippen**, der mit tonhaltigem Abraum vom Rubinsø aufgefüllt ist, wo die Deckschicht mit Kipploren Richtung Meer gefahren wurde. Nach wenigen Minuten passieren wir zur Linken alte **Lorenwagen** 6. Zwischen Hecken bringt uns der Pfad zu einer Zufahrtsstraße, die wir queren, um auf kleinem Weg oberhalb des Ufers weiter nordwärts zu gehen, bis wir im Süden von Hasle die Räucherei erreichen. Die ursprünglich 1897 eröffnete **Hasle Røgeri** 7 musste in den 1960er-Jahren wie andere Räuchereien auf Bornholm den Betrieb aus hygienischen Gründen einstellen und wurde 1990 wiedereröffnet. Eines der Räuchereigebäude informiert als Museum über die Geschichte der Räucherei sowie der Region südlich von Hasle.

Von der Räucherei zum Zentrum von Hasle sind es 10 Gehminuten. Wir folgen der Straße (Strandgade) geradeaus bis zum Anfang des Hafens, um die vierte Straße rechts zu nehmen (Havnegade), die uns aufwärts zur Dorfmitte **Hasle Torv** 8 führt, mit Parkplatz, Bushaltestelle und Supermarkt sowie der Kirche, deren Granitgrundgerüst auf das 15. Jh. zurückgeht. Hasle ist eine kleine Kaufmannsstadt mit rund 1800 Einwohnern, bekannt für Klinker aus Keramik dank der tonhaltigen Böden im Süden der Ortschaft. Im 17. Jh. war Hasle ein Zentrum des Aufstandes gegen die schwedischen Besatzer. Auf dem Marktplatz erinnert ein Gedenkstein an Jens Kofød und acht weitere Freiheitskämpfer, die sich 1658 erfolgreich gegen das Joch der Schweden auflehnten.

↗ 70 m | ↘ 70 m | 5.6 km

4 Rundwanderung bei Hasle zum Rubinsø

2.00 h

Durch Hasles Wald und entlang der Küste zum alten Kohleabbausee

Die Wälder südlich vom beschaulichen Hasle waren lange Zeit Schauplatz industrieller Tätigkeit: Der Rubinsø entstand durch den Abbau von Tausenden Tonnen Kohle zur Zeit des Ersten und Zweiten Weltkrieges und ist heute ein Naturidyll, das wir umrunden, ehe wir uns durch Wald zur Küste wenden und auf dem Küstenpfad zurück nach Hasle wandern, vorbei an einer beliebten Fischräucherei. Unterwegs begegnen uns am Ufer mehrere wallartige Schanzenanlagen, angelegt im 17. Jh. als Schutz gegen Schweden, auf diesem Küstenabschnitt im Abstand von 150 Metern. Schließlich erreichen wir Hasle mit seinem großen Fischerhafen, ausgebaut in den 1970er- und 1980er-Jahren mit langen Molen und neuen Außenbecken im Glauben auf weiterhin hohe Fischerträge. Es kam anders: Die Fangmengen gingen infolge Überfischung der Ostsee zurück, Abwrackprämien und Fangquoten bedeuteten das Ende der Fischerei mit 26 Fischkuttern in den besten Zeiten (1981). Der Fremdenverkehr ist heute eine Einkommensquelle, die Infrastruktur wurde mit Jachthafen, Ferienhäusern, Pool, Sauna und Strand am Hafen ausgebaut.

Die Fischräucherei bei Hasle lädt unterwegs zur Einkehr.

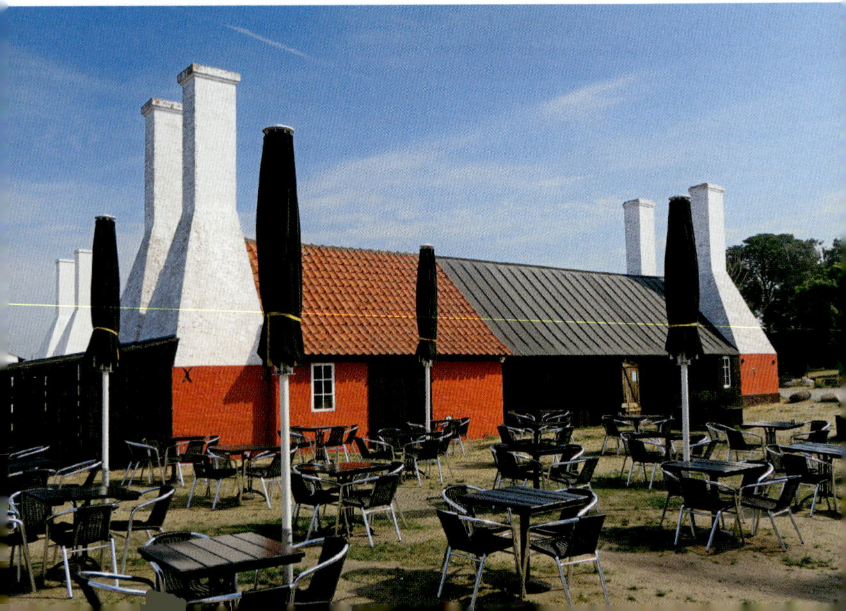

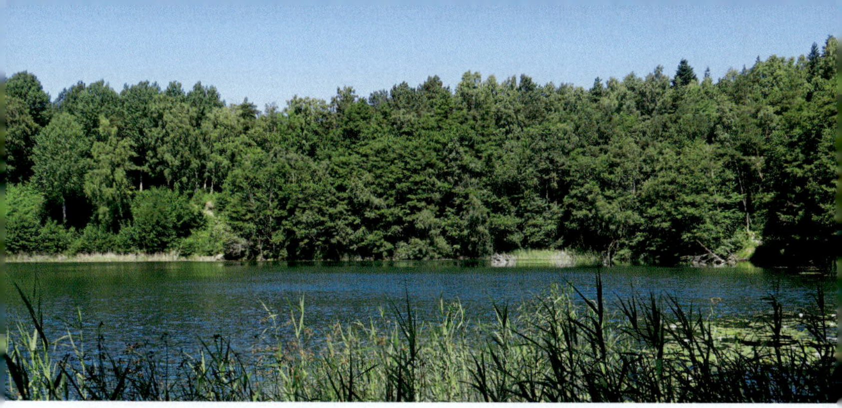

Der Rubinsø, entstanden durch den Abbau von 30.000 Tonnen Kohle.

Ausgangspunkt: Marktplatz (Torv) in Hasle. Parkplatz am Marktplatz vor dem Supermarkt (Navi: 3790 Hasle, Storegade 67). Im Gegensatz hierzu zeitlich unbefristete Parkgelegenheit kurz nach dem Start bei der Räucherei in Hasle (Navi: 3790 Hasle, Søndre Bæk 20) oder nahe dem Ausgangspunkt in der Pilestræde.
ÖPNV: Verbindungen ab ❶ mit Buslinie 1 alle 1–2 Stunden von/nach Rønne und Allinge sowie mehrmals täglich mit Linien 7 und 8 zu allen Küstenorten.
Anforderungen: Leichte Wanderung, überwiegend auf Waldwegen und Küstenpfaden, in Hasle gepflasterte Bürgersteige.
Markierung: Stellenweise Markierungen; entlang der Küste Kyststi.
Einkehr: Räucherei im Süden von Hasle, geöffnet im Sommerhalbjahr täglich 10–17 Uhr, haslerøgeri.dk.
Variante: Der Rubinsø kann optional auch rechts umgangen werden, wobei wir am Westufer nach der Querung eines steilen Tals wieder auf den Weg stoßen.
Kombi-Tipp: Tour 3 Rønne – Hasle.

Am **Hasle Torv** ❶, dem Marktplatz in Hasle, haben wir noch Gelegenheit für Einkäufe im »Brugsen«-Supermarkt, ehe wir die Wanderung mit der Kirche im Rücken beginnen. Diese ging aus einem Granitbau aus dem 15. Jh. hervor und erhielt im 18. und 19. Jh. ihr heutiges Aussehen. Der Lübecker Flügelaltar im Inneren aus dem 16. Jh. gilt als ältester Kirchenaltar der Insel. Wir passieren den Supermarkt linksseitig und folgen der kleinen Gasse Havnegade bis hinunter zum Hafen. Die gelben Pflastersteine auf den Bürgersteigen Hasles erinnern an einen anderen früheren Wirtschaftszweig: Klinkersteine, die aus dem tonhaltigen Boden südlich von Hasle gebrannt wurden.
Am **Hafen** nehmen wir die Strandgade nach links in südliche Richtung. Nach 5 Minuten zweigen wir vor der Räucherei beim Wendehammer des Parkplatzes links ab und flanieren durch den kleinen Park mit Tischen und Bänken, das Meer im Rücken. Die Freifläche rechts von uns diente im 19. Jh. als Exerzierplatz der Bürgerwehr von Hasle. Davon zeugen das 1817 mit Fachwerk auf Granitsockel erbaute Waffendepot, heute Hauptgebäude

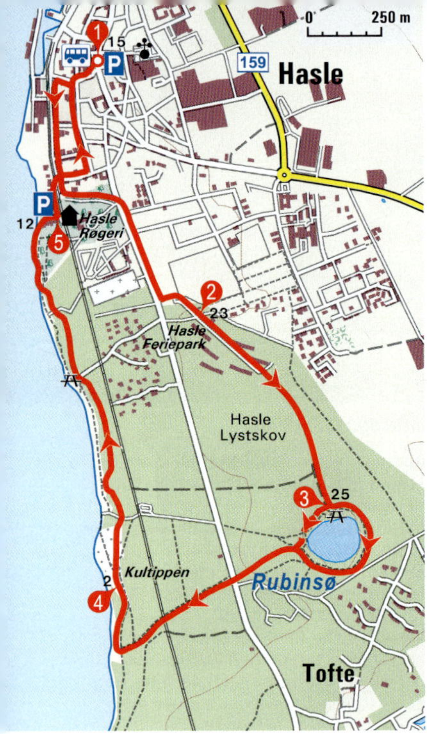

des Campingplatzes, sowie die 1863 als Kugelfang errichtete Mauer am Ende des damaligen Schießplatzes, dem heutigen Friedhof.

Am Ende des Parks schwenken wir rechts ein auf die Straße Fælledvej. Nach 5 Minuten verlassen wir diese beim letzten Haus, vor dem Wald und bei einer Bushaltestelle, indem wir den nach links abzweigenden Pfad nehmen. 50 m weiter geht es vorbei an einer Metallsperre, der Hütte Nr. 3 und durch eine Rechtskurve. Bei einer Kreuzung vor dem **Hasle Feriepark** ❷ wandern wir geradeaus weiter, erst durch die Ferienanlage, später durch den Wald **Hasle Lystskov**; Abzweigungen ignorieren wir.

Nach etwa 10 Minuten erreichen wir vor dem idyllisch im Wald gelegenen **Rubinsø** ❸ einen Tisch mit Bank vor dem Uferrundweg. Der See entstand während des Zweiten Weltkrieges, als hier 30.000 Tonnen Kohle abgebaut wurden. Dazu waren mehrere Probegrabungen nötig, heute noch anhand kraterähnlicher Löcher im Waldboden erkennbar. Bevor man am heutigen Rubinsø die Kohle aus bis zu 37 m Tiefe abbauen konnte, musste erst die 10 bis 15 m mächtige tonhaltige Deckschicht mit Kipploren Richtung Meer befördert werden. Dort erinnert der tonhaltige Abraum noch heute an der Küste von Kultippen an eine Mondlandschaft (siehe rechts).

Wir halten uns links, d. h. wir umrunden den Rubinsø im Uhrzeigersinn oberhalb des Sees, wo sich zwischen den Bäumen nette Blicke auf den Rubinsø bieten. Am Westufer des Sees ignorieren wir den rechts abwärts zum See führenden Pfad und folgen dem Weg vor einer Senke durch die Linkskurve, weg vom See und leicht abwärts durch Wald. Bei einer Gabelung am

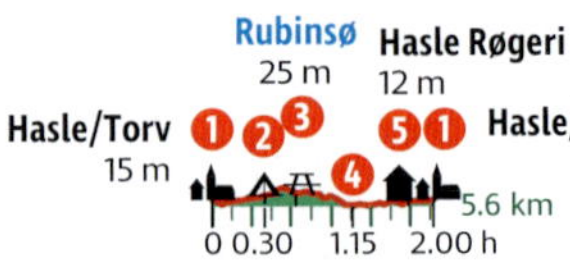

Hang gehen wir links und nicht ins Tal. Nach der Querung der Straße geht es weiter geradeaus auf dem Pfad durch Wald in südwestliche Richtung. Abzweigungen ignorieren wir, darunter auch den kreuzenden

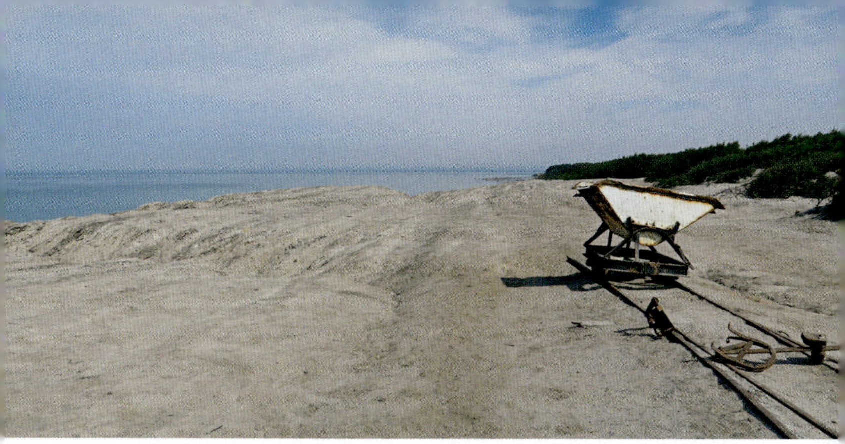

Relikte aus der Kohleära: Abraum und Kipplore an der Küste von Kultippen.

Radweg, angelegt 1870 als Schienenstrecke für die Kipplorenbahn, die zwischen der Klinkerfabrik und dem Hafen von Hasle Waren transportierte. Auf dieser ersten Bahnstrecke der Insel wurden anfangs noch Pferde vor die Wagen gespannt. Kurz vor dem Westufer erreichen wir den Küstenpfad, dem wir nach rechts in nördliche Richtung folgen, nach 200 m vorbei an Lorenwagen als Zeugen des früheren Kohleabbaues. Bei dem hellen Gestein im Bereich der Küste von **Kultippen** handelt es sich um besagten tonhaltigen Abraum, der mit Kipploren Richtung Meer transportiert und dort abgelagert wurde. Nach wenigen Minuten passieren wir zur Linken alte **Lorenwagen** ❹.

Der Pfad führt zwischen Hecken entlang bis zu einer Zufahrtsstraße, die wir queren, um auf einem kleinen Weg oberhalb des Ufers weiter nordwärts zu gehen. Im Süden von Hasle erreichen wir die **Hasle Røgeri** ❺. Die ursprünglich 1897 eröffnete Räucherei musste in den 1960er-Jahren den Betrieb aus hygienischen Gründen einstellen. 1990 wurde sie wiedereröffnet, in einem der Räuchereigebäude informiert heute ein kleines Museum über die Geschichte der Räucherei sowie der Region südlich von Hasle.

Von der Räucherei zum Zentrum von Hasle sind es 10 Gehminuten: Wir folgen der Straße (Strandgade) nordwärts Richtung Hasle und nehmen nach wenigen Metern die erste Straße rechts (Hasle Søndergade) und danach die erste nach links (Vestergade). Nach rund 5 Minuten biegen wir bei der zweiten Kreuzung links in die Havnegade und erreichen kurz darauf die Dorfmitte **Hasle Torv** ❶ mit Parkplatz, Bushaltestelle, Supermarkt und der Kirche, deren Granitgrundgerüst auf das 15. Jh. zurückgeht. Auf dem Marktplatz erinnert ein Gedenkstein an Jens Kofød und acht weitere Freiheitskämpfer, die sich 1658 erfolgreich gegen die schwedischen Besatzer auflehnten; Hasle war damals das Zentrum des Aufstandes.

↗ 50 m | ↘ 50 m | 10.2 km

5 Von Arnager nach Rønne

3.00 h

Küstenwanderung im Süden entlang dem Steilufer

Der Ausgangsort Arnager ist bekannt für seine 200 Meter lange hölzerne Seebrücke, angeblich die längste Skandinaviens. Nördlich von Arnager erstreckt sich dann eine große, in der Eiszeit entstandene ebene Fläche aus Sand (und Kies), die auch ideale Voraussetzungen zur Anlage eines Flugplatzes bot, den wir küstenseitig umgehen. Mit zunehmender Dauer der Küstenwanderung wird das Ufer dichter bewaldet, ehe wir kurz vor Rønne auf eine alte Festungsanlage aus dem 17. Jahrhundert stoßen, den Hafen passieren und schließlich den zentralen Marktplatz von Rønne erreichen.

Ausgangspunkt: Bushaltestelle in Arnager mit Parkplatz (Navi: Redningsveien, Arnager, 3700 Rønne).
ÖPNV: Zwischen Ausgangs- und Endpunkt verkehren mehrmals täglich Busse mit Halt am Hotel Fredensborg (Mai–Okt.); die Linie 7 von Rønne nach Arnager Richtung Dueodde sowie in Gegenrichtung Linie 8.
Endpunkt: Marktplatz (Store Torv) in Rønne, neben der Bushaltestelle Snellemark. Parkplatz in Rønne am Hafen bzw. Touristbüro in Rønne (Navi: 3700 Rønne, Nordre Kystvej 3).

Anforderungen: Leichte Wanderung auf Wegen im Wald sowie entlang der Küste, überwiegend oberhalb vom Steilufer, in Rønne auf gepflasterten oder asphaltierten Wegen bzw. Straßen.
Markierung: Kyststi (gelbe Pfeile).
Einkehr: Hotel Fredensborg im Süden von Rønne.
Varianten: Am Schluss sind in Rønne auch andere parallel verlaufende Wege möglich.
Kombi-Tipp: Als Etappe des Kyststi mit Touren 3 und 6, außerdem mit Rundwegen in Rønne (Touren 1 und 2).

Blick auf Arnager von der bekannten, 150 Meter langen Seebrücke.

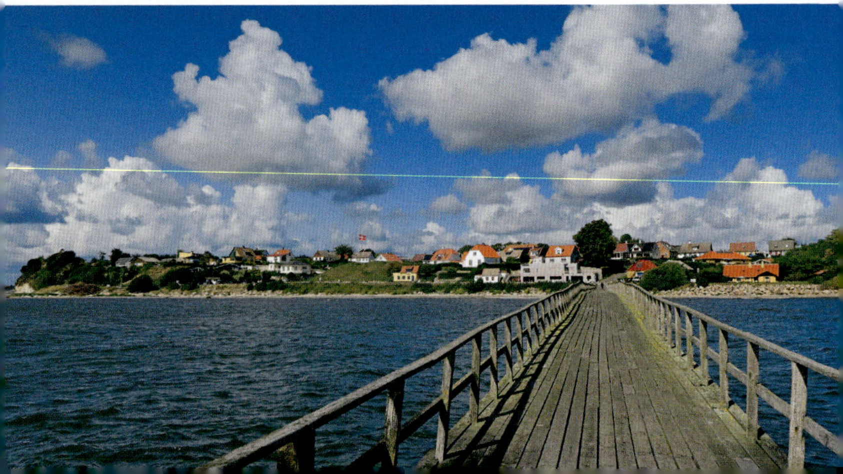

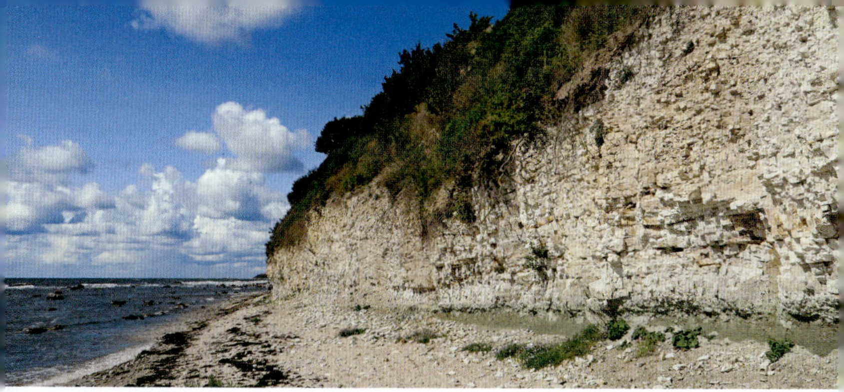

Arnager-Kliff aus kreidezeitlichem Kalkstein.

Die **Bushaltestelle Arnager** 1 liegt etwas oberhalb vom Ufer. Wir gehen zunächst auf dem Arnagervej zum Ufer hinunter. Bevor wir die Küstenwanderung nach Rønne nordwestwärts beginnen, lohnt sich nach links ein kurzer Abstecher auf die **Seebrücke** 2 von Arnager, an deren Ende der kleine Hafen liegt, 150 m vor dem flachen Ufer und damit mit genügend Tiefgang für kleine Schiffe.

Anschließend folgen wir der Uferstraße Redingsveien von der Seebrücke in westliche Richtung (»Rønne 7,8 km«) und am Ortsende mit Toilettenhäuschen dem Kiesweg geradeaus, rechts am Glascontainer vorbei (Einbahnstraßenschild) und später am Strand mit dem Kliff von Arnager auf der rechten Seite. Nach gut 20 Minuten nehmen wir rechts aufwärts die Treppe. Oben halten wir uns links und bewegen uns zwischen der Kliffkante mit fliegenden Uferschwalben (links) und dem **Bornholms Lufthavn** 3. Der Flughafen mit seiner nur 2 Kilometer langen Landebahn wird von kleineren Regionalflugzeugen von Kopenhagen aus bedient.

Am Ende des Flughafens gehen wir links vorbei an der Holzsperre für Radfahrer (»Kyststi«, gelbe Markierung) und nach 100 m bei der Kreuzung rechts vorbei an der Wegsperre auf dem Kiesfahrweg, das Meer im Rücken. Mit dieser kurzen Schleife landeinwärts umgehen wir den sehr steinigen Strand von **Stampen**. Der Name der Ferienhaussiedlung Stampen geht zurück auf eine Wassermühle, in deren Walkwerk (dänisch »Stampeværk«) Stoffe gestampft wurden. Nach 100 m gehen wir bei der ersten Kreuzung geradeaus, um bei der folgenden (zweiten) Kreuzung vor einem Trafo-

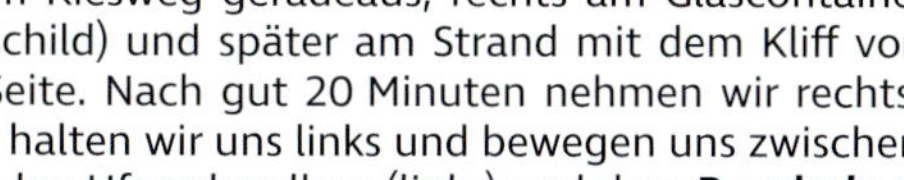

kasten die links abzweigende asphaltierte Privatstraße zu nehmen (gelbe Markierung). Nach wenigen Minuten halten wir uns bei einer Kreuzung mit zwei Wassertanks und zwei Steinen links (»Vej 3«, gelbe Markierung) und folgen dieser Straße durch die Ferienhaussiedlung, ohne Abzweigungen zu beachten.

Nach 10 Minuten markiert eine Holzsperre für Verkehr das Ende der Ferienhaussiedlung. Wir folgen hier bei einer Wegkreuzung dem Pfad geradeaus durch Wald, der im 19. Jh. als Schutzwald gegen Sandverwehungen zwischen dem Flughafen und Rønne angepflanzt wurde. Nach einem kurzen steilen Abstieg gehen wir links durch die urige **Onsbæk-Schlucht** 4 mit viel Farn Richtung Meer, queren die Schlucht nach 80 m rechts über eine Holzbrücke und verlassen sie auf einem ansteigenden Sandweg, der uns anschließend oberhalb vom Kliff durch einen alten Kiefernbestand führt.

Bei der Kreuzung mit dem Radweg Richardvej im Wald 100 m vor der Autostraße folgen wir dem Radweg nach links. Nach 200 m führt uns der Radweg an die Straße heran und für 10 Minuten links neben dieser entlang. Bei der Kreuzung nach dem **Hotel Fredensborg** 5 gehen wir geradeaus auf dem Radweg und ignorieren abzweigende Fahr- wie Fußwege.

Nach 150 m nehmen wir den links abzweigenden Fußweg (keine Markierung) und folgen diesem geradeaus Richtung Ufer, ohne Abzweigungen zu beachten, auch beim Parkplatz mit Tisch und Bank. Vor dem Ufer nehmen wir den rechts abzweigenden Kyststi (gelbe Markierung), der hier auch als »Hjertesti« markiert ist (wörtlich Herzsteig, im weiteren Sinne Trimmpfad). Bei einer **Dreifachgabelung** 6 mit Tisch und Bank rechts gehen wir geradeaus und bei der folgenden Gabelung links (»Hjertesti«). Kurz vor Røn-

Uferweg südlich von Rønne zwischen Dünen und Ginster.

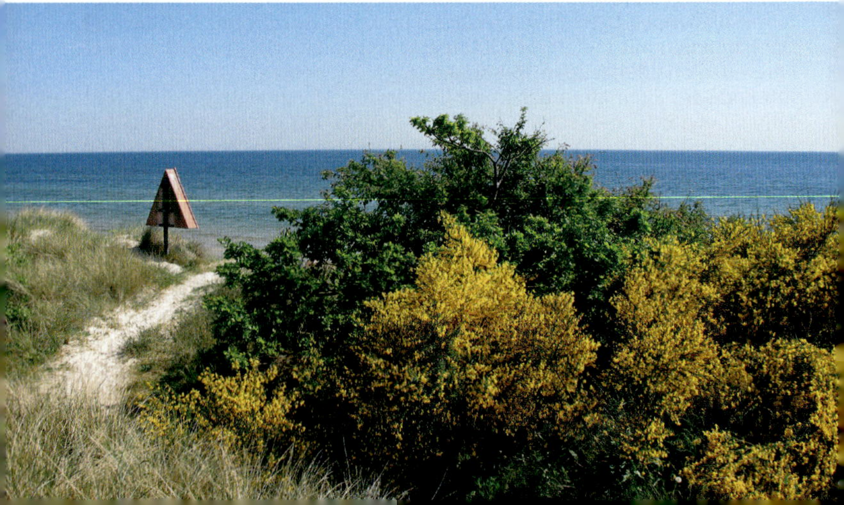

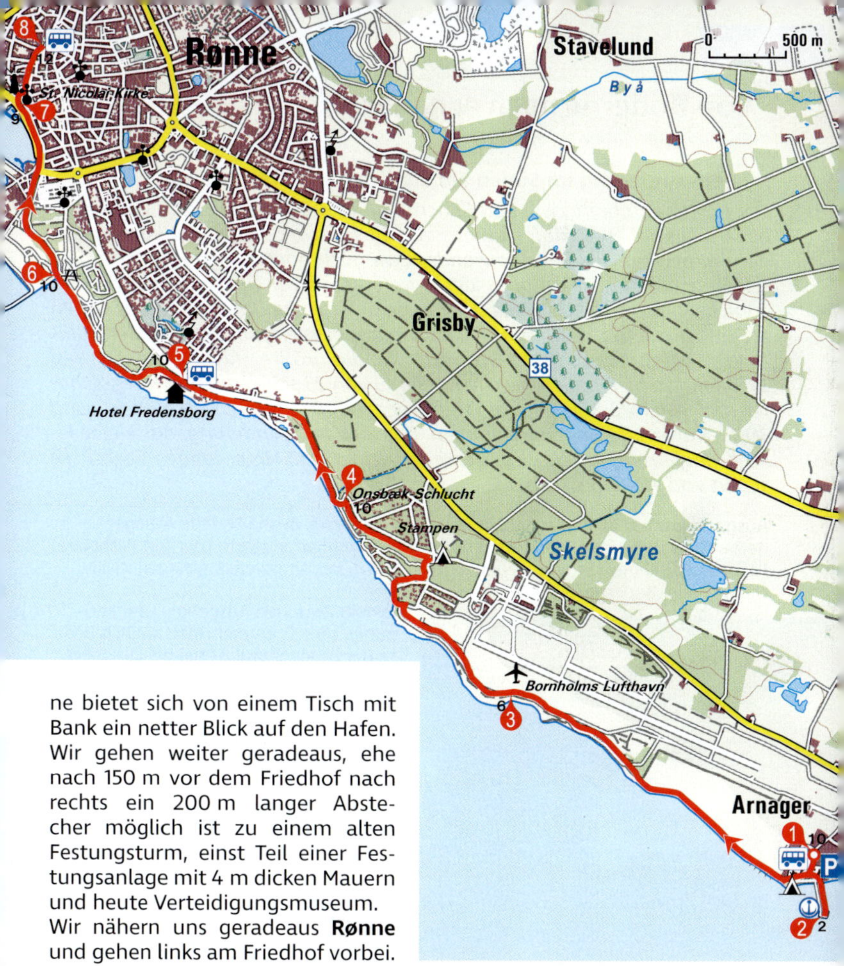

ne bietet sich von einem Tisch mit Bank ein netter Blick auf den Hafen. Wir gehen weiter geradeaus, ehe nach 150 m vor dem Friedhof nach rechts ein 200 m langer Abstecher möglich ist zu einem alten Festungsturm, einst Teil einer Festungsanlage mit 4 m dicken Mauern und heute Verteidigungsmuseum. Wir nähern uns geradeaus **Rønne** und gehen links am Friedhof vorbei. Nach der Querung der Hauptstraße passieren wir die metallene Sperre und folgen der kleinen Straße (Kapelvej) oberhalb vom Hafen mit Blick auf die Hafenanlagen bis zur **St. Nicolai Kirke** ❼. Hinter der Kirche gehen wir rechts und zweigen dann links ab in die Provstegade, der wir bis zum Ende folgen. Danach geht es kurz rechts in die Nelikegade und gleich darauf links in die Tornegade, die uns direkt auf den **Store Torv** ❽, den Marktplatz von Rønne, führt. Am nördlichen Ende des Markplatzes liegt die Bushaltestelle Snellemark.

↗ 70 m | ↘ 70 m | 10.0 km

6 Von Boderne nach Arnager

4.00 h

Küstenwanderung im Süden am Steilufer und Steinstrand

Der Küstenabschnitt zwischen Boderne und Arnager ist geprägt von einem nicht allzu hohen Steilufer, an dessen Fuß sich ein Großteil der Küstenwanderung bewegt; stellenweise wandern wir auch oben an der Kliffkante. Der schwierigere Teil ist anfangs der untere, der zwar flach, aber recht anspruchsvoll zu gehen ist, weil der kiesige bis steinige Untergrund das Gehen erheblich erschwert. An einem Landzipfel passieren wir Sose, in der dänischen Seefahrtsgeschichte Synonym für die größte Havarie des Landes: 1678 erlitten hier im Schonischen Krieg 19 von 25 schwedischen Kriegsschiffen bei einem Schneesturm Schiffbruch; 1000 Soldaten ertranken, rund 3000 wurden gefangengenommen. Das Ziel der Wanderung, das kleine Fischerdorf Arnager (150 Ew.), ist wegen seiner 200 Meter langen Seebrücke schon von Weitem sichtbar.

Ausgangspunkt: Bushaltestelle in Boderne 100 m oberhalb vom Hafen und Parkplatz direkt am Strand, neben dem Hafen (Navi: Boderne, 3720 Åkirkeby).

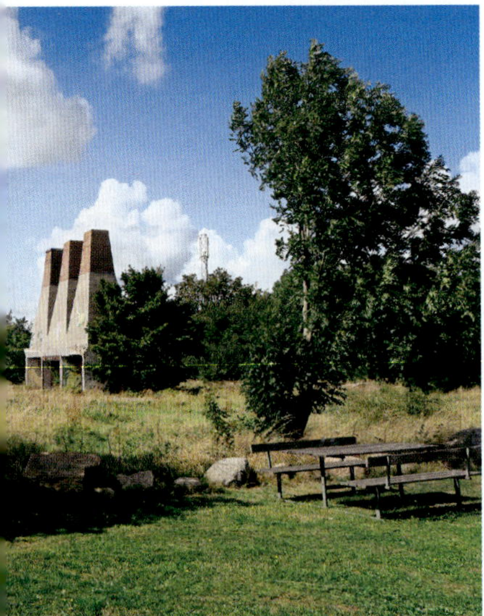

Endpunkt: Bushaltestelle Arnager, 100 m oberhalb vom Ufer mit Parkplatz (Navi: Redningsveien, Arnager, 3700 Rønne).
ÖPNV: Zwischen Ausgangs- und Endpunkt verkehren mehrmals täglich Busse der Linien 7 und 8 (Mai bis Oktober). Die Bushaltestellen liegen jeweils 100 m oberhalb vom Hafen.
Anforderungen: Vom Höhenprofil her leichte Wanderung entlang der Küste sowohl unter- wie oberhalb des Steilufers. Der Weg unterhalb des Steilufers im ersten Teil ist wegen der vielen kleinen Steine nicht ganz leicht zu gehen und man kommt dadurch nur recht langsam voran. Eine gewisse Trittsicherheit ist hier nötig.
Markierung: Kyststi (gelbe Pfeile).
Einkehr: Keine Möglichkeit.
Varianten: Streckenweise parallel verlaufender Pfad oberhalb vom Kliff.
Kombi-Tipp: Als Etappe des Kyststi kombinierbar mit Touren 5 und 7.
Hinweis: Das Begehen des Kliffs ist aus Schutzgründen untersagt.

Rastplatz an den Schornsteinen der alten Phosphorfabrik bei Arnager.

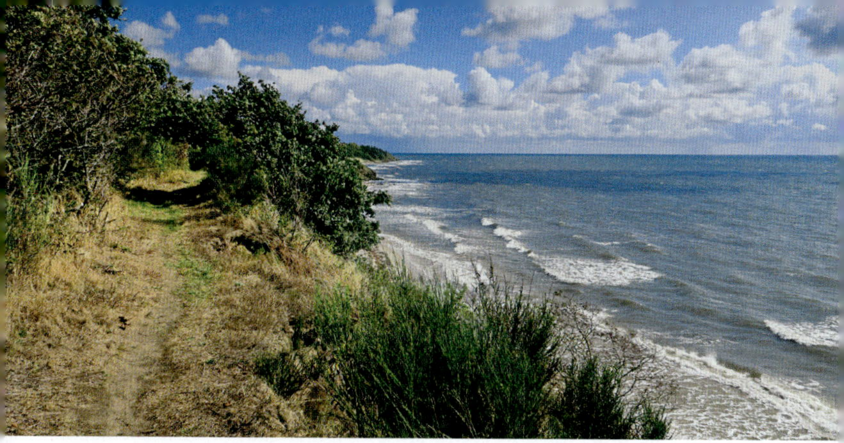

Auf dem Kyststi östlich von Arnager.

Der Ausgangspunkt der Küstenwanderung ist **Boderne** ❶, die Bushaltestelle liegt 100 m im Landesinneren, der Parkplatz 100 m östlich am Strand. Von dem kleinen Fischerhafen orientieren wir uns westlich und folgen dem Sandweg hinter dem Dünenwall. Nach einer Bretterbrücke über die **Læså** halten wir uns links und gehen am Strand entlang, was wegen der lockeren Steine, dem Kies und Algen stellenweise recht mühsam ist. Daher kommen wir nur relativ langsam voran. Links haben wir einen schönen Blick auf das Meer, rechts erhebt sich das kleine Steilufer mit dem dunklen Cyrtograptusschiefer. Bei einer sehr schmalen Stelle können wir etwas rechts über die Lehmschicht am Fuß des Hanges gehen.

Nach etwas mehr als einer Stunde erwartet uns eine besonders steinige und daher schwierig begehbare Passage. Nach 10 Minuten folgen wir einem sandigen **Dünenpfad** ❷ rechts aufwärts und dann dem Pfad oberhalb der Küste, auf dem wir nach einigen Minuten einen Parkplatz mit Toilettenhäuschen erreichen. Wegweiser zeigen uns die »Halbzeit« an (»Boderne 4,9 km / »Arnager 5,2 km«).

Wir folgen dem Kyststi geradeaus Richtung Arnager, vorbei an einem Tisch mit Bank und unten links einem **Wanderzeltplatz** ❸. Nach einer Treppe halten wir uns rechts und bei der folgenden Gabelung vor einem Privatweg links (»Gennemgang«, übersetzt Durchgang). 50 m nach einer (meistens geöffneten) Holzschranke vor einem Feld nehmen wir den links abzweigenden Grasweg (gelbe Markierung), der am Wald- bzw. Feldrand entlangführt, immer nahe der Kliffkante. Schließlich erreichen wir bei der Landspitze von **Sose** ❹ einen Kiesweg (»Sosevejen«) und folgen diesem durch die Rechtskurve, den links abzweigenden Weg ignorieren wir.

Nach einer Linkskurve des Sosevej verlassen wir diesen rechts abwärts auf dem gelb markierten Pfad und folgen ihm geradeaus oberhalb vom

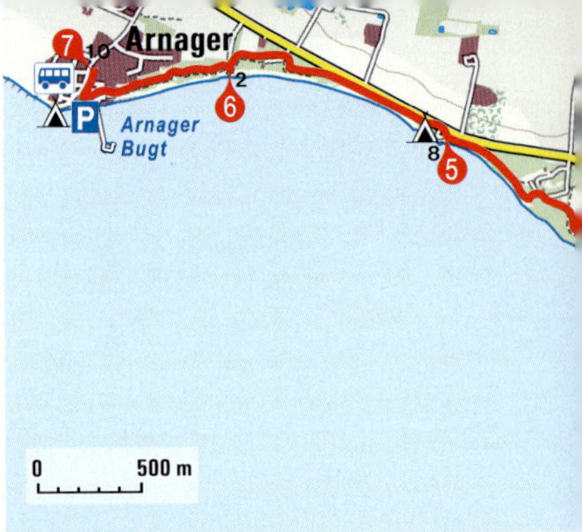

Kliff. 100 m nach einer oft matschigen Stelle passieren wir eine Holztreppe und halten uns danach links. Der Weg führt oberhalb vom Kliff am Feldrand entlang und war bei der Begehung – anders als die meisten Graswege Bornholms – kaum bzw. schlecht gemäht. Am Ende des Feldes folgen wir nach einer Rechtskurve dem Weg links in den Wald (gelbe Markierung) und nach 150 m dem sandigen Weg links abwärts zur Küste (gelbe Markierung), um dort rechts am Ufer entlangzuwandern. Die nächste Holztreppe geht es wieder rechts aufwärts und wir passieren einen **Biwakplatz** ❺ mit Tisch und Bank sowie Grillplatz.

Weiter geht es auf dem breiten Weg links aufwärts, vor der Straße biegen wir nach links in den Fußweg (gelbe Markierung), der kurz darauf zum Radweg wird. Diesen verlassen wir nach 100 m, indem wir links dem Fußweg folgen durch das schmale Waldstück zwischen Küste und Straße. Nach 5 Minuten knickt der Weg nach rechts Richtung Straße ab; davor gehen wir halb links und leicht aufwärts (gelber Punkt). Nach 100 m informiert uns eine Tafel über die Schanzen an der Arnager Bucht, in die wir am Ende des Waldes über eine Treppe hinabsteigen. Am **Strand** passieren wir eine

Hafen am Ende der Seebrücke von Arnager.

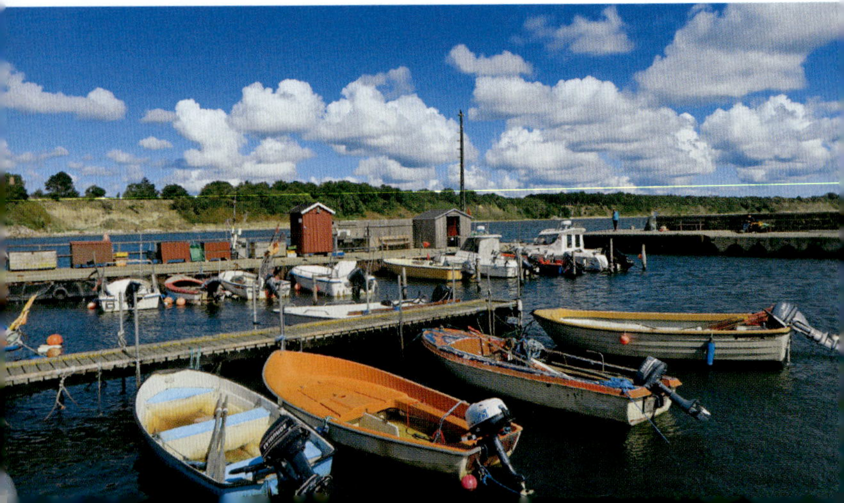

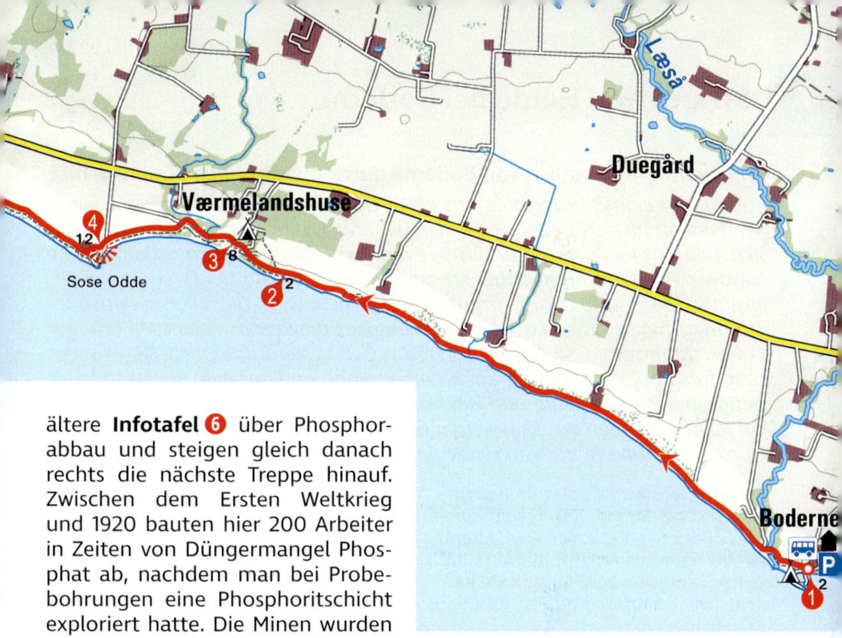

ältere **Infotafel** 6 über Phosphorabbau und steigen gleich danach rechts die nächste Treppe hinauf. Zwischen dem Ersten Weltkrieg und 1920 bauten hier 200 Arbeiter in Zeiten von Düngermangel Phosphat ab, nachdem man bei Probebohrungen eine Phosphoritschicht exploriert hatte. Die Minen wurden später aus Sicherheitsgründen gesprengt, ebenso wie die 35 m hohen Schornsteine der Fabrik, die in der Einflugschneise des 1949 angelegten Flughafens lagen.

Oben geht es auf aussichtsreichem Weg links weiter Richtung Arnager, ehe wir vor dem früheren Phosphorwerk links die Treppe abwärts nehmen und dem Kyststi folgen zum Hafen von **Arnager** mit der 200 m langen hölzernen **Seebrücke**. Mehrere Häfen wurden im Süden Bornholms 1883 vor allem unter dem Ingenieur Zahrtmann mithilfe von Seebrücken dem Ufer vorgelagert angelegt, um wegen des flachen sandigen Ufers den Schiffen genügend Tiefgang bieten zu können.

Wenn Sie mit dem Bus zurückfahren möchten, folgen Sie nach der Seebrücke der Uferstraße (Redningsvejen) geradeaus, biegen nach 120 m in die rechts aufwärtsführende Straße (Arnagervej) und ignorieren abzweigende Straßen. Die eher unscheinbare **Bushaltestelle Arnager** 7 ist nach 200 m auf der linken Seite (Parkbucht), kurz hinter der links abzweigenden Straße Varpeløkken.

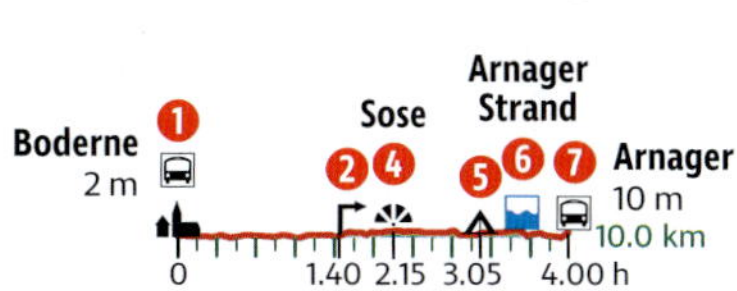

↗ 40 m | ↘ 40 m | 9.1 km

7 Strand und Heide bei Boderne

2.30 h

Rundwanderung östlich von Boderne durch militärisches Übungsgebiet

Boderne ist eine eher verschlafene kleine Siedlung mit vergleichsweise wenigen Ferienhäusern in der direkten Umgebung. Östlich von Boderne erstreckt sich eine mit Kiefernwald und Heide bedeckte Fläche, die zu sandig für die Landwirtschaft war und daher schon seit Zeiten des Kalten Krieges vom Militär als Übungsplatz (Raghammer) beansprucht wird. Glücklicherweise aber nur an wenigen Tagen im Jahr, wenn an der Grenze zum Gebiet ein oranger Ballon aufgezogen ist. Ansonsten ist das Gebiet frei zugänglich. Die Wanderung führt auf dem Hinweg am Strand entlang und auf dem Rückweg landseitig über Wiesen, Wald und Heide um das Militärgebiet herum. Wie in vielen Militärgebieten hat sich wegen der wenigen Störungen eine artenreiche Flora und Fauna in der von Heide geprägten Landschaft halten können.

Ausgangspunkt: Parkplatz in Boderne direkt am Strand, 100 m vom Hafen (Navi: Boderne, 3720 Åkirkeby). Alternativ (bei Variante) Anfahrt mit Auto nach Vestre Sømarken zum Strandcafé Kadeau (Navi: Baunevej 18, Vestre Sømark, 3720 Åkirkeby).
ÖPNV: Die Bushaltestelle Boderne liegt 100 m oberhalb vom Ausgangspunkt; Busse der Linien 7 und 8 fahren entlang der Küste, Richtung Rønne und Dueodde (Mai bis Oktober).
Anforderungen: Leichte Wanderung über Strand, kleine Fahrwege und Pfad durch Kiefernwald sowie Dünen.
Markierung: Stellenweise Kyststi (gelbe Pfeile) sowie Abgrenzung des Militärgebietes.
Besonderer Hinweis: Bei aufgezogenem Ballon wird im militärischen Übungsge-

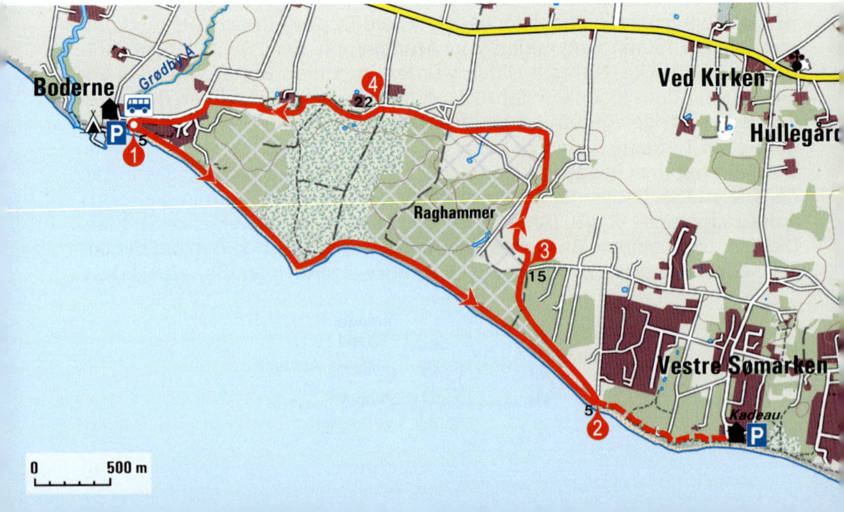

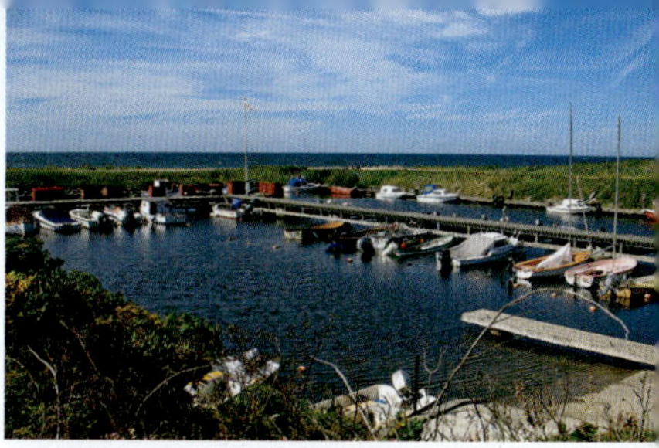

Der kleine Hafen von Boderne.

biet geschossen, das dann nicht betreten werden darf, d. h. die Tour ist dann nicht möglich. Die dänischen Sommerferien gelten generell als schießfreie Zeit. Infos gibt es vor Ort auf Schildern sowie auf der Website des dänischen Verteidigungsministeriums (forsvaret.dk/da/oevelsesaktiviteter/region-hovedstaden/raghammer-skydeterran-og-skydebaner). Hier findet man die monatlichen Übungspläne. Es gibt Überlegungen im dänischen Verteidigungsministerium, auf dem Übungsplatz Raghammer eine Landebahn u. a. für große Herkules-Maschinen anzulegen.
Einkehr: Nur am Ausgangspunkt in Boderne; bei der Variante in Vestre Sømarken im Restaurant Kadeau (nur abends).
Varianten: 1) Optional kann die Tour östlich in Vestre Sømarken begonnen, mit einem Abstecher dorthin verlängert oder von Beginn an als Streckentour konzipiert werden. Beim Start in Vestre Sømarken mit dem Restaurant Kadeau dem Küstenpfad in westliche Richtung folgen bis zum Wendepunkt der Rundwanderung beim Mast mit Militärgebiets-Markierungen bzw. -tafeln (bis dorthin 1 km).
Kombi-Tipp: Als Etappe des Kyststi kombinierbar mit Tour 6 und bei Nutzung der Variante ab/nach Vestre Sømarken mit Tour 8.

Der Parkplatz von **Boderne** ❶ liegt direkt am Strand unweit vom Hafen. Wir orientieren uns zum Strand und halten uns dort links. Sollte in Strandnähe – beim Parkplatz oder/und nach 10 Gehminuten – ein oranger Ballon aufgezogen sein, müssen wir umkehren bzw. können diese Tour nur einseitig durch das Landesinnere machen, am Rand des Übungsgebietes entlang (siehe Besonderer Hinweis).
Nach etwas mehr als einer Stunde am Strand halten wir uns nach einem Mast mit Radar in den **Dünen** ❷ links und erreichen im Dünengebiet einen gelb-schwarzen Pfahl mit Warnschild. Weiter geht es links, am Parkplatz vorbei und geradeaus auf dem Pfad rechts neben gelb-schwarzen Pfählen durch Dünen und später lichten Kiefernwald. Nach 15 Minuten erreichen wir eine Straße mit Wendehammer und links der Einfahrt zum **Militärgebiet Raghammer** ❸. Wir folgen geradeaus dem Pfad neben schwarz-gelben Pfählen am Rand des Militärgebietes, nach 100 m an zwei Findlingen vorbei. In einer auf eine Rechtskurve folgenden Linkskurve gehen wir geradeaus und nach 70 m an einem Holzzaun vorbei, rechts neben einem Wall,

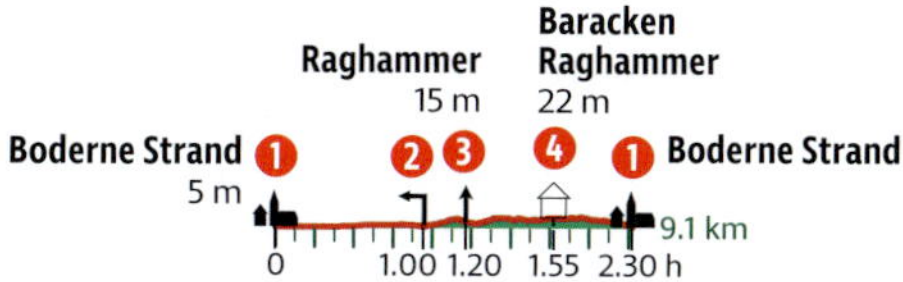

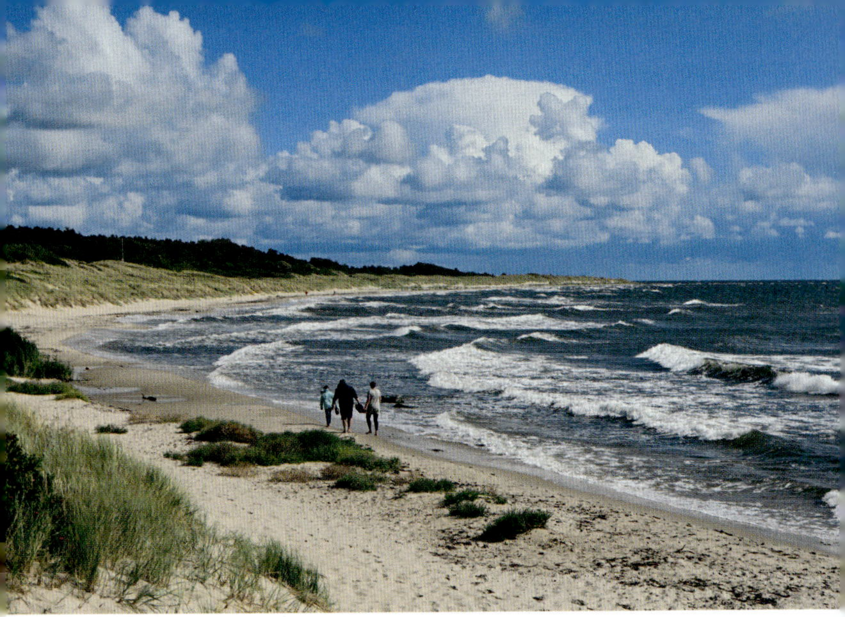

Eher selten: stärkere Brandung am Strand von Boderne.

hinter dem sich ein Schießplatz befindet. 50 m nach einer weiteren Linkskurve beachten wir den links abzweigenden Pfad nicht (Schilder sind hier undeutlich), gehen weiter geradeaus und nehmen nach wenigen Metern vor einer Schranke den rechts am Waldrand entlangführenden Weg, zunächst auf Gras- und später Kiesbelag (schwarz-gelbe Pfähle). Nach 5 Minuten gehen wir nach einer Linkskurve rechts vorbei an einer Schießanlage, ehe wir einen asphaltierten Weg erreichen und diesem geradeaus folgen, rechts neben gelb-schwarzen Pfählen am Rand des Übungsgebietes. Bei einer Kreuzung mit **Holzbaracken** 4 des Übungsplatzes **Raghammer** gehen wir zunächst geradeaus, nach 70 m kurz links und gleich darauf rechts auf einem Kiesweg neben gelb-schwarzen Pfählen. Bei einer Gabelung mit einer Metallschranke nehmen wir den gelb markierten Spurweg (»Boderne 1,5 km«), um nach wenigen Minuten – 30 m vor einem Haus – auf einen links abzweigenden Grasweg zu biegen (gelb) und uns nach 70 m rechts zu halten.

Nach wenigen Minuten erreichen wir einen Spurweg und folgen diesem nach einer Rechtskurve nach links, zwischen Ferienhäusern (links) und einem Feld (rechts) in westliche Richtung zum Ausgangsort **Boderne** 1. Der Parkplatz liegt links vor dem Hafen, direkt am Hafen gibt es eine Einkehrgelegenheit.

↗ 40 m | ↘ 40 m | 8.8 km

2.30 h

Von Dueodde nach Vestre Sømarken 8

Küstenwanderung im Süden von Bornholm

Ganz im Süden Bornholms und fast ausschließlich über Sandstrand führt diese Küstenwanderung von Dueodde mit seinem breiten Dünengürtel in westliche Richtung zur Urlaubssiedlung Vestre Sømarken mit Einkehrgelegenheit. Sie können die Wanderung vorher beenden beim Bachtal der Oleå mit der Wassermühle und dem Café Pure Rainforest Chocolate, von wo Sie mit dem Bus zurück nach Dueodde fahren können.

Ausgangspunkt: Bushaltestelle und Parkplatz Dueodde, 400 m vom Strand entfernt (Navi: Fyrvejen 5, 3730 Nexø).
Endpunkt: Vestre Sømarken mit dem Gourmetrestaurant Kadeau (Navi: Baunevej 18, Vestre Sømark, 3720 Åkirkeby); optional auch vorher die Wassermühle Slusegård mit Bushaltestelle (Navi: Strandvejen 10, 3720 Åkirkeby).
ÖPNV: Die Küstenbuslinien 7 und 8 verbinden mehrmals täglich Dueodde via Wassermühle Slusegård mit Vestre Sømarken (Mai bis Oktober). In Vestre Sømarken gibt es keine Bushaltestelle, allerdings 1,2 km nördlich bei der Abzweigung des Strandvej. Bei Slusegård gibt es keine reguläre Haltestelle, aber die Busse halten – wie überall auf Bornholm – bei Bedarf.
Anforderungen: Leichte Wanderung entlang dem Sandstrand sowie durch Wald und stellenweise (anfangs) über Holzbohlen.
Markierung: Fast durchgehend Kyststi (gelbe Pfeile).
Einkehr: Restaurants am Ausgangs- und Endpunkt (letzteres nur abends); Café Pure Rainforest Chocolate (Sommerhalbjahr Do–So, rainforestchocolate.dk/de) bei kleinem Abstecher zur Wassermühle Slusegård.
Varianten: 1) Sollten Sie zur Abwechslung ein schattigeres Teilstück im Wald bevorzugen, bietet sich 5 Min. nach Jomfrugård rechts ein kleiner Umweg durch den Kiefernwald an: Dazu folgen Sie rechts dem Pfad in den Wald und halten sich danach links, um im Wald parallel zur Küste auf Forstwegen westwärts zu wandern bis Steenodde, wo man wieder auf den Kyststi trifft.
2) Ein kurzer Abstecher bei Slusegård führt zu einer alten Wassermühle und einem netten Café, wo die Tour auch beendet werden kann (Bushaltestelle).
Kombi-Tipp: Als Etappe des Kyststi kombinierbar mit Touren 7 und 11 sowie den Rundwegen in Dueodde (Tour 10) und Slusegård (Tour 9).

Blühende Heide bei Slusegård.

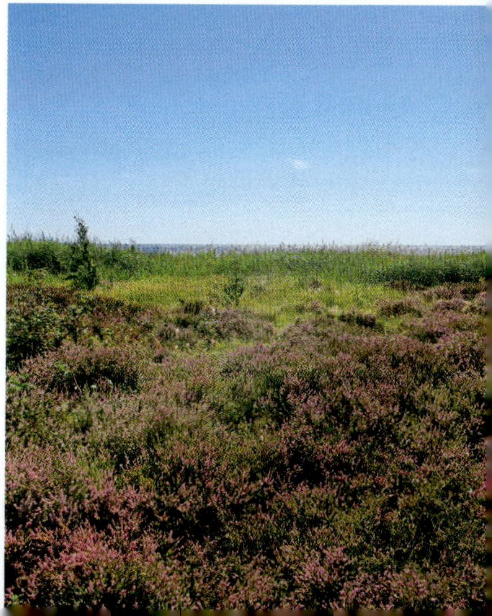

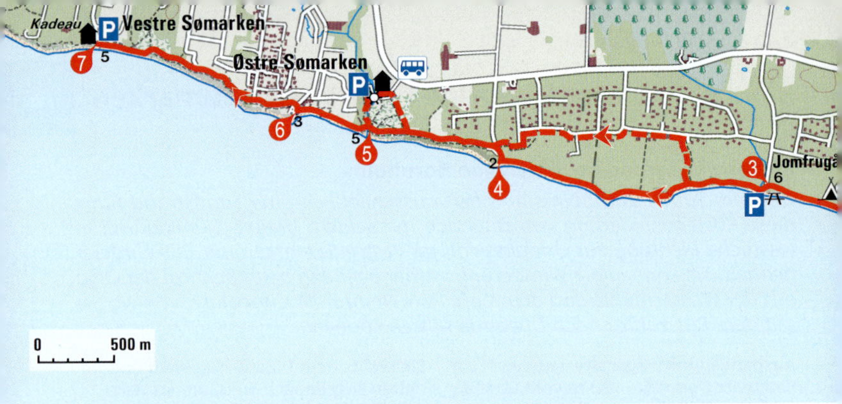

Vom Parkplatz und der Bushaltestelle **Dueodde** ❶ folgen wir dem Bretterweg rechts am Restaurant vorbei durch die Dünen zum **Strand** ❷, wo wir uns rechts halten. Entlang dem Sandstrand gehen wir in westliche Richtung. Nach längerem Küstenwandern erreichen wir die Zufahrt bzw. den Strand bei **Jomfrugård** ❸, mit Parkplatz sowie Tisch und Bank unter Kiefern. Ab hier gehen wir weiter auf dem Strand entlang.

In den Dünen von Dueodde, dem südlichsten Punkt von Bornholm.

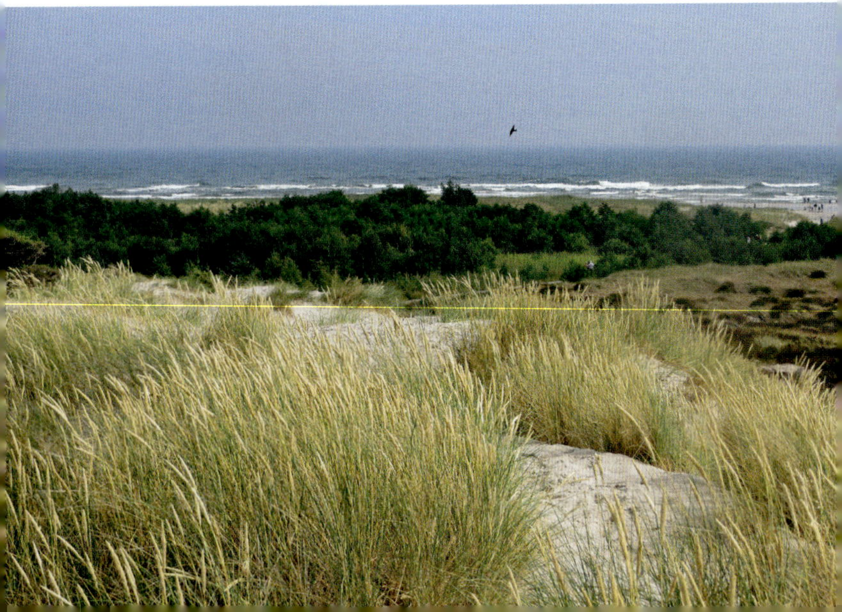

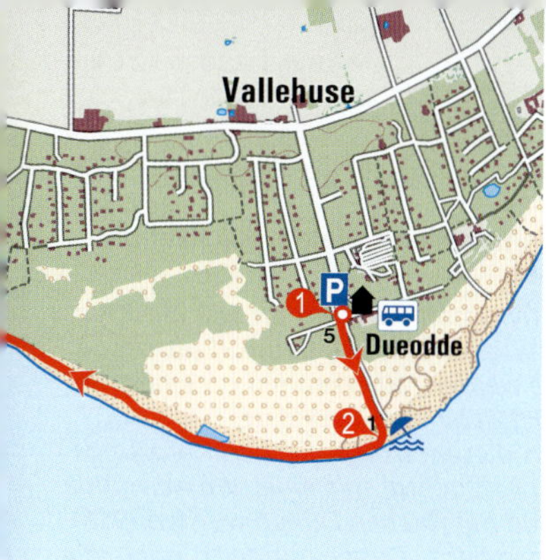

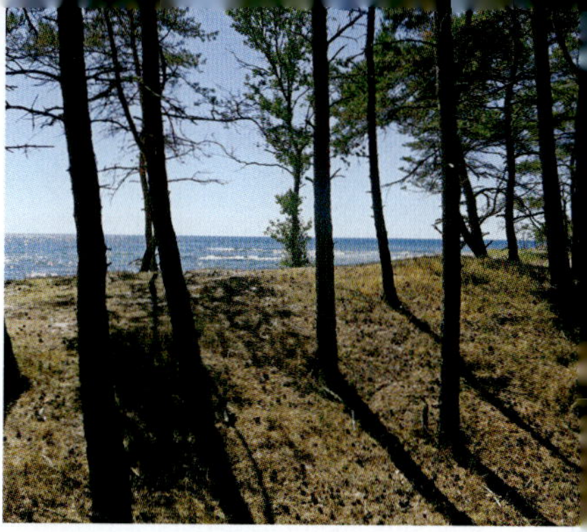

Kiefern an der Küste bei Jomfrugård.

Nach einer guten halben Stunde nehmen wir bei **Steenodde** ❹ den rechts aufwärts in den Wald führenden Sandweg und halten uns danach kurz nacheinander zweimal links. Bei einem Parkplatz mit WC folgen wir dem Kyststi nach links und nehmen kurz nach einem Rettungsring rechts den breiten Sandweg (»Kyststi«), der rechts unterhalb einer Düne entlangführt.

Bei einem Zaun mit **Gatter** ❺ ist nach rechts ein Abstecher zum geografischen Kreuzungspunkt und dem Café Pure Rainforest Chocolate möglich. Der Küstenweg führt geradeaus weiter links neben dem Zaun. Vor der Querung des Baches, mit rechts einem Gatter, kann man nach rechts ebenfalls einen kurzen Abstecher (200 m) zur idyllisch gelegenen alten Wassermühle Slusegård mit dem beliebten Café oberhalb machen.

Wir folgen bei der Abzweigung dem Kyststi geradeaus über die Bachbrücke und halten uns danach links, um auf dem Sandstrand nach **Østre Sømarken** ❻ bzw. Bakkerne zu gehen, wo 100 m oberhalb vom Hafen eine Einkehr in der kleinen Räucherei Bakkarøgeri möglich ist.

Wir wandern weiter westwärts, queren den Parkplatz und folgen dem Küstenpfad danach etwas rechts und weiter über einen schmalen Dünenstreifen am Waldrand. Nach 20 Minuten halten wir uns bei einem Pfahl links und gehen unten weiter am Strand entlang, wo wir schließlich nach 5 Minuten **Vestre Sømarken** ❼ erreichen, mit dem Restaurant Kadeau Bornholm oberhalb des Strandes.

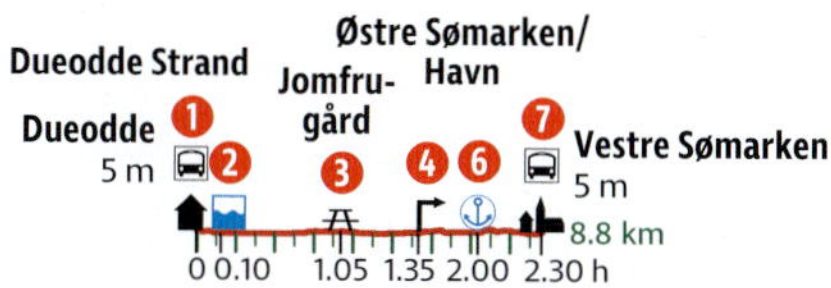

↗ 30 m | ↘ 30 m | 2.4 km

1.00 h

9 Rundwanderung bei Slusegård

Abwechslungsreiche Runde im Süden mit Küste, Heide, Bachtal und einem geografischen Kreuzungspunkt

Bornholms Tourismuswerber sind kreativ, wenn Banalitäten wie die Kreuzung eines bestimmten (15.) Längen- mit dem (55.) Breitengrad als besondere touristische Attraktion vermarktet werden, zu erkennen an einer Hinweistafel auf einer nett gelegenen Heidefläche über der Küste.
Die kurze Rundwanderung bietet neben diesem geografischen Kreuzungspunkt Strand, Heide, Wald, ein idyllisches Bachtal mit einer Wassermühle und eine kleine Räucherei. An dem Strand mit flachen Dünen wurden 1958–64 rund 1300 eisenzeitliche Gräber freigelegt. Dabei buddelte auch die (spätere) ehemalige Königin Margarethe im Rahmen ihres Archäologiestudiums im Boden. Start- und Endpunkt ist das Café Slusegård mit angeschlossenem Weihnachtsladen.

Schafe vor der alten Wassermühle Vandmølle von Slusegård.

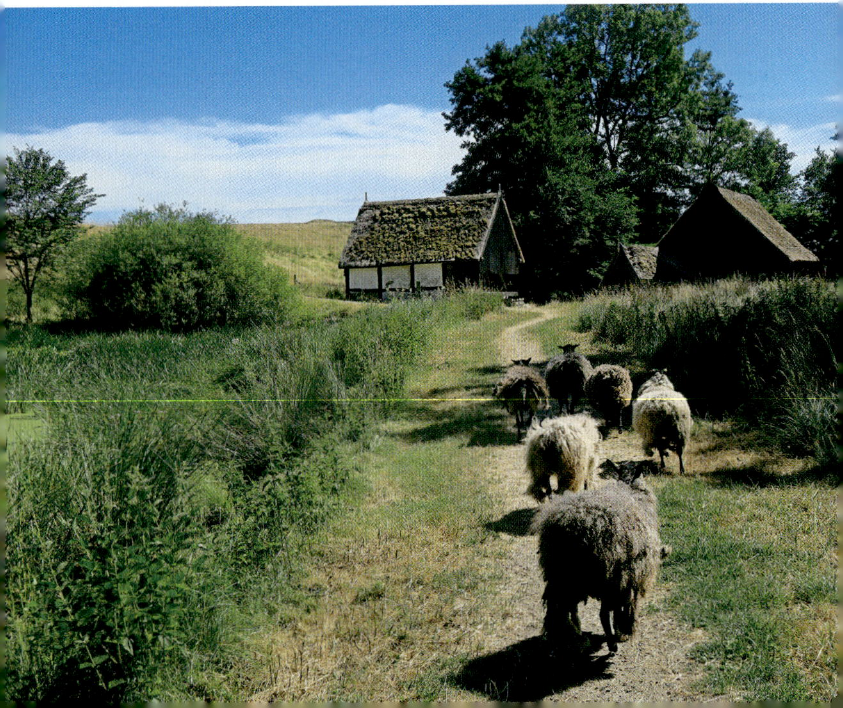

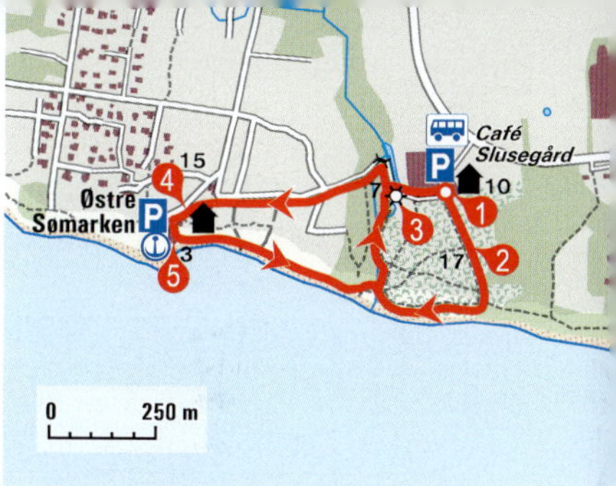

Ausgangspunkt: Parkplatz bei Slusegård direkt vor dem Café Pure Rainforest Chocolate (Navi: Strandvejen 10, 3720 Åkirkeby).
ÖPNV: Die Küstenbuslinien 7 und 8 fahren an der Zufahrt zu Slusegård entlang Richtung Rønne und Dueodde (Mai bis Oktober). Es gibt dort keine reguläre Haltestelle, aber die Busse halten bei Bedarf.
Anforderungen: Leichter Spaziergang auf überwiegend kleinen Wegen über Gras, entlang Strand und auf kleinem Pfad durch Bachtal und Wald, kurzzeitig auch über kleine asphaltierte Straße.
Markierung: Entlang der Küste Kyststi (gelbe Pfeile).
Einkehr: Bakkarøgeriet in Østre Sømarken, bakkaroegeriet.dk; Café Pure Rainforest Chocolate am Ausgangspunkt (Sommerhalbjahr Do–So, rainforestchocolate.dk/de).
Varianten: Die Tour besteht aus zwei Schleifen in Form einer »8« und kann auch beim Mittelpunkt, der Wassermühle unterhalb vom Ausgangspunkt, begonnen bzw. beendet werden.
Kombi-Tipp: Tour 8 entlang der Küste.

Bei **Slusegård ❶** gibt es einen Parkplatz und an der Durchgangsstraße halten Busse nach Bedarf. Vom Parkplatz gehen wir durch das Gatter (Schild »Til Stranden«) und auf dem Grasweg Richtung Küste über die freie Fläche. Nach 100 m erwartet uns der viel beworbene **geografische Knotenpunkt ❷**: die Kreuzung des 15. Längengrades mit dem 55. Breitengrad. Auf derselben Länge liegt Rom und auf derselben Breite Nowosibirsk.
Wir folgen dem Grasweg weiter geradeaus abwärts in südliche Richtung zum Meer hin, also genau entlang dem 15. Längengrad. 50 m vor einem Gatter halten wir uns rechts und passieren kurz darauf ein anderes Gatter. Weiter geht es rechts auf dem Kyststi links neben dem Zaun. Vor einer Holzbrücke über einen Bach gehen wir rechts durch ein anderes Gatter (Schild »Vandmølle«) und folgen dem Pfad leicht links durch das kleine, idyllische Bachtal. In diesem erreichen wir nach wenigen Minuten die etwas heruntergekommenen reetgedeckten Fachwerkgebäude einer alten (unterschlächtigen) Wassermühle aus dem Jahr 1800, **Slusegårds Vandmølle ❸**, und eines Forellenhauses, die schon seit 1956 unter Denkmalschutz stehen. Oberhalb wurden 1930 Forellenbecken angelegt, gespeist aus dem Bach Oleå. Rechts aufwärts geht es wieder zurück zum Café.

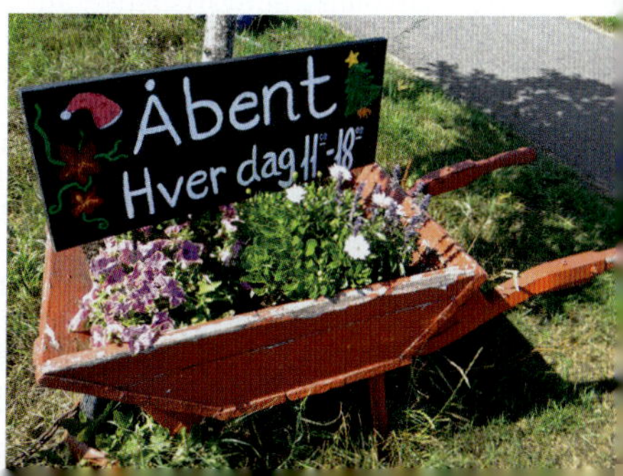

Einladend: Café bei Slusegård.

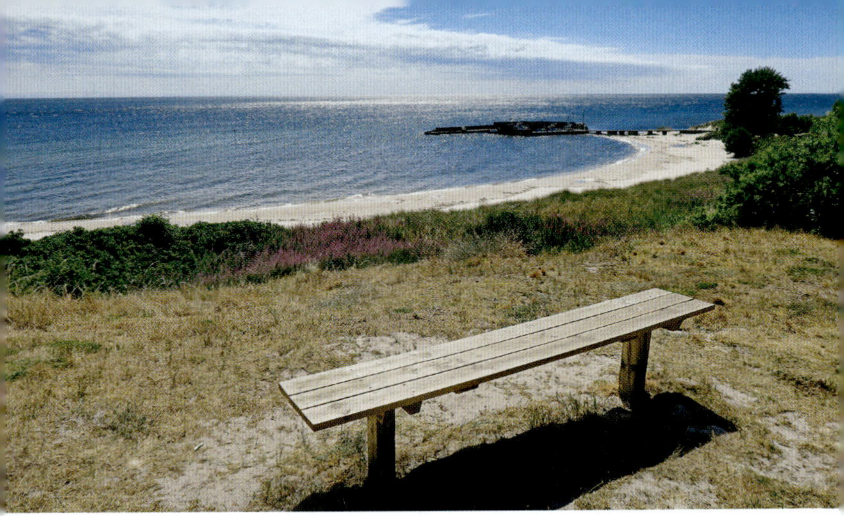

Aussichtsreich: Holzbank bei Østre Sømarken.

Aber vorher lohnt sich noch ein Abstecher zur benachbarten kleinen Siedlung Sømarken mit Räucherei und Hafen. Dazu gehen wir von **Slusegårds Vandmølle** ❸ noch 50 m nordwärts links vom Wasserbecken und folgen dann dem Weg durch die Linkskurve, nach der zweiten Holzbrücke durch ein Gatter und aufwärts aus dem Tal heraus. Weiter geht es zunächst immer geradeaus, Abzweigungen ignorieren wir. Etwa 100 m nach Anfang der Siedlung mit den ersten Häusern verlassen wir die Straße in einer Rechtskurve, indem wir dort geradeaus auf die zwei Schornsteine der Räucherei zugehen. Bei der 1938 gegründeten Räucherei **Bakkarøgeriet** ❹ folgen wir der Straße links hinunter zum Hafen von **Østre Sømarken** ❺.

Zurück geht es entweder auf demselben Weg zur Wassermühle oder vom Hafen links unten am Strand entlang (alternativ links parallel auf leicht erhöhtem Küstenpfad), wo wir nach 10 Minuten vor einem einmündenden Bach links aufwärtsgehen auf den Strandwall und kurz darauf rechts auf einer kleinen Holzbrücke den Bach queren. Weiter geht es wie schon vom Hinweg bekannt links durch das Gatter und durch das Bachtal zu **Slusegårds Vandmølle** ❸. Hinter der Wassermühle nehmen wir den Weg aufwärts auf das Gebäude zu, passieren das Gatter und erreichen kurz darauf die Café-Terrasse und den Parkplatz bei **Slusegård** ❶. Hier sitzt man nett drinnen wie draußen. Außerdem kann man in alten Büchern schmökern mit Infos zu den archäologischen Ausgrabungen mit (der späteren Königin) Margarethe.

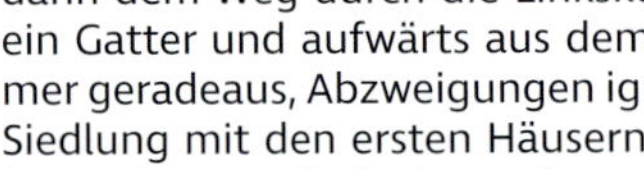

↗ 30 m | ↘ 30 m | 4.4 km

1.30 h

Dueodde 10

Leichte Rundwanderung im Süden von Bornholm mit Strand, Bunker und Wald

Dueodde, die Südspitze Bornholms, wird geprägt von Dünen, Sandstrand, Kiefernwald und darin verstreut Ferienhäusern und Campingplätzen. Der feinkörnige Sand diente früher zum Befüllen von Sanduhren. Vor der Waldbepflanzung um 1875 grasten hier Ziegen, Schafe, Pferde und Kühe. Die über die Bäume hinausragenden Türme dienten im Kalten Krieg als Horchposten gegenüber der DDR. Aber schon vorher, im Zweiten Weltkrieg, hatte Dueodde eine wichtige militärische Bedeutung, wovon alte (deutsche) Geschützstellungen im Wald zeugen. Die Rundwanderung führt zu diesen Zeitzeugen, außerdem zu den Dünen und dem Strand sowie dem höchsten Leuchtturm Dänemarks. Bei der Fahrt nach Dueodde passiert man beim Einbiegen in den Fyrvej den 70 Meter hohen Betonturm Bornholmertårnet. Die Anlage mit dem Aussehen eines Futtersilos war eine geheime militärische Abhörstation zur Zeit des Kalten Krieges, deren Räumlichkeiten und technische Installationen mit »007-Ambiente« heute in einer Ausstellung zugänglich sind.

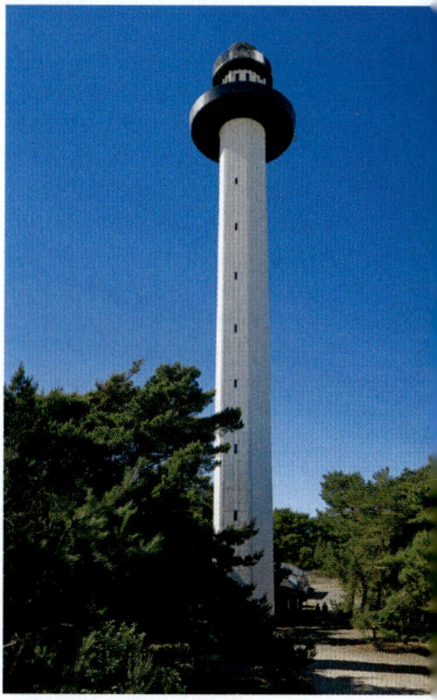

Das fast 50 Meter hohe Dueodde Fyr.

Ausgangspunkt: Bushaltestelle und Parkplatz Dueodde, 400 m vom Strand entfernt (Navi: Fyrvejen 5, 3730 Nexø).
ÖPNV: Bushaltestelle (Wendepunkt) der Küstenbuslinien 7 und 8 (zwischen Mai und Oktober täglich mehrmals Richtung Rønne und Hammershus).
Anforderungen: Leichte Wanderung entlang dem Sandstrand sowie durch Wald und am Schluss über Holzbohlen.
Markierung: Keine außer gelegentlichen Straßenschildern und Nummerierung der Strandaufgänge bzw. Rettungsposten.
Einkehr: Café und Restaurant am Ausgangs- bzw. Endpunkt, der auch nach zwei Dritteln der Strecke berührt wird sowie Café Dueodde beim Campingplatz.
Varianten: 1) Optional anfangs direkt zum Strand, dort links und nach 10 Minuten bei Rettungspunkt R290 links auf dem Bohlenweg Richtung Campingplatz (1 km länger).
2) Die Tour verläuft wie eine 8 mit Start in der Mitte – daher können auch beide Schleifen einzeln gegangen werden.
Kombi-Tipp: Kombinierbar mit Etappen des Kyststi (Touren 8 und 11).
Tipp: Der aussichtsreiche Leuchtturm Dueodde Fyr kann im Sommer über 196 Stufen bestiegen werden (Di–Do und So 11–14 Uhr, in den Sommerferien täglich 11–15 Uhr).

Vom **Parkplatz Dueodde** ❶, mit naher Bushaltestelle, folgen wir dem breiten Kiesweg nach links (Sirenevej), vorbei am Dueodde Badehotel (mit Café). Nach wenigen Minuten lassen wir uns durch ein Sackgassenschild nicht abschrecken und gehen geradeaus weiter (Tempo-20-Schild). Am Ende des Fahrwegs gehen wir zwischen den Holzschranken hindurch und folgen, uns leicht links haltend, dem Pfad auf den Parkplatz und gehen danach links über diesen. Am Ende des Parkplatzes biegen wir links in den Sirenevej, hinter uns die Küste und rechts von uns ein Campingplatz.
Bei der ersten Gelegenheit (nach 150 m) biegen wir nach links in den Duegårdsvej ein und bei der folgenden Kreuzung nach rechts in nördliche Richtung. Nach 5 Minuten geradewegs durch den Wald erreichen wir eine T-Kreuzung mit dem Møllersvej, dahinter steht eine größere **Bunkeranlage** ❷ aus dem Zweiten Weltkrieg. Bornholm hatte wegen seiner zentralen Lage in der Ostsee eine wichtige strategische Bedeutung für die deutschen Besatzer im Zweiten Weltkrieg, auch danach in Zeiten des Kalten Krieges als östlicher Vorposten in der Ostsee für die Westmächte.
Wir nehmen nach links die Sandpiste, links am Bunker vorbei, gehen nach 150 m eine Linkskurve aus und weiter in südliche Richtung, immer noch durch Nadelwald. Bei einer T-Kreuzung mit dem Duegårdsvej folgen wir diesem nach rechts und queren kurz darauf die Zufahrtsstraße nach Dueodde. Weiter geht es geradeaus auf dem (privaten) Skovduevej (Tempo »20«), wo wir nach 150 m der linken Abzweigung zu den Hausnummern 38–19 folgen (Sackgassenschild). In einer Rechtskurve nehmen wir den Waldpfad nach links zum **Parkplatz Dueodde** ❶.
Dort, beim Ausgangspunkt, können wir diese Tour – bis hierher eher ein Spaziergang – beenden, oder durch die Dünen und zum Strand fortsetzen. Dazu folgen wir dem Pfad rechts am Parkplatz, mit links dahinter der Bushaltestelle Dueodde, vorbei und danach dem Fahrweg (»Fyrvej«) nach rechts. Diesen verlassen wir aber nach wenigen Minuten vor dem Wendehammer auf dem links abzweigenden Waldpfad

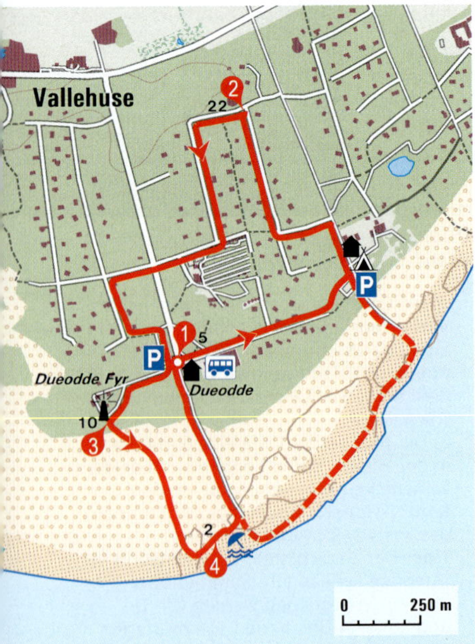

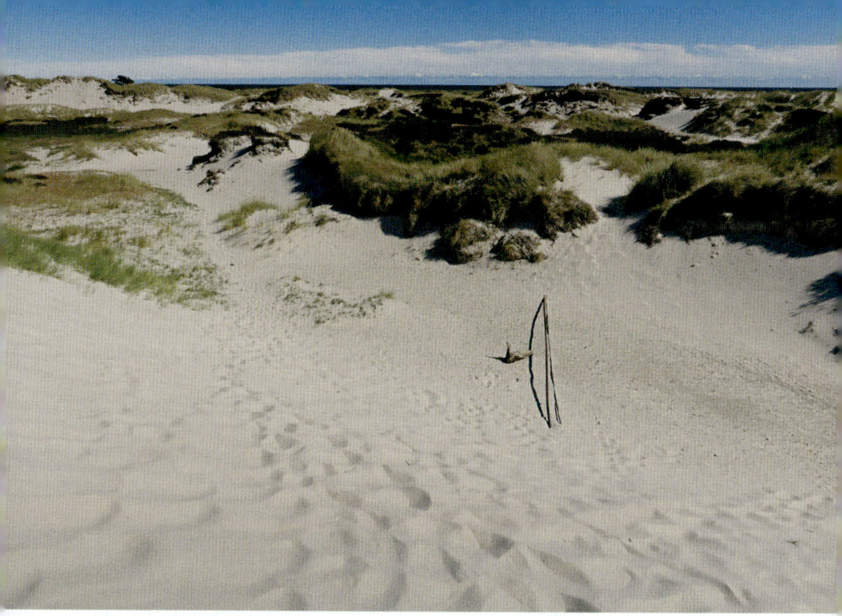

Dueoddes feiner Dünensand diente früher als Füllmittel von Sanduhren.

zwischen Kiefern (Richtung Fyret und Stranden). Rechts vor uns erhebt sich zwischen Kiefern der 1962 erbaute Leuchtturm **Dueodde Fyr ❸**. Der 47 m hohe Turm ruht auf 19 Eisenbetonpfeilern, die 14 m tief im Boden versenkt sind.

Nach einer Steigung gehen wir links auf den Sattel im Dünenkamm zu (Richtung Südost) und folgen den Spuren im Sand bis zum Strand. In den Dünen gibt es mehrere Pfade. Alle sind relativ beschwerlich zu begehen aufgrund des tiefen feinen Sandes. Anders als in deutschen Küstengebieten ist das Begehen der Dünen erlaubt.

Am **Dueodde Strand ❹** befinden wir uns am südlichsten Punkt der Insel, rund 100 km entfernt von der polnischen Küste. Wir gehen am Strand etwa 200 m nach links und nehmen dann links den landeinwärts führenden Strandaufgang (Rettungsnummer R294), der großteils über Holzbohlen führt. So gelangen wir deutlich einfacher als zuvor durch den bis zu 400 m breiten und maximal 12 m hohen Dünengürtel von Dueodde und erreichen nach gut 10 Minuten wieder die Bushaltestelle und den **Parkplatz Dueodde ❶** mit Einkehrgelegenheiten.

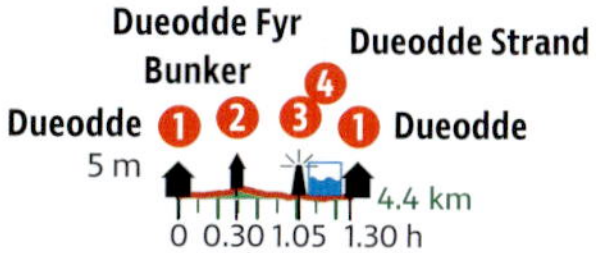

↗ 20 m | ↘ 20 m | 11.3 km

11 Von Dueodde nach Nexø

3.30 h

Küstenwanderung im Südosten mit viel Sandstrand

Der Südosten Bornholms wird von flacher Küste geprägt mit Sandstrand, Grünschiefer – und leider auch stellenweise leicht modrigem Geruch, was die Anlage vieler Ferienhäuser (erstaunlicherweise) nicht verhindert hat. Der Grund für den Gestank: Schon seit Jahrhunderten lagern sich bedingt durch Winde und Meeresströmungen überwiegend im Südosten der Insel große Mengen Seetang ab, die früher nach dem Trocknen zum Düngen der Felder genutzt wurden und heute Anwohner wie Urlauber durch Fäulnisgeruch belästigen. Immerhin wird in der Hauptsaison ein Großteil dieser Algen und damit der Geruchsquelle beseitigt. Für Abwechslung bei der Küstenwanderung sorgen der Fischerhafen von Snogebæk sowie der letzte Abschnitt zwischen Balka und Nexø mit Heide, einem alten Festungswall und schließlich dem Stadtpark und der Altstadt von Nexø.

Beliebte Badebucht bei Balka.

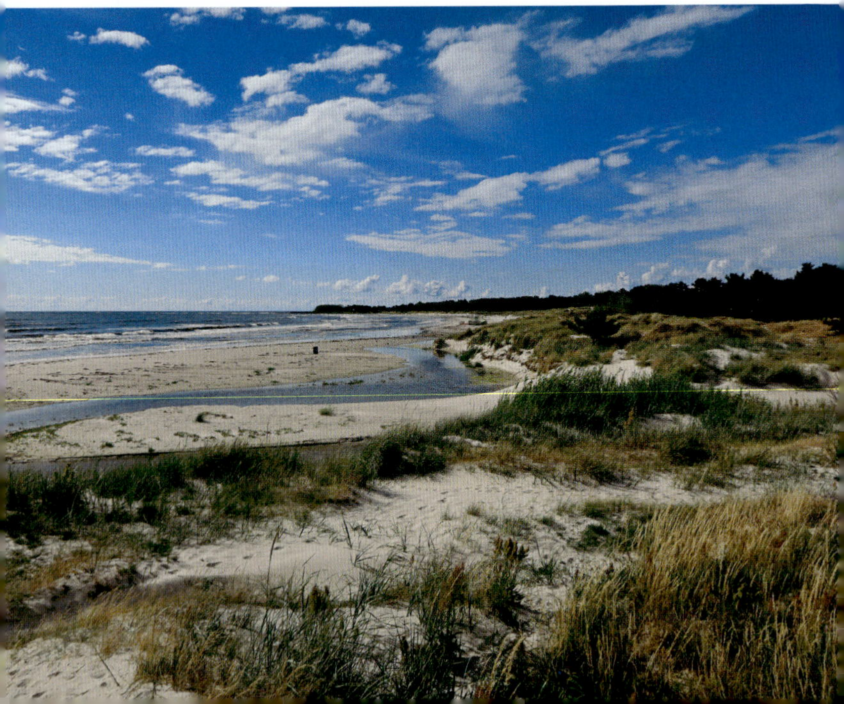

Ausgangspunkt: Bushaltestelle und Parkplatz Dueodde, 400 m vom Strand entfernt (Navi: Fyrvejen 5, 3730 Nexø).
Endpunkt: Zentrum von Nexø, mit Bushaltestelle am Toldbodvej. Parkgelegenheiten am Hafen (Navi: Havnen 2, 3730 Nexø).
ÖPNV: Die Küstenbuslinien 7 und 8 verbinden zwischen Mai und Oktober täglich mehrmals den Ausgangs- mit dem Endpunkt. (Richtung Rønne und Hammershus).
Anforderungen: Leichte Wanderung anfangs überwiegend über Sandstrand, später auch Wanderweg entlang Heide und auf Uferwall sowie durch Wald bzw. Stadtpark. Streckenweise (Snogebæk, Nexø) auch über asphaltierte oder gepflasterte Wege bzw. Straßen.
Markierung: Fast durchgehend Kyststi (gelbe Pfeile).
Einkehr: Einkehrgelegenheiten in Snogebæk, Balkastrand sowie am Ausgangs- und Endpunkt.
Varianten: Am Zielort Nexø sind auch andere, zum Teil parallel verlaufende Wege möglich.

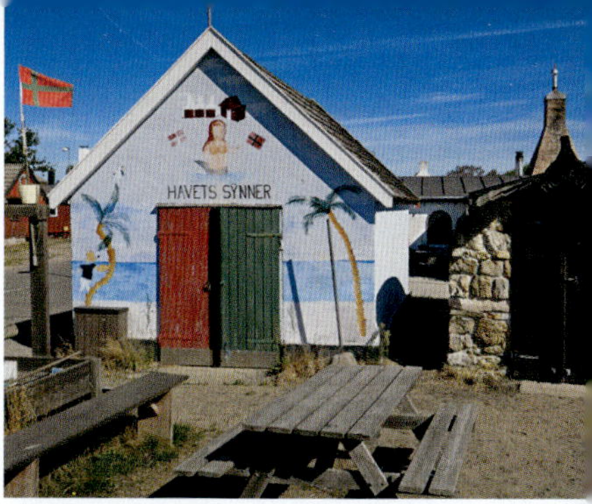

Alte Fischerschuppen in Snogebæk.

Kombi-Tipp: Als Etappe des Kyststi kombinierbar mit Touren 8 und 14 sowie den Rundwanderungen in Dueodde (Tour 21), bei Balka (Tour 12) und in Nexø (Tour 13).
Tipp: In Snogebæk in altem Schuppen hinter Glas originales Ruder-Rettungsboot von 1907, im Einsatz bis 1967. Am Ortsanfang von Nexø Museum im Martin Andersen Nexø Hus (April–Oktober Mo–Fr 10–16 Uhr, Sa 10–14 Uhr).

Vom Parkplatz und der Bushaltestelle **Dueodde** ❶ folgen wir dem Bretterweg rechts am Restaurant vorbei durch Dünen zum **Strand** ❷, wo wir uns links halten. Entlang dem Sandstrand wandern wir in nordöstliche Richtung; besonders gut begehbar ist der Strand meistens nahe am Wasser. Der Sand ist so feinkörnig, dass er früher zum Füllen von Sanduhren genutzt wurde. Links von uns erstreckt sich der im 19. Jh. auf ehemaligem Weidegrund angepflanzte Kiefernwald, in dem die vielen Camping- und Ferienhäuser (mehr als 1600 in Dueodde) kaum auffallen.
Nach etwa 1.15 Std. erreichen wir **Snogebæk** ❸, den Versorgungspunkt inmitten einer großen Ferienhaussiedlung. Im Sommer ist in dem kleinen Hafenort mit mehreren Läden und Einkehrgelegenheiten immer etwas los. In Snogebæk gehen wir rechts Richtung Seebrücke, angelegt 1888 unter dem Hafenbauingenieur Zahrtmann zur Anlage eines sandfreien Hafens auf einer der Küste 100 m vorgelagerten künstlichen Insel, nachdem zuvor die Boote an Land gezogen werden mussten.
Vor dem Metallgeländer biegen wir an der linken Seite nach links ab, rechts an der Heckenrose vorbei und geradeaus über eine Wiese. Wir steuern auf einen Wendeplatz mit Tisch und Bank sowie einen Parkplatz zu und gehen rechts an dem Wall vorbei. Der Uferweg führt uns durch ein kleines Wald-

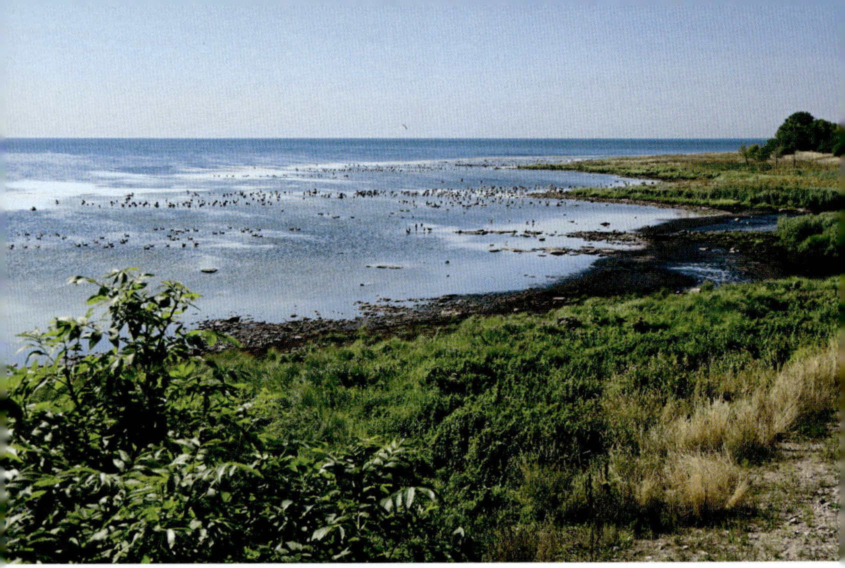

Das Wildreservat Nexø ist ein Paradies für Wasservögel.

stück zum Nordende von Snogebæk. Dort gehen wir entlang dem beliebten Sandstrand Balkastrand Richtung Nexø zum Ort Balka. Am besten lässt es sich dicht am Wasser gehen, wo der Sand relativ hart ist. Links setzt sich bis Balka die Siedlung von Ferienhäusern fort.

In **Balka** 4 folgen wir vom nördlichen Strandende der Straße am Ufer entlang in nördliche Richtung, links vorbei am Parkplatz und der Bushaltestelle. In der Linkskurve der Straße nehmen wir den geradeaus weiter in Richtung Norden führenden Radweg, den wir bei der ersten Gabelung rechts verlassen. Auf einem Fußweg nähern wir uns dem Ufer und setzen unsere Wanderung auf dem bis zu 2 m hohen Wall links vom Ufer fort. Dieser wurde im 17. Jh. von Dänen als Schanze gegen die Schweden angelegt – mit 600 m die längste auf Bornholm –, konnte deren Invasion im Jahr 1634 aber trotzdem nicht verhindern.

Kurz nach einer Bank passieren wir einen hölzernen **Aussichtsturm** 5 mit schönem Blick auf ein Wasservogelreservat und gehen weiter nordwärts am botanisch interessanten Ufer entlang (u. a. Spargelklee, Schnittlauch, Schierling). Am Ortsanfang von Nexø erreichen wir bei dem ersten Haus den auf der alten Bahntrasse verlaufenden Radweg und queren diesen ebenso wie die darauf folgende Straße. Danach gehen wir geradeaus in den Wald, halten uns bei der ersten T-Kreuzung rechts und nehmen nach rund 5 Minuten den zweiten links abzweigenden Weg, der uns rechts an einem Teich vorbei führt. Danach queren wir auf einer Brücke einen kleinen

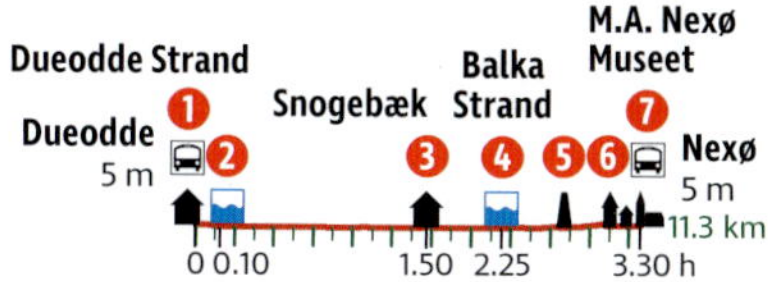

Bach und gehen noch ein kurzes Stück geradeaus, um rechts diagonal über die Wiese zu gehen. Danach queren wir links von einer Kreuzung, an der rechts ein Discounter (Netto) liegt, die Straße und gehen geradeaus durch die Ferskesøstræde. Im **Martin Andersen Nexø Hus** ❻ auf der linken Seite verbrachte der sozialkritische Schriftsteller Martin Andersen Nexø (1869–1954) seine Kindheit. Mit seinem vierbändigen, mehrfach verfilmten Roman »Pelle, der Eroberer« war er ein wichtiger Repräsentant der prosaischen Arbeiterliteratur.

Nach dem Museum nehmen wir die zweite, links abzweigende Straße (Munkegade) und halten uns danach zweimal rechts, um darauf den mit einer Mauer aus lokalem Sandstein umzäunten Friedhof der dem hl. Nicolai geweihten **Nexø Kirke** (Eingang rechts) diagonal zu queren, links am Kirchturm vorbei. Auf der andere Seite gehen wir kurz rechts und biegen dann links in die nordwärts führende Købmagergade, die uns vorbei an zwei Supermärkten (rechts Lidl, links Kvickly) zum Zentrum von **Nexø** ❼ mit dem Marktplatz führt. Zur Bushaltestelle und zum Parkplatz geht es rechts hinunter Richtung Hafen.

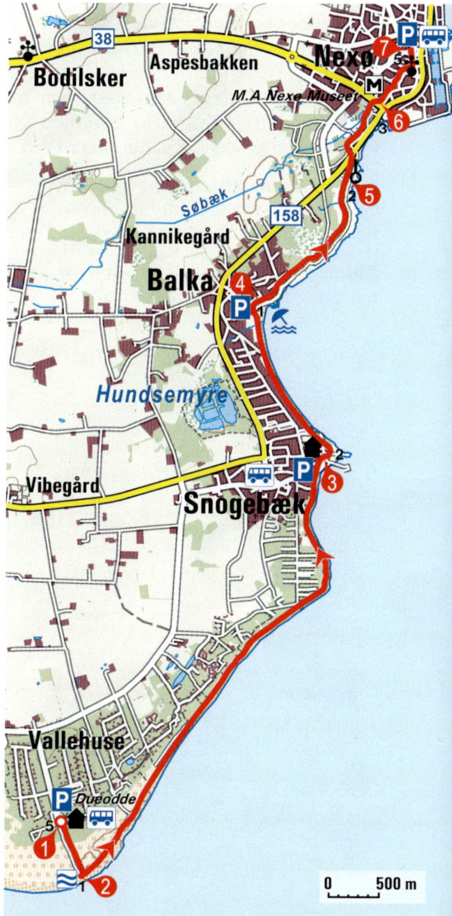

↗ 5 m | ↘ 5 m | 2.1 km

12 Hundsemyre bei Balka

1.00 h

Rundwanderung durch ein versteckt liegendes Moorgebiet bei Balka

Balka(strand) ist ein Synonym für Familienurlaub am Sandstrand, hinter dem sich auf mehreren Kilometern Länge ein fast durchgehender Streifen mit Ferienhäusern befindet. Kaum zu glauben, dass sich landseitig dahinter ein großflächiges (50 ha) Naturidyll versteckt, das Tausenden Wasservögeln als Rast- und Brutplatz dient. Aus diesem Grund darf dieses Naturschutzgebiet in der Brutzeit zwischen 15.3. und 15.7. nicht betreten werden. Das Wasservogel-Eldorado Hundsemyre entstand durch Abtorfung eines großen Moorgebietes seit 1875, vor allem aber zur Zeit des Zweiten Weltkrieges.

Ausgangspunkt: Parkplatz Hundsemyre landeinwärts an der Küstenstraße zwischen Balka und Snogebæk (Navi: 3730 Nexø, Søndre Landevej 62).
ÖPNV: Busse der Linien 6, 7 und 8 halten auf Anforderung am Parkplatz Hundsemyre zwischen Balka und Snogebæk.
Anforderungen: Leichter Spaziergang rund um ein Moorgebiet, überwiegend über Gras- und Waldwege, die stellenweise feucht sein können. Wasserfestes

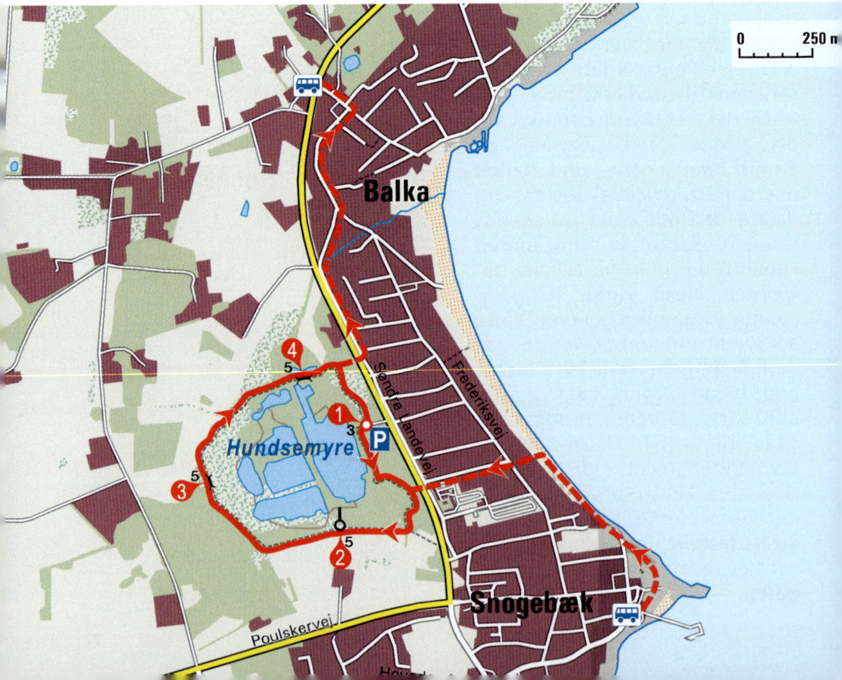

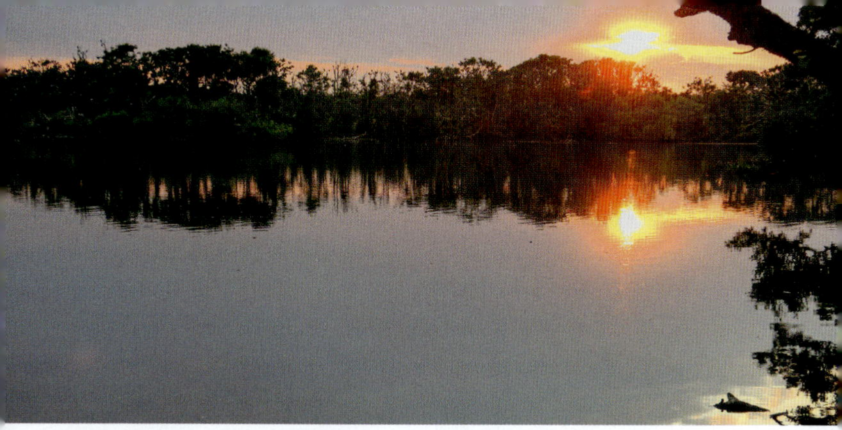

Sonnenuntergang über dem Hundsemyre.

Schuhwerk ist bei bzw. nach nassem Wetter angeraten!
Markierung: Holzschilder mit Beschriftung »Natursti«.
Einkehr: Keine Möglichkeit.
Varianten: Die Wanderung kann auch ab Balka oder Snogebæk begonnen werden: 1) Ab Balka folgen wir der Radroute südwärts Richtung Dueodde und Snogebæk und queren nach 1 km bei Anfang des Waldes auf der rechten Seite die Hauptstraße landeinwärts und folgen dem Pfad in den Wald. Nach 100 m erreichen wir den Rundweg in einer Kurve und folgen ihm links (beschriebene Richtung) oder rechts herum. 2) Ab Snogebæk nordwärts am Strand entlang und nach 200 m links auf schmalem Sandweg in das Landesinnere. Beim Rettungsring und Müllbehälter geradeaus bis zur Hauptstraße und in den Wald, bis zur ersten Gabelung, dort links.
Kombi-Tipp: Tour 11.
Hinweise: 1) Die Wanderung durch dieses Wasservogelreservat ist nur außerhalb der Brutsaison möglich, also nicht im Zeitraum 15.3. bis 15.7. 2) Die Tour sollte bei oder nach nassem Wetter wegen dann schlammiger Wege nur mit entsprechendem Schuhwerk gegangen werden. 3) Nordwestlich vom Parkplatz gedeiht möglicherweise stellenweise Riesen-Bärenklau (Herkulesstauden). Solange wir den Riesen-Bärenklau nicht berühren und die betroffenen Hautpartien der Sonne aussetzen, kann nicht viel passieren. Fotochemische Substanzen in und auf der Pflanze können bei Lichteinwirkung zu schweren Verbrennungen führen.

Vom Parkplatz **Hundsemyre** ❶ orientieren wir uns landeinwärts, die Straße im Rücken, und gehen auf den Moorsee zu. Vor diesem stehend folgen wir dem Uferweg nach links. Nach wenigen Minuten gehen wir bei einer Abzweigung rechts (»Natursti«). Der geradeaus führende Weg ist der Zubringer von/nach Snogebæk. Wir halten uns auch im Folgenden bei Abzweigungen rechts und umrunden so das Moorgebiet Hundsemyre im Uhrzeigersinn.

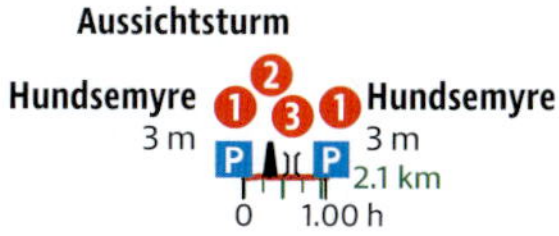

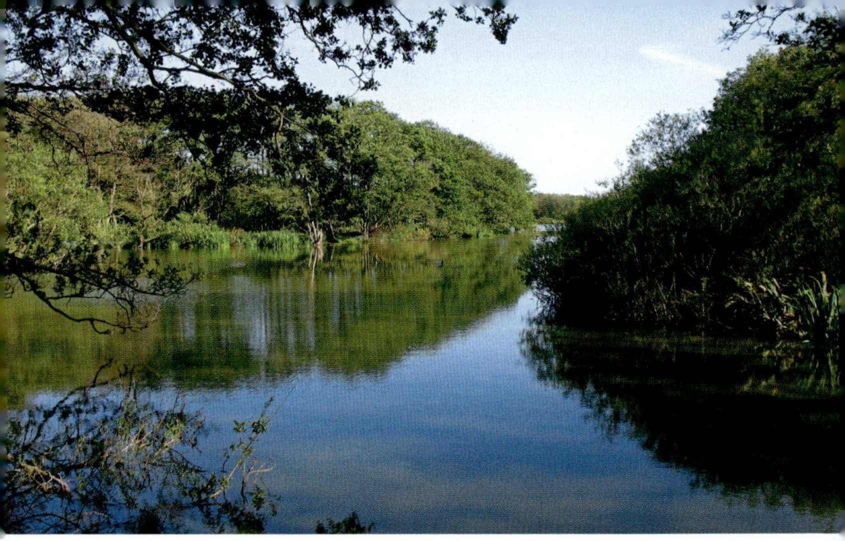

Oben und unten: Das Moorgebiet Hundsemyre war früher Torflieferant und ist heute ein Wasservogel-Dorado.

Bei einer kleinen Brücke verlassen wir den Wald und halten uns vor einer Wiese rechts. Nach wenigen Minuten bietet ein **Holzturm** ❷ einen guten Blick auf den Moorsee. Unser Weg verläuft weiter am Südrand vom Moor entlang mit links landwirtschaftlich genutzter Fläche. Kurz darauf führt uns ein Grasweg rechts in den Wald, rechts neben einem Graben. Bei einer **Holzbrücke** ❸ haben wir etwa die Hälfte des Moors umrundet. Im nördlichen Teil erwarten uns bei dem Grasweg einige (kurze) Passagen, die bei hohem Wasserstand etwas nass sein können.

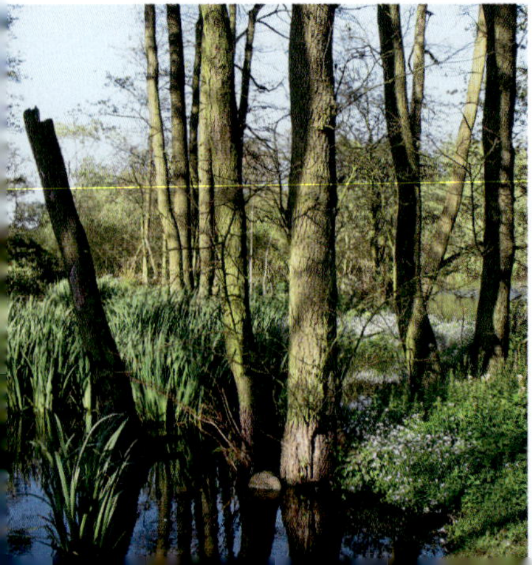

Nach einer weiteren **Holzbrücke** ❹ nördlich vom Moorsee ignorieren wir den links abzweigenden Pfad, der zur Straße führt und weiter durch die Ferienhaussiedlung nach Balka. Wir gehen rechts und erreichen nach Passieren von Beständen invasiver Pflanzen wie Japanischem Knöterich oder möglicherweise Resten in den Vorjahren entfernter Herkulesstauden wieder den Parkplatz **Hundsemyre** ❶.

↗ 40 m | ↘ 40 m | 8.2 km

2.30 h

Stadtrundgang durch Nexø

13

Runde durch Bornholms zweitgrößte Stadt mit Wald, Moor und Heide

Nexø, die zweitgrößte Stadt der Insel, lebte lange Zeit vom Fischfang und der -verarbeitung sowie dem Abbau von Sandstein. Der eher schmucklose Hafen zeigt den Strukturwandel: Statt Fischindustrie und Umschlagsilos erwarten den Besucher heute Museen, eine Glasbläserei, Skatepark und im Sommer eine Sandskulpturausstellung. Nexø ist Versorgungszentrum der vielen südwärts liegenden Ferienhaussiedlungen – zu erkennen an den vielen Supermärkten im Ort. Die Rundwanderung führt durch die Altstadt mit ihren engen Gassen, der Fischerkirche St. Nicolai und dem Haus, wo der sozialkritische Schriftsteller M. A. Nexø seine Kindheit verbrachte.
Im Süden führt der Weg abwechslungsreich durch den Stadtpark Lystskov, auf Holzbohlen über einen Flachsee, durch Wald, Heide und an der Küste zurück nach Nexø. Nexø ist eine neue Stadt als Folge erheblicher Zerstörungen im Zweiten Weltkrieg: Bei russischen Luftangriffen am 7./8.5.1945 wurden fast alle Häuser des Ortes beschädigt (856 von 900) und davon 175 total zerstört. Als Soforthilfe spendierte der neutrale nördliche Nachbar (Schweden) 80 Holzhäuser, denen wir in der Schwedenhaussiedlung begegnen.

Ausgangspunkt: Hafen mit Touristinfo sowie Parkgelegenheiten (Navi: Havnen 2, 3730 Nexø).
ÖPNV: Nexø ist Busknotenpunkt im Osten der Insel mit mehreren Verbindungen stündlich nach Rønne (Linien 4, 5, 6) sowie durch die Linien 7 und 8 zu allen Küstenorten der Insel (Mai bis Oktober).
Anforderungen: Leichte Wanderung im Ort mit gepflastertem oder asphaltiertem Belag und außerhalb über Waldwege sowie durch Heide und über einen Wall. Nett ist die Passage auf einem Holzbohlenweg über ein Moorgebiet, der bei Nässe etwas rutschig sein kann.
Markierung: Im Ort Straßenschilder, später im Wald Hjertesti und an der Küste Kyststi.
Einkehr: Einkehrgelegenheiten am Hafen und am Marktplatz.
Varianten: Da die Route wie eine »8« aus zwei Schleifen besteht mit dem Mittelpunkt beim Andersen-Nexø-Haus und der Kirche, kann die Tour dort auch aufgeteilt werden.
Kombi-Tipp: Etappen des Küstenweges (Touren 11 und 14).
Tipp: Martin Andersen Nexø Hus mit kleinem Museum (Mo–Fr 10–16 Uhr, Sa 10–14 Uhr), Nexø Museum in der alten Wache von 1796 (Di–Fr 13–16 Uhr), Eisenbahnmuseum (DBJ) nördlich vom Hafen (Di–Fr 11–16 Uhr), jeweils im Sommerhalbjahr.

Am **Hafen von Nexø** ❶ mit der Touristinfo gehen wir zunächst südwärts am Hafenbecken entlang und halten uns bei der Ausfahrt zur Hauptstraße rechts, queren diese über den Zebrastreifen und nehmen die links landeinwärts führende Straße Toldbodgade Richtung Markt, rechts vorbei am Busbahnhof von Nexø. Vor dem Marktplatz zweigt links die (zweite) Straße, die Købmagergade, ab, auf der wir weitergehen. Vorher lohnt sich aber ein

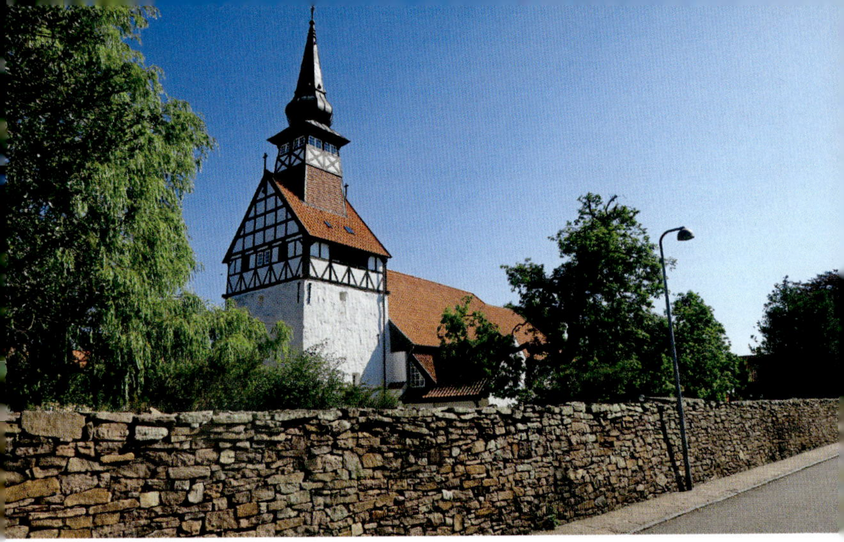

Hinter einer traditionellen Sandsteinmauer erhebt sich die St.-Nicolai-Kirche.

kurzer Abstecher geradeaus zum gepflasterten **Marktplatz** ❷ mit seinem sechseckigen »historischen Brunnen«, der 1946 anlässlich der 600-Jahr-Feier des Ortes von der lokalen Sparkasse gestiftet wurde – mit sechs wichtigen Geschichtsdaten: 1346 Stadtgründung, 1510 Invasion der Hansestadt Lübeck, 1645 Invasion der Schweden, 1879 Hafenerweiterung, 1945 Bombardierung durch Russen, 1946 600-Jahr-Feier.

Wir gehen den Weg ein Stück zurück und biegen dann rechts in die Købmagergade ein, passieren nach 100 m zwei Supermärkte und erreichen nach wenigen Minuten vor der Kirche von Nexø eine Kreuzung. Hier gehen wir rechts und weiter links diagonal über den Kirchhof, rechts am Turm vorbei. Der Eingang zur sehenswerten **Nexø Kirke** ❸ ist an der hinteren Seite. Die in Fachwerk im 15. Jahrhundert erbaute Kirche ist St. Nicolai, dem Schutzheiligen der Fischer, geweiht. Charakteristisch ist das 1910 aufgesetzte zwiebelförmige Turmdach aus Kupfer.

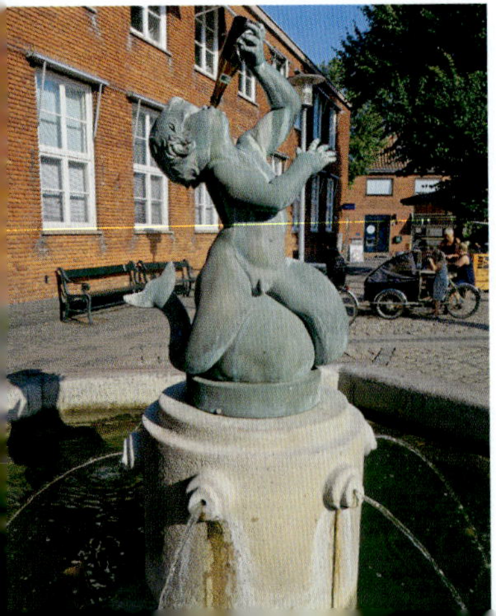

Nexø-Brunnen mit (durstiger) Skulptur.

Am südlichen Ausgang des Kirchhofes (hinter dem Toilettenhäuschen) halten wir uns rechts und biegen nach 30 m links in die Munkegade. Bei einem kleinen Platz gehen wir rechts in die Bager Sonnes Gade und nach 50 m links in die Ferskesøstræde, an deren Ende wir auf der rechten Seite auf das **Martin Andersen Nexø Museet** ❹ stoßen. Das kleine Museum informiert über den wichtigen Repräsentanten der prosaischen Arbeiterliteratur, der hier 1877–1883 seine Kindheit verbrachte und später den Ortsnamen »Nexø« an seinen eigenen anfügte. Sein bekanntestes Werk »Pelle der Eroberer« wurde mehrfach verfilmt und trägt autobiografische Züge.

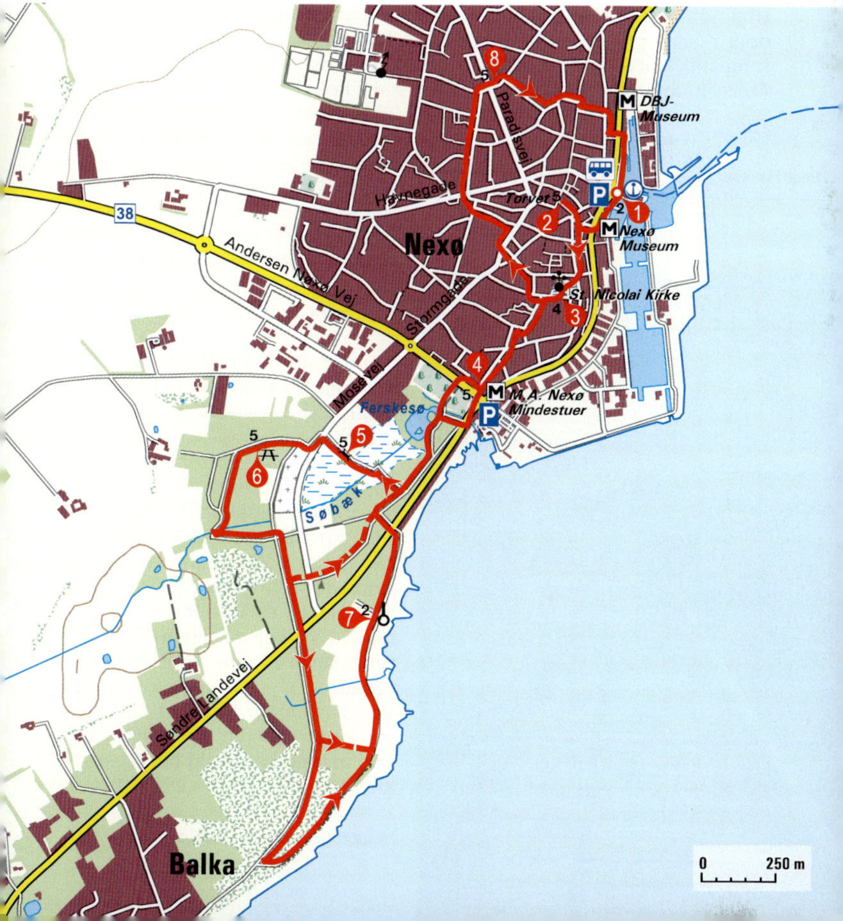

Hinter dem Nexø-Haus queren wir die Straße und folgen dem Pfad geradeaus rechts neben der Baumreihe. Nach der Brücke folgen wir rechts dem Cykel og Gangsti durch Wald und gehen 100 m weiter vor dem Teich links. Nach kurzer Passage am Teichufer halten wir uns im Wald mehrmals (dreimal) rechts und folgen dem »Hjertesti« (wörtlich Herzsteig, im weiteren Sinne Trimmpfad) auf einem längeren **Holzbohlenweg** ❺ trockenen Fußes über ein Moorgebiet.
Kurz nach Ende des Holzweges queren wir eine kleine Straße, folgen um 10 m nach rechts versetzt dem Pfad geradeaus am Waldrand und nehmen nach 100 m vor dem Friedhof den Kiesfahrweg nach rechts (Wegweiser »Balhytten« für eine Grillhütte). Bei einer Kreuzung gehen wir geradeaus oder machen nach links einen kurzen Abstecher (2 x 50 m) zu einer Lichtung mit Hütte und **Infotafel zu Balka-Sandstein** ❻. 150 m nach dieser Abzweigung folgen wir dem Hjertesti nach links.

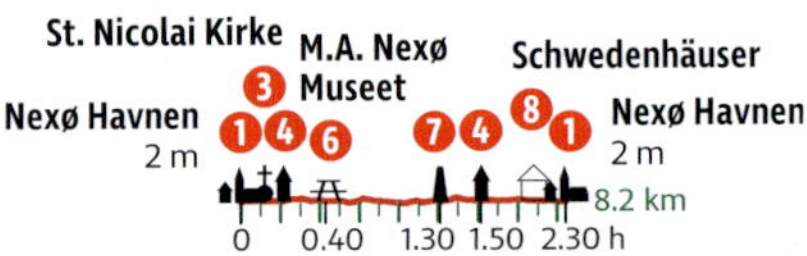

200 m nach einer Bachbrücke halten wir uns bei einer Kreuzung vor einer Wiese mit Tisch und Bank rechts. Der Waldweg führt in südliche Richtung und über die Hauptstraße. Nach dieser folgen wir ein kurzes Stück dem Radweg geradeaus und queren nach 100 m die Radroute zwischen Balka und Nexø, deren gerader Verlauf die Vergangenheit als Bahnstrecke (bis 1968) erahnen lässt. Weiter geht es geradeaus durch eine lang gestreckte Rechtskurve. Der Abschnitt nach der Rechtskurve ist lohnend, weil es aus dem Wald heraus auf eine große offene Heidefläche geht, in der wir den nächsten scharf links abzweigenden Weg nehmen, der uns zum Ufer führt, wo wir dem Kyststi nach links zurück Richtung Nexø folgen, vorbei an einem **Beobachtungsturm** ❼ im Wasservogelreservat.
Vor den ersten Häusern halten wir uns links, queren die Hauptstraße und nehmen im Wald bei der ersten Kreuzung den Weg nach rechts, um

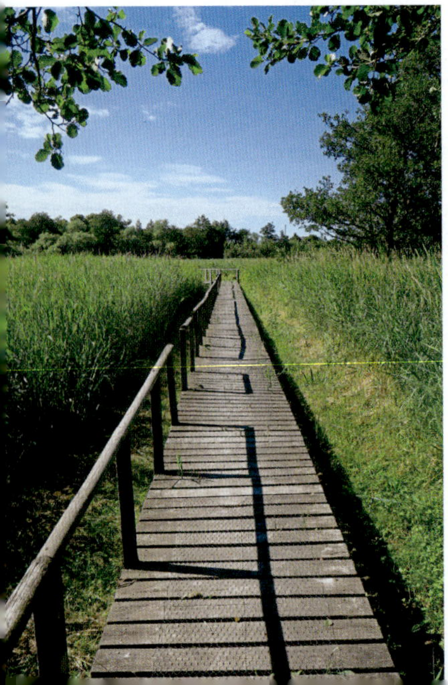

Holzbohlenweg im Lystskov.

nach 5 Minuten, 50 m nach der Infotafel über Lystskov, links dem vom Hinweg bekannten Weg am Teich entlang zu folgen, an dessen Ende wir geradeaus über die Holzbrücke gehen und bis zur Straße, dort rechts und beim **Martin-Andersen-Nexø-Museum** ❹ wieder links in die bekannte Ferskesøstræde. Im Folgenden geht es etwas im Zickzack durch die Gassen von Nexø: Bei der ersten Kreuzung rechts (Bredgade), dann links (Munkegade), am Ende der Munkegade links (Kirkestræde), gleich wieder rechts (Nygade), bei der Gabelung links (Bryggeristræde). Der Bryggeristræde folgen wir bis zum Ende und gehen dann rechts (Kildestræde), danach links (Kildebakkestræde), rechts (Damgade) und schließlich links (Torvegade). Wir queren eine größere Straße und gehen geradeaus auf dem Harrids Løkkevej nordwärts bis zum Ende, halten uns dort rechts und queren die Hauptstraße (Paradisvej). Links sind die älteren bunten Holzhäuser der **Schwedenhaussiedlung** ❽ nicht zu übersehen, deren (75) Holzhäuser schwedischen Stils am Ende des Zweiten Weltkrieges der Bornholmer Bevölkerung nach verheerenden russischen Luftangriffen vom nördlichen Nachbarn Schweden geschenkt wurden. Bei den Luftangriffen am 7./8. Mai 1945 wurden fast alle Häuser des Ortes beschädigt (856 von 900) und davon 175 total zerstört.

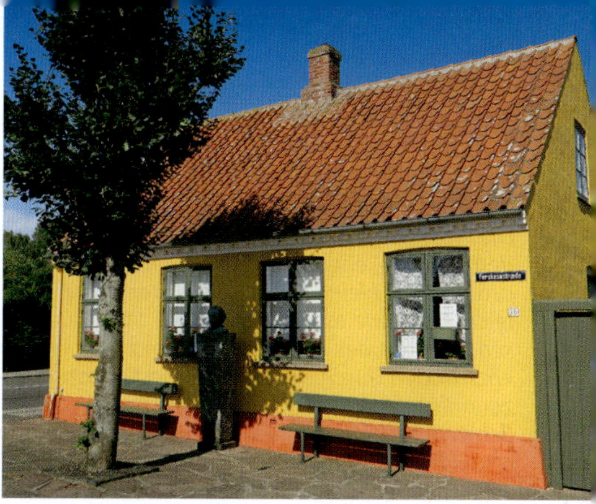

Martin-Andersen-Nexø-Haus.

50 m nach Querung der Straße Paradisvej zweigen wir rechts in die Gasse Maygænget, vorbei an vielen Gärten. Bei der T-Kreuzung vor einer Steinmauer gehen wir links und halten uns bei der folgenden Gabelung wieder links (Svanekegade), um gleich darauf rechts abzubiegen in die Stenhuggerstræde, in der früher – der Name sagt es – Arbeiter der Sandsteinbrüche gewohnt haben. Um zum Hafen zu gelangen, halten wir uns danach erst rechts (Åsen), dann links (Smedegade) und noch einmal rechts (Nørregade) und links, zuletzt eine schmale Gasse. Vor dem Hafen stehend queren wir die Uferstraße Nordre Strandvej und gehen zwischen den zwei flachen Gebäuden hindurch zum Hafenbecken, mit links dem Eisenbahnmuseum (DBJ). Wir halten uns rechts und passieren nach 50 m zur Linken das um 1900 angelegte Trockendock. Kurz darauf erreichen wir am **Hafen von Nexø** ❶ den Parkplatz mit Touristinfo, den Ausgangspunkt dieses Rundganges.

TOP

14

Von Nexø nach Svaneke

↗ 60 m | ↘ 50 m | 10.6 km

3.30 h

Küstenwanderung im Osten der Insel

Die Küste zwischen Nexø und Svaneke ist als Übergangsbereich zwischen dem flachen, eher sandigen Süden Bornholms und dem felsigen Norden geprägt durch kleine Felsen sowie Steine, auf denen das Gehen nicht immer so leicht fällt, wie es das eher flache Streckenprofil vermuten lässt. Wir verlassen Nexø an der Küste entlang und passieren am Ortsende einen Flachsee, entstanden durch den Abbau von Sandstein. Mehrere gut erhaltene Schanzenanlagen säumen diesen Küstenabschnitt, konnten die Invasion der Schweden 1645 aber nicht verhindern, als General Wrangel hier mit mehreren Hundert Mann landete und in nur vier Stunden Nexø plünderte. Nach zwei Dritteln passieren wir das Fischerdorf Årsdale, wo von einstmals 14 Räuchereien noch zwei erhalten sind. Oberhalb dreht gelegentlich die Holländerwindmühle von 1877 ihre Flügel, in der bis 2003 Getreide gemahlen wurde. Der für Stadterhaltung ausgezeichnete Zielort Svaneke ist bekannt für seine lebendige Atmosphäre und die vielen Kunsthandwerksateliers.

Auf dem Kyststi geht es entlang der Schärenküste südlich von Svaneke.

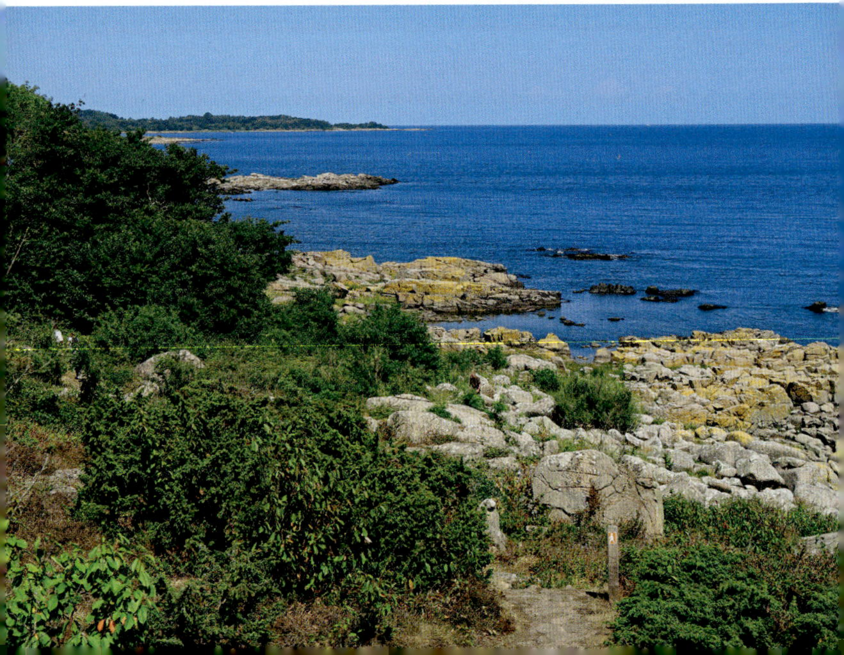

Ausgangspunkt: Bushaltestelle von Nexø am Toldbodvej oberhalb vom Hafen. 150 m vom Ausgangspunkt entfernt befindet sich in Gehrichtung der Hafen mit Touristinfo sowie Parkgelegenheiten (Navi: Havnen 2, 3730 Nexø).
Endpunkt: Zentrum von Svaneke mit Bushaltestelle am Marktplatz sowie großem Parkplatz nördlich vom Hafen (Navi: Gruset, 3740 Svaneke).
ÖPNV: Zwischen Ausgangs- und Endpunkt verkehren beinahe stündlich Linie 4 von/nach Rønne sowie mehrmals täglich die Küstenbuslinien 7 und 8 (letztere nur Mai bis Oktober).
Anforderungen: Vom Höhenprofil stellt diese Küstenwanderung keine besonderen Anforderungen. Allerdings führt der Küstenpfad auf diesem Abschnitt über mehrere felsige und steinige Abschnitte, sodass man stellenweise nur langsam vorankommt. Eine gewisse Trittsicherheit sollte vorhanden sein. Ansonsten verläuft der Küstenweg über Gras und Waldboden sowie in den besiedelten Bereichen auf Asphalt und Pflastersteinen.
Markierung: Kyststi (weißes Männchen auf orangem Grund).

Vom Busbahnhof am **Marktplatz von Nexø** ❶ gehen wir hinunter zum Hafen und halten uns dort links, vorbei an dem Trockendock. Rechts erheben sich alte Silos aus besseren Zeiten des Hafens. Wir halten uns zunächst rechts, möglichst dicht am Wasser entlang, vorbei an der Betonrampe für Schiffe und danach links auf dem asphaltierten und später gekiesten Weg. In der Linkskurve des Kieswegs mit einem roten Gebäude gehen wir weiter geradeaus und folgen dem schmalen Pfad auf dem kleinen Wall am Ufer entlang, vorbei an einer metallenen Bank. Nach 100 m geht es links auf dem Pfad und nach 50 m rechts. Wir

Einkehr: Einkehrgelegenheiten am Start und Ziel; Räucherei in Årsdale.
Varianten: In den Orten Nexø, Årsdale und Svaneke lassen sich beliebig andere Varianten gehen.
Kombi-Tipp: Als Etappe des Kyststi kombinierbar mit Touren 11 und 25, außerdem mit den Rundwanderungen in Nexø (Tour 13) und Svaneke (Tour 26).

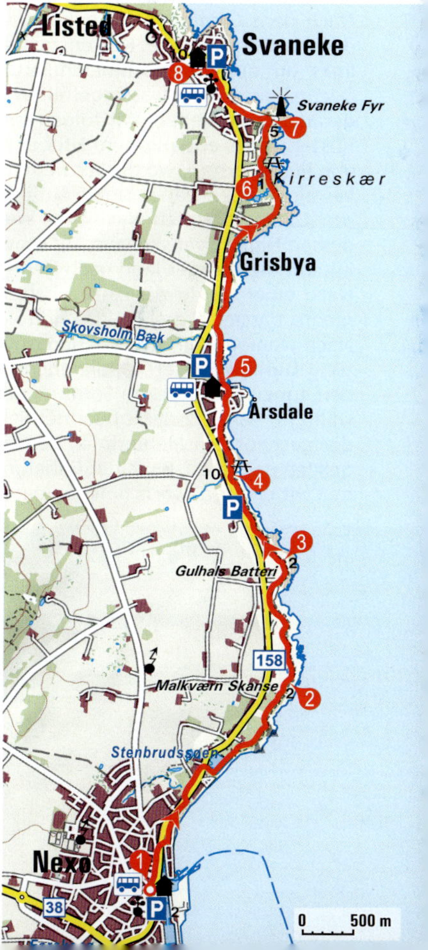

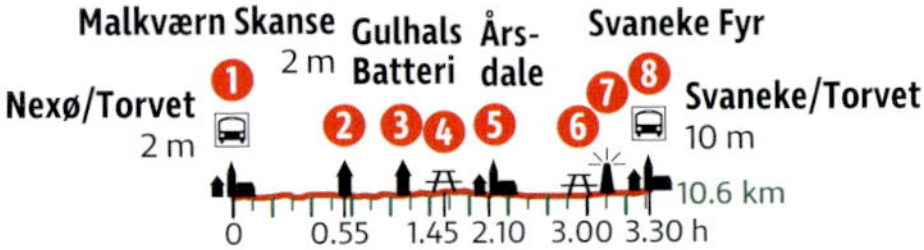

wandern rechts auf dem gemähten Weg einer großen Wiese und nähern uns nach deren Ende der Uferstraße an. Dieser folgen wir nach rechts, vorbei an der Räucherei und einem Campingplatz.

Nach dem Campingplatz gehen wir rechts durch das Holzgatter, folgen den Markierungen des Küstensteigs hinunter zur Küste und halten uns dort links, um auf einem schmalen Felsabschnitt genussreich zwischen Ostsee (rechts) und einem wassergefüllten ehemaligen Sandsteinbruch nordwärts geradeaus zu gehen. Wir folgen weiterhin den gelben Markierungen des Küstenweges entlang dem Ufer und passieren die große Schanzenanlage von **Malkværn** 2, wo die Schweden 1645 landeten und auf Widerstand der verteidigenden Dänen unter Anführung des dabei gefallenen Albert Wolfsen (Denkmal) trafen. Nach einer Weile liegt rechts von uns ein Naturhafen, dessen Name **Svenskehavn** auf schwedische Fischer deutet, die hier früher im Sommer bei der Jagd nach Heringen ankerten.

Nach einer Weide zur Linken halten wir uns vor einem kleinen Parkpatz rechts, passieren drei Steine und folgen dem Kyststi in nördliche Richtung. Nach wenigen Minuten passieren wir die 25 m lange, schanzenartige Festung **Gulhals Batteri** 3, die ebenfalls zur Verteidigung gegen die Schweden angelegt wurde. Im Sommer gedeiht hier viel Weißer Schwalbenwurz, während wir kurz darauf vor der Felsennase Skåret Feuchtwiesen mit u. a. der geschützten Mehlprimel, dem fleischfressenden Fettkraut oder Spargelklee passieren. Bei einer Gabelung nach einer bewaldeten Schlucht gehen wir rechts abwärts (links an der Straße WC), ehe nach wenigen Minuten bei einer Dänemark-Fahne ein **Rastplatz** 4 mit mehreren Tischen und Bänken zur Rast einlädt.

Der Uferweg führt in nördlicher Richtung zum Fischerdorf **Årsdale**, wo wir am Ortsanfang zunächst geradeaus und dann bei einer Gabelung rechts abwärts auf einem Pfad gehen (der Kyststi hat hier einen anderen Verlauf mit mehr Straßenanteil). Dieser führt auf die kleine Straße Møllevej, der wir geradeaus

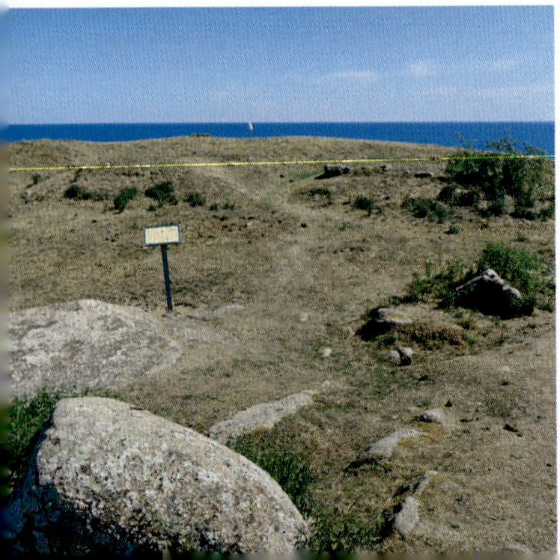

Die Gulhals-Batteri konnte die Anlandung der Schweden 1645 nicht verhindern.

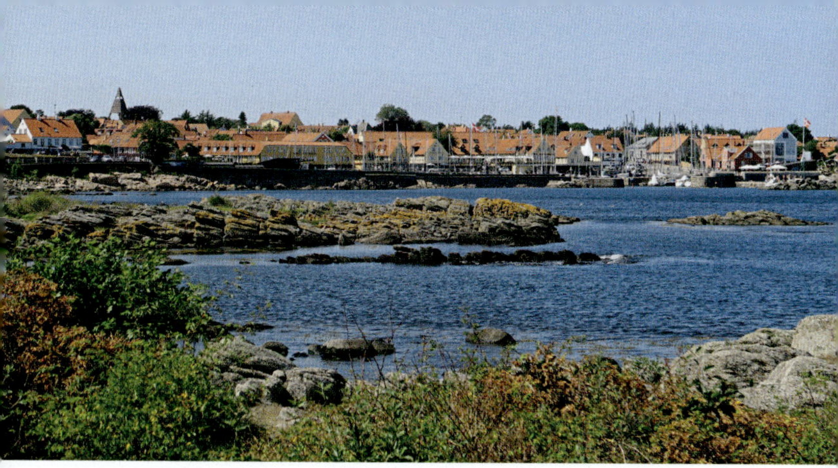

Jørn Utzons bakenförmiger Wasserturm prägt Svanekes »Skyline«.

Richtung Hafen folgen. Der Straßenname kommt von der noch funktionsfähigen Windmühle oberhalb des Dorfes mit angeschlossener Granitschleiferei (Info: aarsdalemoelle-granitvaerkstedet.dk).
Am 1955 ausgebauten **Hafen von Årsdale** 5 halten wir uns zunächst links und gehen kurz darauf vor dem Räucherei-Restaurant **Årsdale Silderøgeri** rechts, entlang der Dorfstraße mit Bushaltestelle und WC zur Rechten. Die Straße (Strandvejen) führt am Ortsende aufwärts zur Hauptstraße, der wir ein kurzes Stück entlang dem Radweg rechts folgen, um nach der Leitplanke rechts den Kyststi zu nehmen (»Svaneke 2,9 km«). Bei Gabelungen halten wir uns rechts und folgen dem Kyststi möglichst ufernah. Die Vegetation mit Heide, Wacholder, Hundsrose gilt als typisch – früher wurden die Flächen bis zum Ufer hin von Schafen, Ziegen und Pferden abgeweidet. Später passieren wir zwischen kleinen Felsen Strandwiesen, u. a. mit Akelei, Spargelklee und Schilfrohr. Wenige Minuten nach einer **Rastbank** 6 auf einem Baumstamm und einer Infotafel über den spätmittelalterlichen Heringshandel bei Frennehavn erreichen wir einen Campingplatz und queren diesen geradeaus; am Ende geht es über einen Fußweg mit kurz nacheinander zwei Metallsperren (für Fahrzeuge). Nach der zweiten Metallsperre halten wir uns rechts, gehen rechts um den **Svaneke Fyr** 7 herum und halten uns auf der nördlichen Seite vom Leuchtturm rechts, um so ufernah wie möglich auf dem Pfad nach Svaneke zu gehen – mit schönem Blick auf den Hafen.
Am Hafen gehen wir links vom Hafenbecken entlang, nehmen unterhalb des gelben Gebäudes vom Hotel Østersø die links aufwärtsführende Treppe und folgen der Fußgängergasse Brænderigænget rechts am Hotel vorbei zum zentral gelegenen Marktplatz von **Svaneke** 8 mit der Bushaltestelle.

TOP

15 **Paradisbakkerne I: Gelber Rundweg**

↗ 110 m | ↘ 110 m | 6.6 km

3.00 h

Rundwanderung durch Waldgebiet mit Spaltentälern und Heide

Schon der Name weckt hohe Erwartungen: Paradisbakkerne (»Paradieshügel«) heißt ein kleines privates Waldgebiet im Südosten von Bornholm, das als ehemaliges Heidegebiet seit dem 19. Jh. forstwirtschaftlich genutzt wird, aber immer noch über eine erstaunlich abwechslungsreiche Landschaft verfügt: Versteckt zwischen waldigen Abschnitten erstrecken sich Spaltentäler, Teiche und Heideflächen. Drei farblich markierte Rundwege führen durch das Gebiet, wobei sich dem Wanderer beim gelb markierten Rundweg am eindrucksvollsten die Vielseitigkeit erschließt. Höhepunkte sind die verträumten Weiher Gamledam und Grydesø, das schmale Spaltental Dybedal mit seinem inversiven Mikroklima, die steile Felswand beim Ravnedal, die große Heidefläche oberhalb vom Majdal mit dem höchsten Punkt von Paradisbakkerne sowie ein Wackelstein (Rokkesten).

Heidevegetation zwischen Granit und Wald beim Majdal.

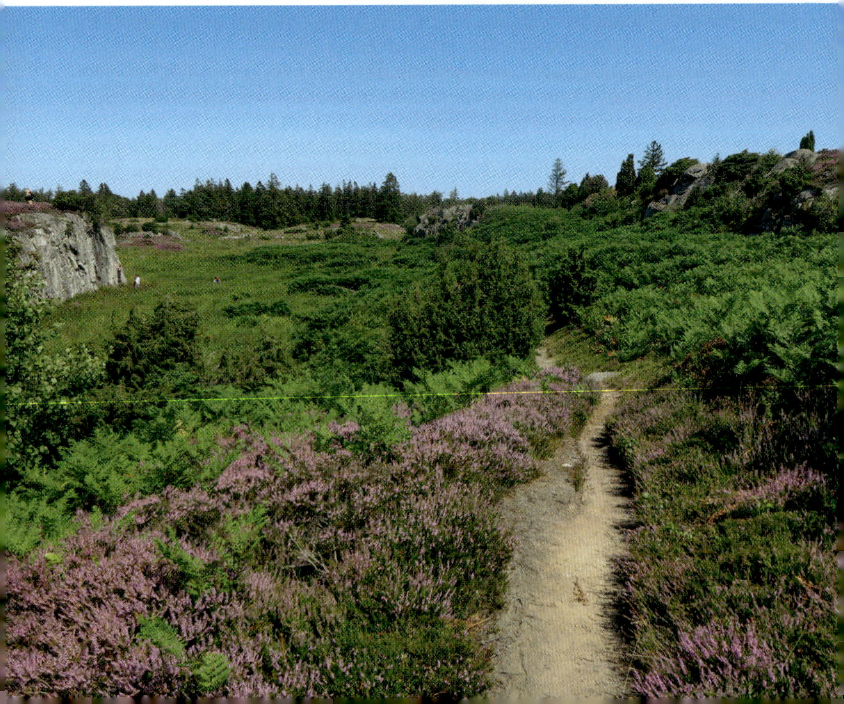

Ausgangspunkt: Klintebygård, südlich von Paradisbakkerne, 2 km östlich von Nexø (Navi: Lisegårdvejen 2, 3730 Nexø).
ÖPNV: Keine Busverbindung.
Anforderungen: Leichte bis mittelschwere Wanderung auf kleinen Wegen und Pfaden durch Wald und Heidegebiet, stellenweise über kleine Felsen und Stufen. Vorsicht beim Abstieg im Wald – bei Nässe können die Passagen bei Baumwurzeln sehr rutschig sein. Ebenso Vorsicht bei einigen Stellen mit Auf- und Abstiegen, wo unauffällig einige Metallstifte aus dem Boden ragen, mit denen früher Holzstufen fixiert waren.
Markierung: Gelbes Dreieck.
Einkehr: Keine Möglichkeit.
Varianten: An mehreren Punkten Wechselmöglichkeit auf die blau oder rot markierten Routen.
Kombi-Tipp: Streckenweise Touren 16 und 17.

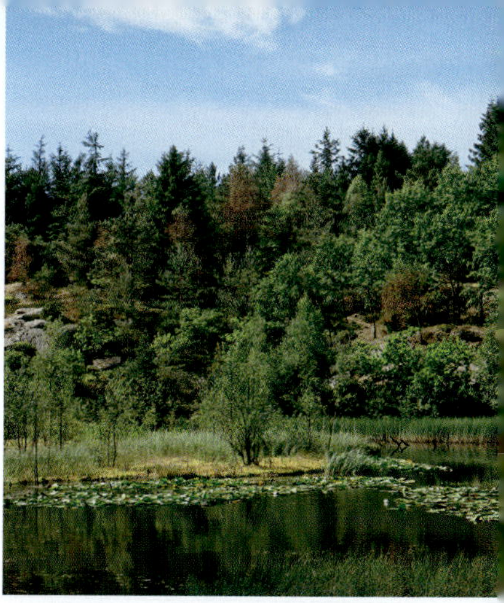

Hochmoorvegetation am Gamledam.

Vom **Parkplatz Klintebygård** ❶ folgen wir dem Fußweg in nördliche Richtung, wo uns schnell der überwiegend mit Nadelbäumen bepflanzte Privatwald von Paradisbakkerne empfängt. Alle drei farblich markierten Rundwege durch Paradisbakkerne führen anfangs über diesen Weg (Markierungen blaues Quadrat, roter Kreis, gelbes Dreieck). Abzweigende Wege beachten wir nicht und gehen immer geradeaus. Schließlich erreichen wir eine kleine Straße, die Radfahrern vorbehalten ist. Hier halten wir uns links, um nach wenigen Metern den rechts abzweigenden gelb markierten Pfad Richtung Gamledam zu nehmen. Wir folgen den gelben Markierungen und halten uns bei der ersten Abzweigung links (rechts zweigt ein Reitweg ab) und bei einer weiteren rechts. Links hinter uns liegt das Oksemyr, ein Hochheidemoor mit u. a. Torfmoos und Wollgras.

Der Pfad führt zum idyllischen Waldweiher **Gamledam** ❷ und direkt an dessen Ufer entlang. Hier finden wir eine typische Hochmoorvegetation mit Schwingrasen sowie u. a. fleischfressendem Sonnentau, Sumpf-Schwertlilie, Sumpf-Blutauge sowie Torfmoos und Wollgras. An der Nordseite laden Felsen zu einer Rast ein. Kurz davor führt der Weg über einen kleinen Damm. Der gelb markierte Weg leitet uns wieder in den Wald hinein, wo wir bei der ersten Gabelung links gehen (Holzschild »Trommerestene«) und kurz darauf rechts (Holzschild »Dybedal«). Nach wenigen Minuten folgen wir dem gelb

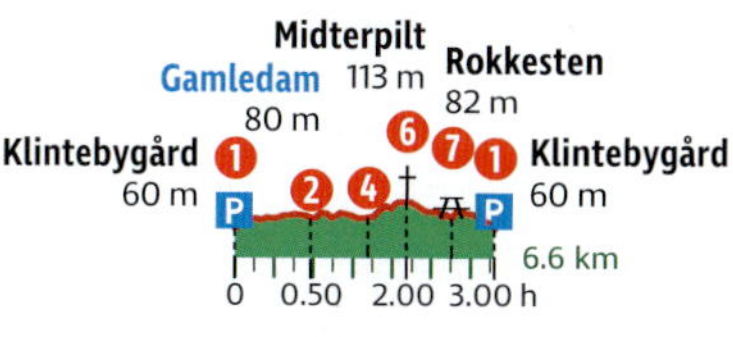

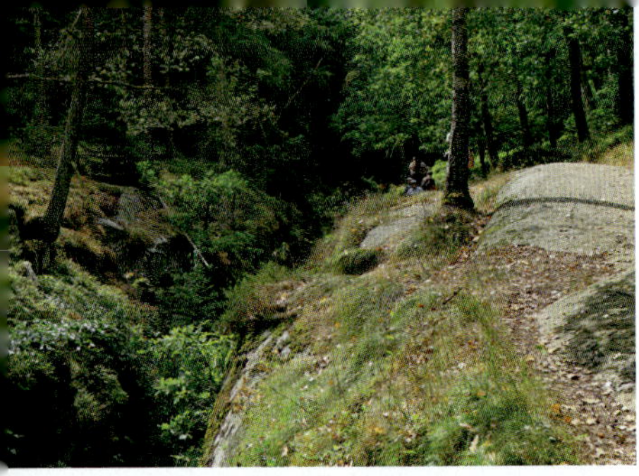

Schmales Spaltental im Wald: das Dybedal.

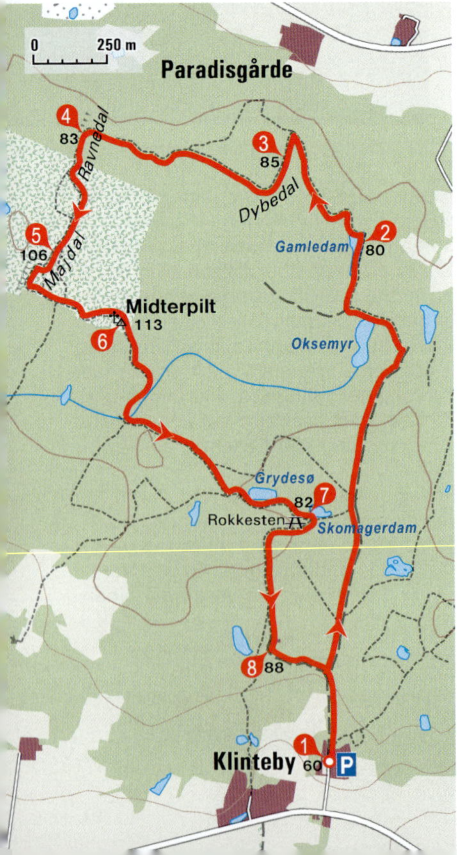

markierten Pfad scharf links ins **Dybedal** ❸, ein sehr schmales Spaltental. Der Pfad rechts oberhalb davon bietet schöne Blicke in dieses klammartige Tal mit seinem interessanten Mikroklima und der schatten- und feuchtigkeitsliebenden Vegetation.

Am Ende des Tals knickt der Weg nach rechts ab, führt über eine beschattete Anhöhe, dann abwärts und in leichtem Zickzack durch Wald. Nach dem schmalen und moosreichen Spaltental **Ravnedal** ❹ mit einer steilen Felswand passieren wir ein Gatter und wandern jetzt durch eine offene Landschaft mit Wacholderheide. Der gelb markierte Pfad führt uns in mehreren Kurven über diese beeindruckende Landschaft, die auf der rechten Seite vom **Majdal** ❺ durchzogen wird, dem breitesten Spaltental von Paradisbakkerne. Auf der Südseite der Heidefläche schwenkt der Pfad nach links und führt am Waldrand entlang auf den höchsten Punkt zu. Dabei queren wir weitere kleine Täler, wo der Weg früher mit Holzstufen befestigt war, deren Metallstifte stellenweise eher unauffällig aus dem Boden ragen – Vorsicht, vor allem Barfuß- und Sandalengeher!

Ein Steinhaufen, **Midterpilt** ❻ genannt, markiert den höchsten Punkt von Paradisbakkerne (113 m). Bei Midterpilt orientieren wir uns nach rechts und folgen dem Pfad abwärts und durch das Gatter in den Wald. Wir erreichen wieder die kleine Radstraße und folgen ihr nach rechts, um in der

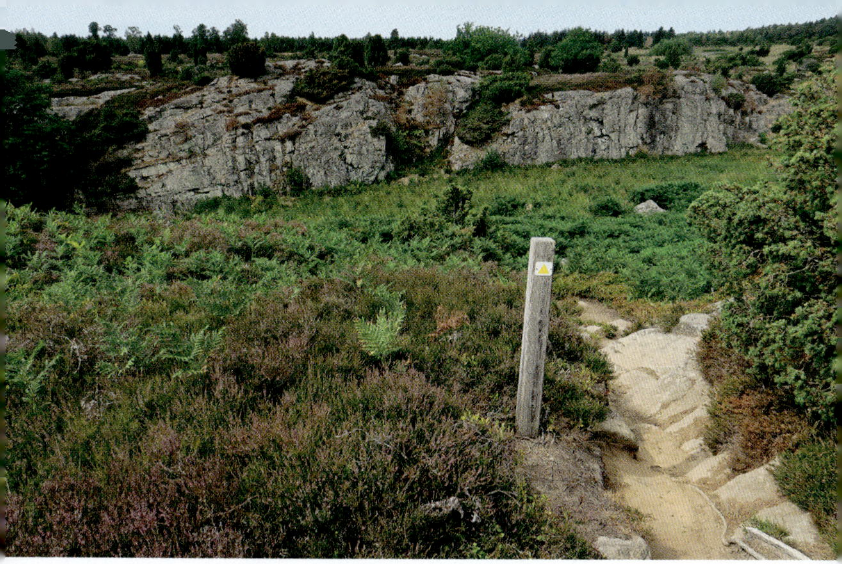

Breites Spaltental im Heidegebiet: das Majdal.

ersten Rechtskurve den links abzweigenden Weg zu nehmen. Bei der ersten Gabelung halten wir uns noch einmal links und gehen aufwärts, oberhalb von dem Spaltental **Grydedal**, an dessen Ende wir nach einem Gatter rechts gehen (gelbe und rote Markierung sowie altes Holzschild »Rokkesten, Klintebygård«).

Bei der nächsten Abzweigung – westlich vom Grydesø – stoßen alle drei farblich markierten Rundwege zusammen. Wir gehen links und passieren zur Linken den versteckt im Wald liegenden **Grydesø** mit seinen Seerosen, ehe wir den **Rokkesten** ❼ erreichen. Hier können wir uns auf einer Bank ausruhen oder richtig ertüchtigen, indem wir versuchen, den 30 Tonnen schweren Findling in leichte Schwingungen zu versetzen (möglich beim richtigen Rhythmus, also regelmäßigem Drücken auf der spitzen oberen Stirnseite). Infolge von Vandalismus konnte der Stein ab 1960 für einige Jahrzehnte nicht bewegt werden, aber nach Freilegungsarbeiten wackelt er wieder.

Beim Rokkesten nehmen wir den rechts aufwärtsführenden Pfad (alle drei Farben bzw. Symbole) und folgen ihm geradeaus, ohne Abzweigungen zu beachten. Nach 5 Minuten passieren wir links ein im Wald versteckt liegendes Haus mit Namen **Fjeldstauan** ❽ – 1919 als älteste Jugendherberge Dänemarks erbaut, heute ein privates Ferienhaus. Hinter dem Haus folgen wir dem Pfad links (alle drei Farben) und erreichen kurz darauf den Hauptweg, dem wir geradeaus südwärts folgen zum Ausgangspunkt **Klintebygård** ❶.

↗ 130 m | ↘ 130 m | 6.8 km

16 Paradisbakkerne II: Blauer Rundweg

3.00 h

Rundwanderung durch Waldgebiet mit Heide und markanten Steinen

Der blau markierte ist der längste Rundweg durch Paradisbakkerne. Wie beim gelb markierten Rundweg passieren wir mit dem 30 Tonnen schweren Wackelstein sowie der Heidefläche beim Majdal die Höhepunkte dieses bewaldeten Schutzgebietes, außerdem den Slingesten und die Gamleborg, die schon seit 1890 unter Natur- bzw. Denkmalschutz stehen. Die eisenzeitliche Gamleborg (400–800 n. Chr.) diente der Bevölkerung mitsamt Vieh als Zufluchtsort in Kriegszeiten. Das Naturerlebnis dieser Rundwanderung komplettieren der idyllisch gelegene Grydesø sowie Spaltentäler.

Ausgangspunkt: Klintebygård, südlich von Paradisbakkerne, 2 km östlich von Nexø (Navi: Lisegårdvejen 2, 3730 Nexø), alternativ Parkplatz nahe Gamleborg mit 250 m langem ausgeschilderten Zubringer Richtung Gamleborg/Rokkestenen.
ÖPNV: Keine Busverbindung.
Anforderungen: Leichte bis mittelschwere Wanderung auf überwiegend kleinen Wegen durch Wald und Heidegebiet, stellenweise über kleine Felsen und Stufen. Vorsicht beim Abstieg im Wald – bei Nässe können die Passagen bei Baumwurzeln sehr rutschig sein.
Markierung: Blaues Quadrat.
Einkehr: Keine Möglichkeit.
Varianten: An mehreren Punkten Wechselmöglichkeit auf die gelb oder rot markierten Routen.
Kombi-Tipp: Streckenweise Touren 15 und 17.

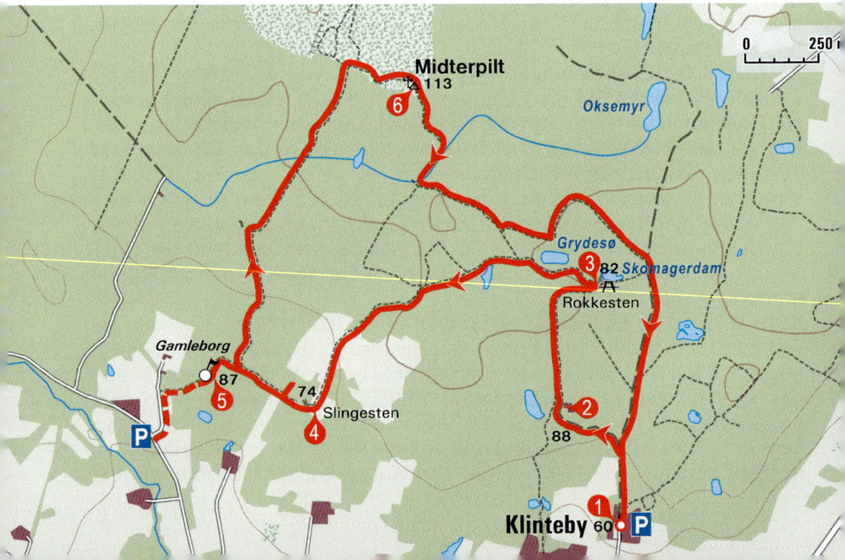

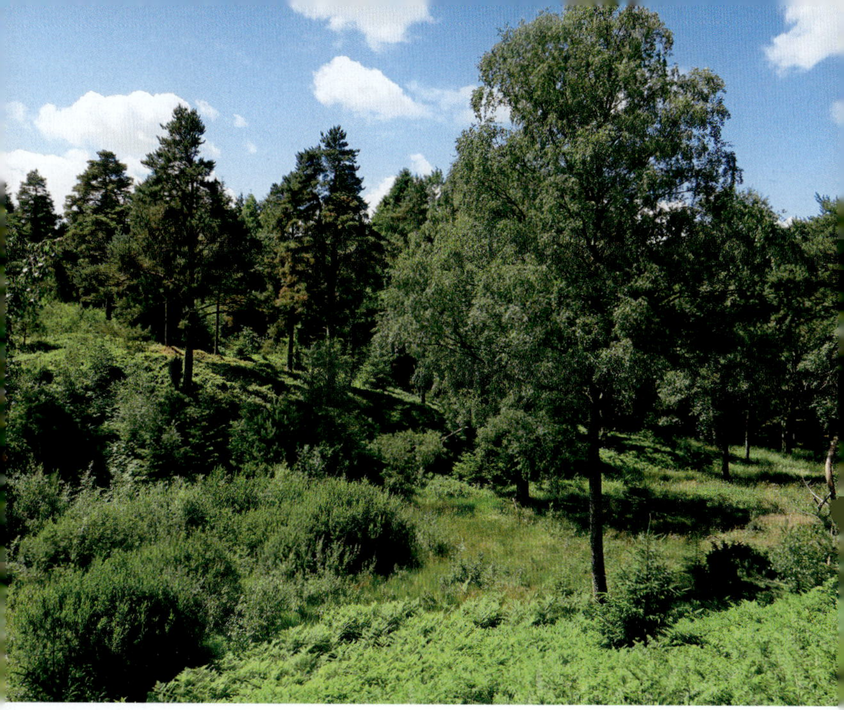

Lichter Wald in Paradisbakkerne.

Vom **Parkplatz Klintebygård** ❶ folgen wir dem Fußweg in nördlicher Richtung durch den überwiegend mit Nadelbäumen bepflanzten Privatwald von Paradisbakkerne. Alle drei farbig markierten Rundwege durch Paradisbakkerne führen anfangs über diesen Weg (blaues Quadrat, roter Kreis, gelbes Dreieck). Nach 5 Minuten nehmen wir den links abzweigenden kleineren Waldweg, der nach 5 Minuten links unterhalb des einsamen Hauses **Fjeldstauan** ❷ entlangführt, der ältesten, aber nicht mehr geöffneten Jugendherberge Dänemarks. Hier folgen wir geradeaus dem Weg und halten uns kurz darauf rechts (alle drei farbigen Wegsymbole von Paradisbakkerne: rot, gelb, blau). Bis zum großen Rokkesten gehen wir geradeaus und ignorieren abzweigende Wege. Am **Rokkesten** ❸ können wir uns auf einer Bank ausruhen oder richtig ertüchtigen, indem wir versuchen, den 30 Tonnen schweren Findling in leichte Schwingungen zu versetzen.
Beim Rokkesten gehen wir links aufwärts (alle drei Symbole bzw. Farben sowie »Grydesø, Gamleborg«), nach wenigen Minuten links vorbei am **Grydesø**. 50 m nach einem schönen felsigen Aussichtspunkt auf den See

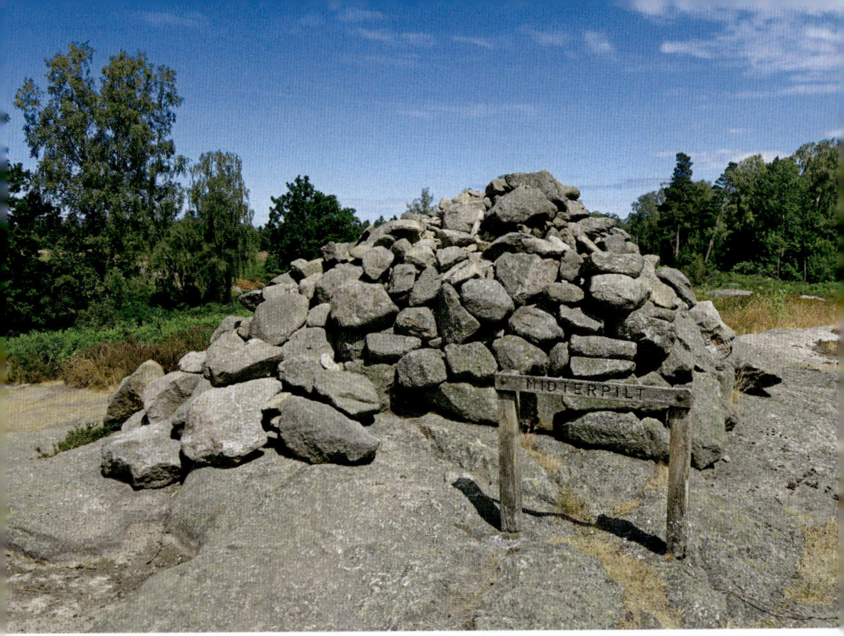

Midterpilt ist der höchste Punkt von Paradisbakkerne.

halten wir uns bei einer Gabelung links an die blaue Markierung, während die gelbe und rote nach rechts weisen. Wir folgen dem Weg durch Waldbestände mit je nach Parzelle unterschiedlichem Alter, die bis in die Gegenwart von reger forstwirtschaftlicher Tätigkeit zeugen. Bei einem Pfahl mit der Aufforderung, den Hund anzuleinen (»Hund i snor«), ignorieren wir den links abzweigenden Weg und gehen weiter geradeaus.
Am Ende einer freien Fläche passieren wir zur Rechten den **Slingesten** 4 und folgen danach dem blau markierten Pfad rechts Richtung Gamleborg, durch ein Gatter und abwärts hinein in ein Spaltental und durch dieses auf einem Brettersteg im Talgrund. Nach dem Anstieg ist nach rechts ein kurzer Abstecher im Wald möglich zum wenig spektakulären Linkisten, einer Felsspalte mit senkrechten Wänden.
Nach 200 m erreichen wir eine weitere Gabelung: Der blau markierte Weg führt nach rechts, während sich nach links ein Abstecher anbietet zur Gamleborg (600 m hin und zurück). Die auf einer Anhöhe liegende **Gamleborg** 5 bzw. deren wallartige Überreste sind auf einem Waldpfad erreichbar, der über einen 85 m hohen aussichtsreichen Felsen führt. Kurz hinter den alten bewaldeten Wällen und dem Burgteich der Gamleborg (rechts) informieren Tafeln über die eisenzeitliche Wehranlage.

Bei der Gabelung unterhalb der Gamleborg folgen wir dem blau markierten Pfad durch den Wald in nördliche Richtung. Nach 500 m nehmen wir bei einer Gabelung am Ende einer freien Fläche rechts den leicht aufwärtsführenden Spurweg, hinein in den Wald und schließlich an eine asphaltierte kleine Straße heran, die als Radweg die Paradisbakkerne durchquert.

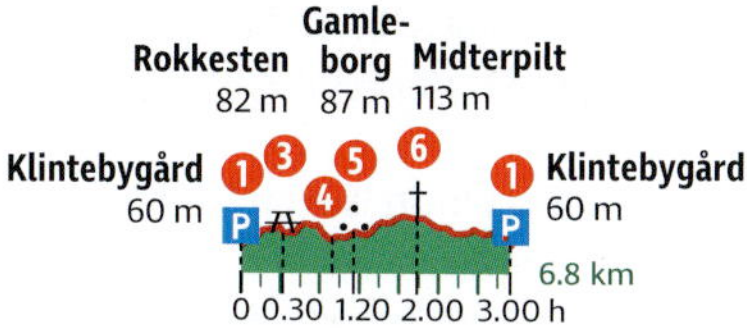

Hier gehen wir geradeaus bzw. um 5 m nach rechts versetzt auf dem blau markierten Waldpfad Richtung Majdal. Kurz nach einem Gatter erreichen wir vor einer Wacholderheide-Fläche einen anderen Weg, dem wir rechts am Waldrand entlang folgen. Nach wenigen Minuten erreichen wir die höchste mit Steinen markierte Erhebung der Heidefläche (113 m): **Midterpilt ❻**.

Nach einer »Gipfel«-Pause geht es geradeaus abwärts, durch ein Gatter und abermals durch Wald. Wir erreichen wieder den Radweg, folgen ihm nach rechts und verlassen ihn kurz darauf wieder in einer Linkskurve auf dem blau und gelb markierten Pfad (»Rokkesten, Klintebygård«). Nach einem Gatter sowie einem Tal mit kleiner Brücke erwartet uns eine nette Passage über eine freie Fläche am Hang oberhalb des Spaltentals Grydedal. Nach einem weiteren Gatter tauchen wir wieder in Wald ein und halten uns nach 20 m bei einer Gabelung links (etwas später Markierungen und Wegweiser, u. a. »Klintebygård«). Der blau und rot markierte Weg führt uns nach 10 Minuten zu einer Kreuzung, wo wir rechts abwärtsgehen (alle Farben und Symbole), durch Wald und in südliche Richtung (»Klintebygård, P. Plads 0,9 km«). Die folgenden Abzweigungen ignorierend erreichen wir schließlich wieder den Ausgangspunkt am **Klintebygård ❶**.

Verwitterter Granit in Paradisbakkerne.

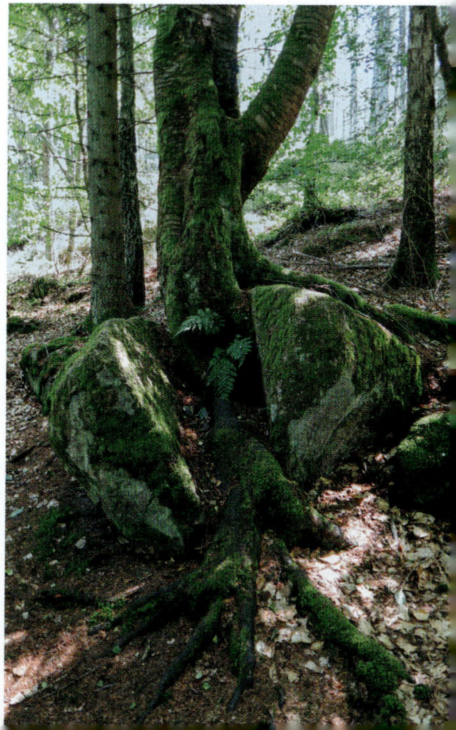

↗ 70 m | ↘ 70 m | 4.2 km

17 Paradisbakkerne III: Roter Rundweg und Kodal

1.30 h

Rundwanderung durch Waldgebiet mit Wackelstein und Spaltental

Der rot markierte ist mit einer Länge von rund 3 Kilometern der kürzeste farblich markierte Rundweg durch Paradisbakkerne, weshalb die Route hier mit einer Schleife über das eindrucksvolle Kodal erweitert ist. Die Wanderung führt aussichtsreich an der Ostkante dieses relativ breiten Spaltentales entlang und quert dieses schließlich. Darüber hinaus sorgen der idyllische Grydesø, der Rokkesten und die älteste Jugendherberge Dänemarks für Abwechslung.

Ausgangspunkt: Klintebygård, südlich von Paradisbakkerne, 2 km östlich von Nexø (Navi: Lisegårdvejen 2, 3730 Nexø). Leider keine Bushaltestelle in gut erreichbarer Nähe.
ÖPNV: Keine Busverbindung.
Anforderungen: Leichte bis mittelschwere Wanderung auf kleinen Wegen und Pfaden durch Wald und Heidegebiet, stellenweise über kleine Felsen und Stufen.
Markierung: Rote Markierung.
Einkehr: Keine Möglichkeit.
Varianten: An mehreren Punkten Wechselmöglichkeit auf die gelb oder blau markierten Routen.
Kombi-Tipp: Streckenweise Touren 15 und 16.

Bornholms größter Wackelstein: der 30 Tonnen schwere Rokkesten in Paradisbakkerne.

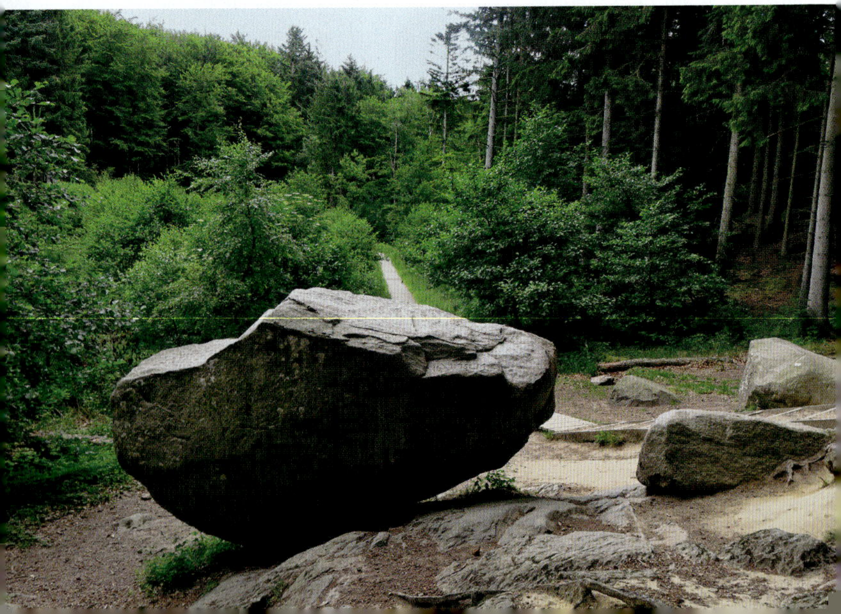

Vom **Parkplatz Klintebygård** ❶ folgen wir dem Fußweg in nördliche Richtung durch den überwiegend mit Nadelbäumen bepflanzten Privatwald von Paradisbakkerne. Alle drei farblich markierten Rundwege durch Paradisbakkerne führen anfangs über diesen Weg, abzweigende Wege beachten wir zunächst nicht. Nach 10 Minuten ignorieren wir auch den links unter Kiefern abzweigenden Weg Richtung Rokkesten und gehen noch wenige Meter geradeaus, um bei der folgenden Kreuzung rechts Richtung Kodalen zu gehen (nach links Wegweiser »Gamleborg 2,1 km«). Der Weg quert nach kurzem Abstieg das Kodal und führt auf der anderen (östlichen) Seite stellenweise über Felsen in nördliche Richtung mit schönen Blicken auf eines der größeren Spaltentäler Bornholms.

Bei einer Gabelung am Hang nehmen wir den links in das Tal hinunterführenden Stufenweg und queren erneut das **Kodal** ❷ an einer jetzt breiteren Stelle. Auf der anderen Seite erreichen wir eine kleine Straße, die Radfahrern vorbehalten ist. Wir halten uns vor der Straße scharf links und folgen dem Fußweg stellenweise über große Steine bzw. Felsen südwärts auf der westlichen Seite des Kodals, der weniger Ausblicke bietet als der Weg auf der anderen Seite. Schließlich erreichen wir wieder die Kreuzung, wo wir zuvor Richtung Kodalen abgezweigt sind. Jetzt geht es in die andere (westliche) Richtung, indem wir rechts abbiegen (»Majdal 1,8 km / Gamleborg 2,1 km«).

Nach 10 Minuten ignorieren wir kurz nacheinander rechts abzweigende Pfade und folgen dem Pfad durch

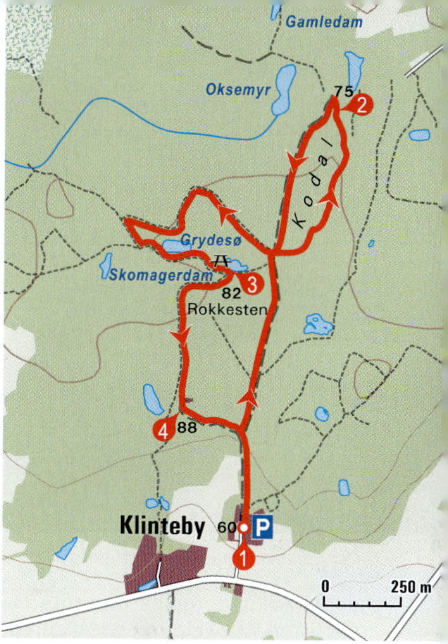

Grünes Idyll: Grydesø.

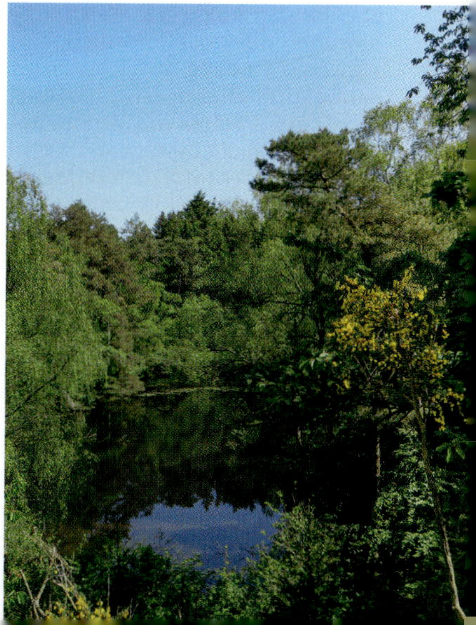

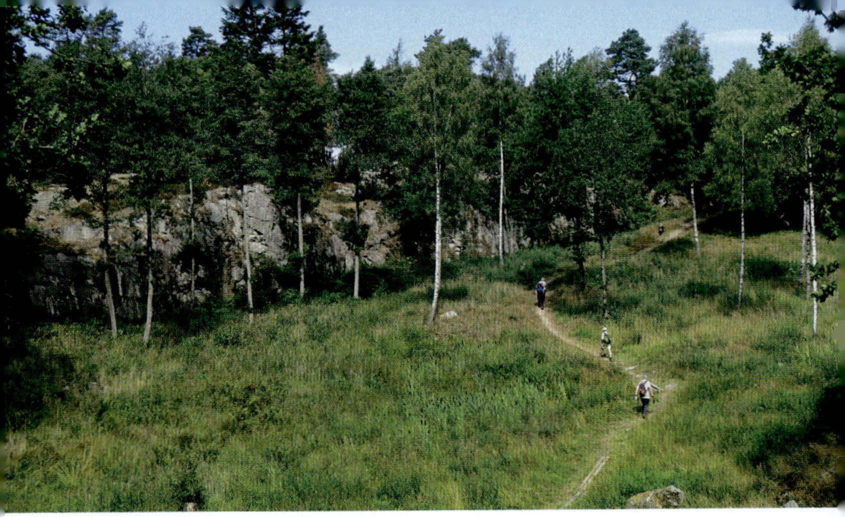

Der Rundweg quert zweimal das früher bewaldete Kodal.

die Linkskurve (gelbe und rote Markierung) Richtung Rokkesten. Bei der nächsten Abzweigung westlich vom Grydesø treffen alle drei farbig markierten Rundwege wieder aufeinander. Wir gehen links und passieren zur Linken den versteckt im Wald liegenden **Grydesø** mit seinen Seerosen, ehe wir den **Rokkesten** ❸ erreichen. Hier können wir uns auf einer Bank ausruhen oder richtig ertüchtigen, indem wir versuchen, den 30 Tonnen schweren Findling in leichte Schwingungen zu versetzen (möglich beim richtigen Rhythmus, also regelmäßigem Drücken auf der spitzen oberen Stirnseite). Infolge von Vandalismus konnte der Stein ab 1960 für einige Jahrzehnte nicht bewegt werden, aber nach Freilegungsarbeiten wackelt er wieder. Auf der Infotafel am Stein erkennen wir, dass die Gegend rund um den Rokkesten vor 100 Jahren noch weitgehend baumfrei war.

Beim Rokkesten nehmen wir den rechts aufwärtsführenden Pfad (alle drei Farben bzw. Symbole) und folgen ihm geradeaus, ohne Abzweigungen zu beachten. Nach 5 Minuten passieren wir links ein im Wald versteckt liegendes Haus mit Namen **Fjeldstauan** ❹ – 1919 als älteste Jugendherberge Dänemarks erbaut und heute ein privates Ferienhaus. Hinter dem Haus folgen wir dem Pfad links (alle drei Farben) und erreichen kurz darauf den Hauptweg, auf dem wir geradeaus südwärts wieder den Ausgangspunkt **Klintebygård** ❶ erreichen.

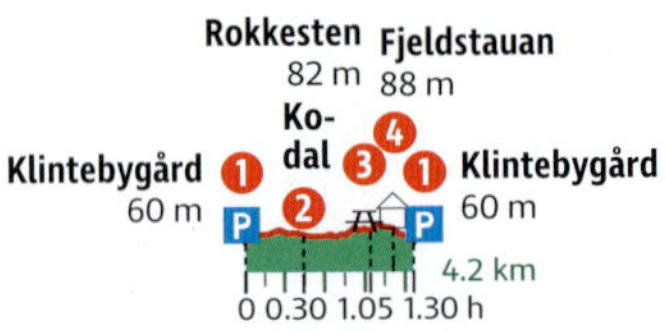

↗ 90 m | ↘ 90 m | 10.8 km

3.00 h

Almindingen I: Bisonstien 18

Waldwanderung durch Wildreservat

Wisente sind eine jüngere zoologische Attraktion von Bornholm. Im Sommer 2012 wurde hier eine Herde von sieben Wisenten (»Europäisches Bison«) aus Polen ausgewildert, 2017 waren es bereits 17. Wisente sind eine Erfolgsgeschichte im Artenschutz: Nach dem Ersten Weltkrieg lebten nur noch 54 Wisente in Gefangenschaft. Dank eines gezielten Zuchtprogrammes und Auswilderung gibt es mittlerweile weltweit rund 4500 frei lebende Tiere. Die Bornholmer Bisons erfreuen sich einer artgerechten Unterbringung – zum Nachteil der Besucher, die zum Spotten auf der 200 Hektar großen Fläche mit viel Wald viel Geduld und Glück haben müssen. Der Bisonsti führt durch das für Besucher zugängliche Großgehege. Beim Rückweg queren wir auf einem Holzbohlenweg das Bastemose, ein 10 Hektar großes Moorgebiet.

Ausgangspunkt: Parkplatz Rast-/Lagerplatz Hareløkkerne in Almindingen südlich von der Trabrennbahn (Navi: Segenvej 62. 3720 Åkirkeby).
ÖPNV: Bushaltestelle Segenvej ovf. Travbanen am Ausgangspunkt, erreichbar mit Linien 3 und 9 Richtung Gudhjem sowie Rønne und Åkirkeby.
Anforderungen: Leichte Wanderung auf (breiten) Forstwegen sowie schmalen Waldpfaden, mit kurzen Passagen durch Feuchtgebiete, über Holzbohlenweg und asphaltierte Wege.
Markierung: Wegweiser und violette Punkte/Pfeile des Bisonsti, am Anfang sowie in der zweiten Hälfte auch Markierung des Højlyngssti.
Einkehr: Keine.
Varianten: Die Tour lässt sich dank des dichten Wegenetzes in Almindingen an mehreren Punkten abkürzen, z. B. geradeaus bei Svinemose (1,6 km kürzer) oder kurz vor dem Schluss parallel zur Straße (1 km kürzer).
Kombi-Tipp: Mit 0,8 km langem Zubringer auf Hoylingssti Touren 19 und 20.

Das Svinemose (»Schweinemoor«) ist ein Eldorado für Wasservögel und Vogelbeobachter.

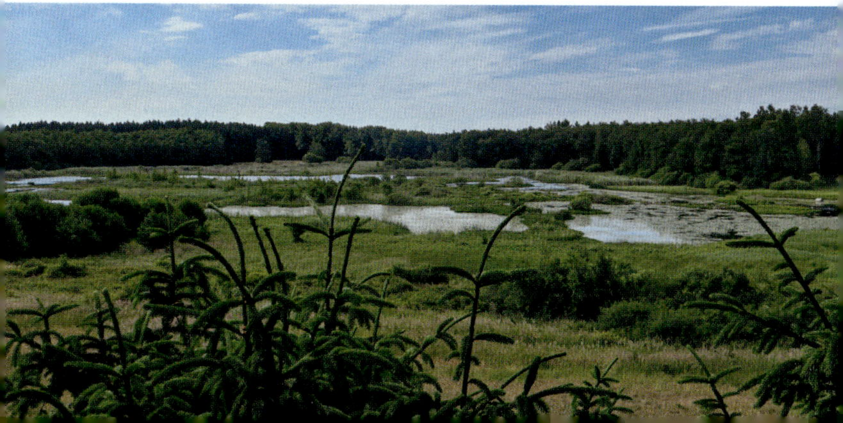

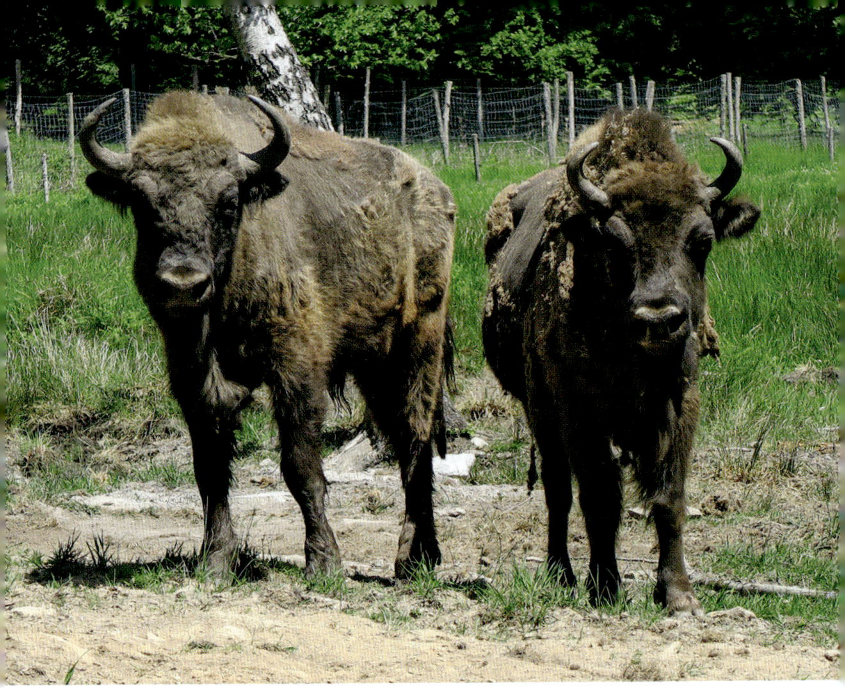

Die Bornholmer Wisente stammen aus Polen.

Der Parkplatz am Lager-/Spielplatz **Hareløkkerne** ❶ liegt südlich der Trabrennbahn, die mit 580 m Länge eine der kürzesten weltweit ist. Wir folgen dem violett markierten Bisonsti südwärts und gehen links am Zelt-/Rastplatz und kurz darauf an einer Biwakierhütte mit weiteren Picknicktischen vorbei. Nach 250 m gabelt sich nach einem Weiher der Bisonsti, wir nehmen die rechte Variante Richtung Ekkodalen (von links werden wir später zurückkommen). Der Pfad leitet südwärts durch Wald und erreicht kurz nach einem kreuzenden Waldweg am Waldrand vor einem Zaun einen breiteren Weg, dem wir links folgen. Rechts fließt die Læså, die weiter flussabwärts von einem geologischen Lehrpfad begleitet wird. Der Bisonsti zweigt nach 10 Minuten bei der ersten Gelegenheit nach rechts ab, bei der folgenden Kreuzung nach links und nach weiteren 200 m erneut nach rechts. Nach einer langen Geradeauspassage durch Wald zum Bisonskov (»Wisentwald«) weist bei der Kreuzung mit einer kleinen Straße eine **Infotafel über Wisente** ❷ auf den Beginn des Schutzgebietes hin. Wir passieren ein Gatter und wandern Richtung Svinemose (Prinsgemalens Vej), vorbei an einem Parkplatz und einer Schranke.

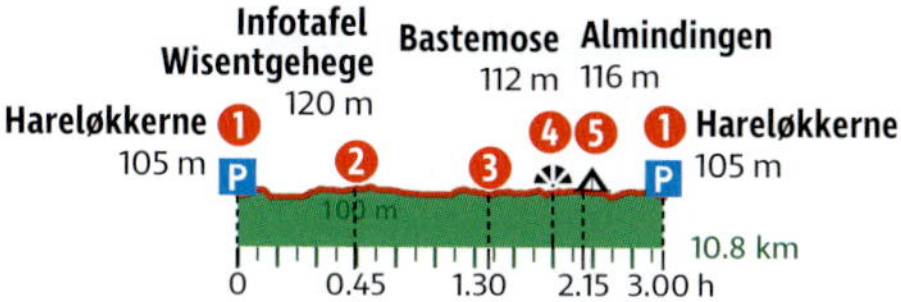

Nach 0,6 km biegen wir nach rechts Richtung Prinsgemalens Bænke, passieren rechts einen Rastplatz mit Blick auf das Moorgebiet Svinemose und gehen geradeaus am Waldrand entlang. Bei der folgenden T-Kreuzung mit einem Spurweg halten wir uns links, rechts verläuft der Zaun des Wisentgeheges. Am Ende der freien Fläche zur Linken nehmen wir bei einem roten Pfahl den links in den Wald führenden Pfad, der östlich vom Svinemose in Richtung Norden führt – ab hier bis zum Ziel begleitet vom Højlyngssti. Nach 5 bis 10 Minuten erreichen wir wieder einen Forstweg, folgen diesem 250 m nach links und dann den markierten Wegen (Bisonstien, Højlyngsstien) nach rechts, begleitet von der im Svinemose entspringenden Læså. Schließlich tauchen wir wieder in den Wald ein und zweigen in der Nähe des Eingangs zum Wisentgehege auf einen Forstweg ab, dem wir rechts folgen, durch das Gatter und zu einer **Kreuzung mit Eiche 3**.
Der Bisonsti zweigt dort links auf den gekiesten Radweg ab und biegt nach 200 m rechts in einen Waldweg, auf dem wir nach 5 Minuten einen Rastplatz mit Feuerstelle passieren. 500 m nach dem Rastplatz schwenken wir nach links und queren kurz darauf auf einem Holzbohlenweg den Flachsee Bastemose. Am Ende der Niederung bietet links eine hölzerne **Aussichtsplattform 4** einen schönen Blick auf den Moorsee Bastemose, wo Kraniche, Rohrweihen, Graugänse und Grauenten zu entdecken sind – und mit etwas Glück sogar Fisch- oder Seeadler. Über den Holzsteg gehen wir zum Parkplatz und folgen dort dem Bisonsti nach links, parallel zur Straße. An der folgenden Kreuzung halten wir uns geradeaus, rechts vorbei an einem **Naturzeltplatz 5**. Nach 5 Minuten gabelt sich nach einem Weiher der Weg: Der Bisonsti zweigt links ab und schlängelt sich auf schönen Waldpfaden zurück nach **Hareløkkerne 1**, optional ist aber auch der direkte Weg geradeaus möglich.

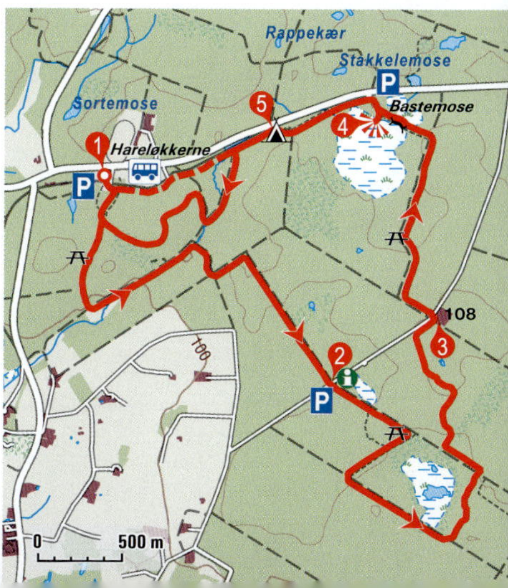

TOP 19

↗ 190 m | ↘ 190 m | 10.3 km

Almindingen II: Lilleborg, Ekkodalen und Rytterknægten

3.30 h

Wanderung zu Bornholms breitestem Spaltental und höchstem Berg

In der Mitte von Bornholm erstreckt sich mit Almindingen eines der größten Waldgebiete Dänemarks (6000 ha). Dieses ehemalige allgemeine Weidegebiet (Allmende) wurde Anfang des 19. Jh. im Auftrag des dänischen Königs unter Oberförster Hans Rømer aufgeforstet – überwiegend mit Eichen, die das mit Napoleon verbündete Dänemark zum Aufbau einer Kriegsflotte benötigte, um den Briten bei der Kontinentalsperre Paroli bieten zu können. Almindingen wird überragt von der höchsten Erhebung Bornholms, dem 162 Meter hohen Rytterknægten, den wir nach dem Passieren einer mittelalterlichen Burganlage besteigen. Ein aufgestockter Aussichtsturm bietet einen Rundblick über die Insel. Über Forstwege steigen wir ab in das Ekkodal (»Echotal«), das breiteste Spaltental der Insel. Weiter geht es vorbei an einer alten Burg, einem Wackelstein und auf kleinen urigen Pfaden vorbei an Weihern, ehe wir bei der Lilleborg wieder den Ausgangspunkt der Wanderung erreichen. Die Lilleborg wurde 1149 vom dänischen König Svend Grathe errichtet und ersetzte damit die seitdem verfallene Gamleborg. Das Bauwerk stand gerade mal ein Jahrhundert: 1259 zerstörte Fürst Jaromar von Rügen die Lilleborg, ein Verbündeter des schwedischen Erzbischofs und damit Feind der dänischen Krone.

Die mittelalterliche Burgruine Lilleborg in Almindingen.

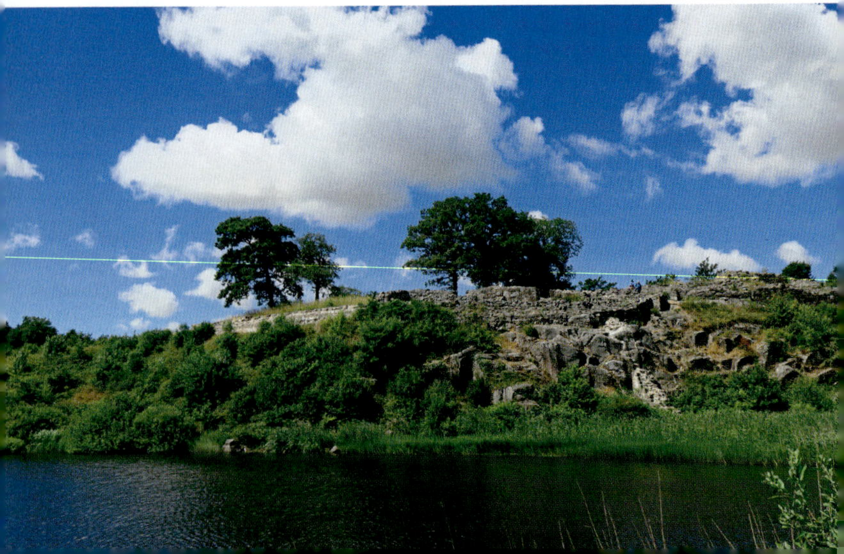

Ausgangspunkt: Bushaltestelle Segenvej-Lilleborg und Parkplatz Knappedam in Almindingen. Der Parkplatz liegt südlich der Straße im Wald am Teich Knappedam (Navi: 3720 Åkirkeby, Segenvej 48 – aber nicht Christianshøj, sondern 150 m südwestlich davon).
ÖPNV: Buslinie 3 fährt von und zum Ausgangspunkt Richtung Rønne und Gudhjem (Mo–Fr stündlich, sonst alle 2 Stunden).
Anforderungen: Leichte bis mittelschwere Wanderung, überwiegend auf Waldwegen mit mehreren An- und Abstiegen, darunter auch einem etwas steileren Abstieg in das Ekkodal, der bei Nässe sehr rutschig sein kann.
Markierung: Wegweiser sowie großteils rot markierte Rundroute »Kongens Borge«.
Einkehr: Waldkiosk am Rytterknægten; Restaurant und Café Genlyd bei Ekkodalshus.
Varianten: Möglich sind mehrere Abkürzungen: 1) Vom Rytterknægten links abwärts Richtung Ekkodalen (gelb, blau) und bei Kreuzung mit dem Radweg weiter geradeaus abwärts (gelb) und steiler hinunter in das Ekkodal, wo die Route erreicht wird. 2) Nach dem Rokkesten bei der T-Kreuzung nicht rechts gehen (über Puggekullekær und Kohullet), sondern links, auf dem breiten, gut ausgebauten und kürzeren Weg. 3) Da die Tour aus zwei Schleifen in Form einer »8« besteht mit dem Mittelpunkt beim Parkplatz Knappedam, kann sie aufgeteilt werden.
Kombi-Tipp: Tour 20 sowie mit 0,8 km langem Zubringer auf dem Højlyngssti Tour 18.
Hinweis: Der Aussichtsturm auf Rytterknægten ist bis auf Weiteres wegen Renovierungsarbeiten geschlossen.

Von der **Bushaltestelle Segenvej-Lilleborg** ❶ folgen wir der Hauptstraße wenige Meter Richtung Westen und gleich darauf rechts der Zufahrtsstraße zum Parkplatz Knappedam. Am Parkplatz Lilleborg mit Tisch und Bank gehen wir vor der Schranke rechts (Wegweiser »Lilleborg« und Pfeil auf Stein) und kurz darauf an einer Schranke vorbei. Bei einem Tisch mit Bank westlich vom alten Burgteich informiert eine Tafel über die **Lilleborg** ❷. Wir gehen noch ein kurzes Stück geradeaus aufwärts und halten uns dann links, um die auf einem 16 m hohen Felsplateau liegende wörtlich »kleine Burg« zu passieren, die der Sage nach wegen des sündhaften Lebensstils der Bewohner im See versunken sein soll. Im Gegensatz zur Burg Hammershus sind nur wenige Mauerfundamente erhalten, dafür bietet sich ein schöner Blick auf den Burgteich **Knappedam**, den wir nach Hinabsteigen von der Burg links über einen Holzsteg queren. Danach folgen wir dem Pfad geradeaus und ignorieren links abzweigende Wege.
Nach einer steileren Steigung folgen wir dem Pfad bei einer Gabelung nach rechts (nach 20 m gelber Punkt). Nach kurzem Anstieg erreichen wir die

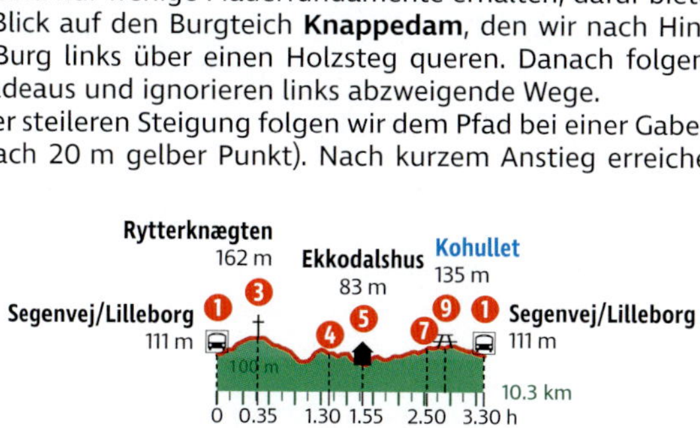

Zufahrtsstraße zum **Rytterknægten** 3, der wir geradeaus durch Wald zum höchsten Punkt (162 m) der Insel folgen, wo uns kein einsames »Gipfelerlebnis« mit Kreuz und Buch erwartet, sondern ein Parkplatz mit Kiosk (betrieben von einem Schweizer) und einem Aussichtsturm. Der 20 m hohe Turm mit seinen 118 Stufen wurde 1856 zur Erinnerung an den Besuch von König Frederik VII. erbaut und 1899 wegen der umgebenden Tannen mit Stahlgerüst erhöht. Ab dem Rytterknægten gehen wir in derselben Richtung weiter wie zuvor, allerdings jetzt hinunter auf einem für den Autoverkehr gesperrten breiten Weg. Dieser Forstweg führt uns zunächst geradeaus, später in einer lang gezogenen Linkskurve gemächlich abwärts. Bei einer Gabelung nehmen wir den rechts abzweigenden Forstweg (Markierung gelber Punkt) und passieren nach wenigen Minuten einen eher unscheinbaren Steinwall, der mit seiner Länge von 8 km den unter Hans Rømer angelegten Wald vor Vieh schützen sollte.
Nach dem Rømerwall halten wir uns bei einer T-Kreuzung links (gelber Punkt) und folgen dem Forstweg in südwestliche Richtung, um kurz vor Ende des Waldes bei einem Parkplatz den links abzweigenden Spurweg zu nehmen. Nach einem kurzen Anstieg stoßen wir auf einen Radweg und folgen diesem vorbei an einer aussichtsreichen Rastgelegenheit für 200 m, um in einer Linkskurve den rechts abzweigenden Pfad zu nehmen (Stein mit gelbem Punkt und Aufschrift »Ekkodalen«). Dieser Pfad führt an der teils felsigen Nordkante des Ekkodals entlang und bietet weite Blicke über den Süden von Bornholm. Nach wenigen Minuten passieren wir den **Dronningesten** 4, der erstmals 1886 in Karten auftauchte und sich daher vermutlich auf Königin Louise von Hessen-Kassel (1817–1898) bezieht,

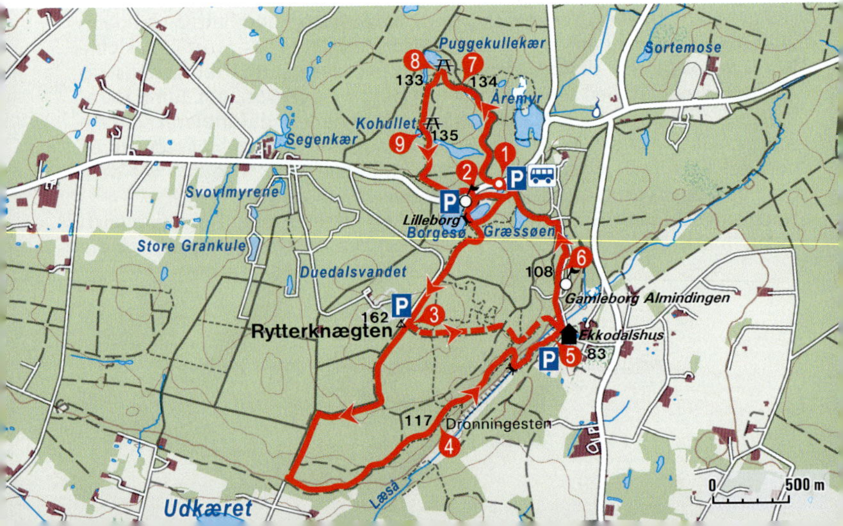

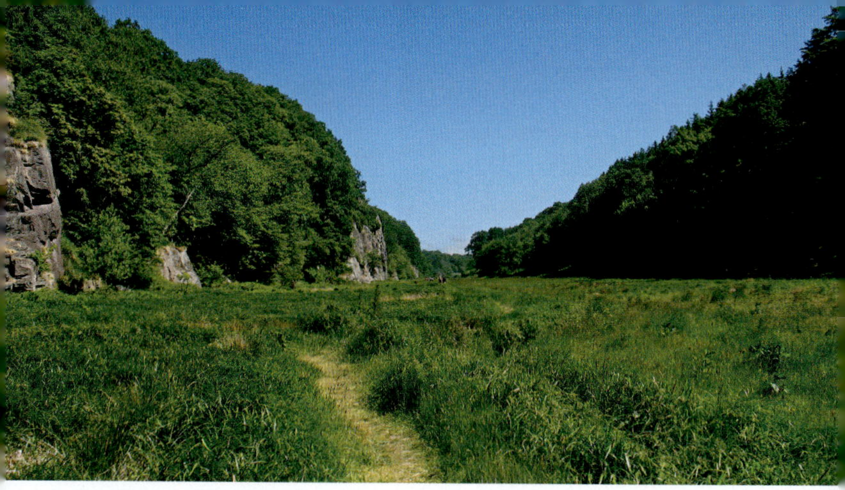

Das Ekkodal ist das breiteste Spaltental der Insel.

wegen ihrer sechs in führende Königshäuser verheirateten Kinder auch als »Schwiegermutter Europas« bekannt.

Kurz nach dem Dronningesten geht es auf schmalem Pfad abwärts, im Wald nach einer kleinen Holzbrücke rechts und danach geradeaus weiter am Hang entlang; links abzweigende Wege ignorieren wir. Wir folgen geradeaus dem jetzt schmaler werdenden Pfad zwischen Felsen (gelber Punkt), später mit Holzgeländer. Nach einer Holztreppe mit Geländer halten wir uns rechts und gehen auf kaum erkennbarem und nicht markiertem Weg und über Steine abwärts. Unten passieren wir eine Pforte und gehen auf einem Holzsteg quer durch das **Ekkodal**, mit 12 km Länge und 50 m Breite das größte Spaltental der Insel. Seinen Namen verdankt das »Echotal« seinen steilen Felswänden an der Nordseite, an denen Schallwellen reflektiert werden. Auf der anderen Seite folgen wir vor dem Denkmal Trandbergs dem Weg nach links. Peter Christian Trandberg war ein Bornholmer Priester, der nach Minneapolis ausgewandert war. Der Weg ist leicht erhöht und mit Zaun versehen, weil der Talgrund oft feucht ist und beweidet wird. Nach wenigen Minuten lädt rechts oberhalb das **Ekkodalshus** **5** mit dem Café Genlyd und einem Restaurant sowie einem Picknickplatz zur Rast ein.

Vom Ekkodalshus folgen wir dem Weg in derselben Richtung wie zuvor entlang der Südseite des Ekkodals Richtung Gamleborg (blauer Punkt). Bei einer Kreuzung im Tal mit Pfahl gehen wir geradeaus aufwärts über Holzstufen (blauer Punkt). Unser Ziel bleibt die Gamleborg. Bei einer Kreuzung unterhalb der **Gamleborg** **6** halten wir uns rechts, gehen aufwärts auf das Burgplateau und halten uns dort links. Am aussichtsreichsten ist der Weg links oben (gelber Punkt) über den alten Wall aus Wikingerzeiten (8. Jh.),

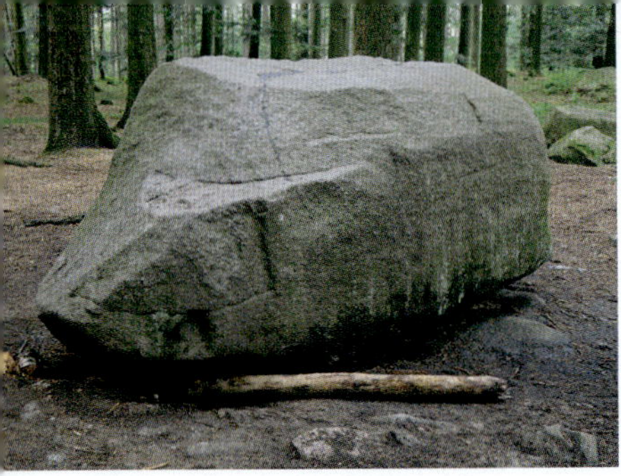

Rokkesten von Almindingen.

der um das Jahr 1100 mit einer bis zu 2 m dicken und 6 m hohen Granitmauer verstärkt wurde.
An der Nordseite nehmen wir die Treppe hinunter und verlassen die Burg links durch den Nordausgang. Nach einer kurzen Passage durch den Wald erreichen wir eine mit Steinwall umzäunte Lichtung mit dem **Denkmal Rømer-Minde**, das dem Waldgründer gewidmet ist. Wir gehen bis zum Denkmal und halten uns dort links. Hinter den 1910 gepflanzten Lebensbäumen (Thuja) stoßen wir auf einen Forstweg und folgen diesem rechts, leicht aufwärts sowie durch eine Linkskurve. Hinter dem idyllisch gelegenen Waldweiher **Gralssøn** erreichen wir wieder den Parkplatz an der Lilleborg nahe dem Aussichtspunkt. Hier könnten wir die Tour beenden. Es lohnt sich aber noch eine etwa einstündige nördliche Runde zu einem Wackelstein und weiteren Waldweihern.
Beim Parkplatz Lilleborg folgen wir der Zufahrtsstraße halb links zur Hauptstraße wie auf dem Hinweg, queren diese und nehmen den Kiesweg aufwärts in den Wald (roter Punkt, Rokkesten). Nach einer roten Schranke gehen wir rechts aufwärts, Richtung Rokkesten (roter Punkt) und folgen dem deutlich erkennbaren Hauptweg in etwa 10 Minuten zum **Rokkesten** **7**. Der vor rund 12.000 Jahren von einem eiszeitlichen Gletscher abgelagerte Felsblock lässt sich anders als sein Pendant in Paradisbakkerne aber kaum bewegen. Wir setzen den Weg fort links vorbei am Rokkesten, um nach 100 m bei der T-Kreuzung rechts (roter Punkt) und gleich danach links zu gehen (»Puggekullekær«). Am rechts liegenden Weiher **Puggekullekær** **8** lädt eine Bank zu einer Pause ein. Wir folgen dem Waldpfad durch eine Linkskurve und gehen südwärts auf schmalem und bei/nach nassem Wetter stellenweise feuchtem Weg südwärts durch Wald.
Nach einem weiteren Waldweiher mit Tisch und Bank, dem **Kohullet** **9**, halten wir uns bei einer Abzweigung rechts, queren einen Forstweg und folgen dem Waldweg links haltend abwärts zur Hauptstraße, wo wir links gehen. Zur Bushaltestelle sind es dort nur wenige Minuten. Unwesentlich länger, aber viel schöner ist eine kleine Schleife an der Lilleborg vorbei. Dazu halten wir uns am kleinen Parkplatz unterhalb der Lilleborg rechts, umgehen den Burgberg auf der rechten Seite und queren den Burgteich **Knappedam** wieder wie zu Beginn über den Holzsteg, um gleich dahinter links auf den Uferweg zu schwenken, der schöne Blicke auf die Lilleborg bietet. Geradeaus gehen wir weiter zum inzwischen mehrfach passierten Parkplatz am Knappedam, mit der Bushaltestelle **Segenvej-Lilleborg** **1** links davon.

↗ 90 m | ↘ 90 m | 4.9 km

2.00 h

Almindingen III: Klippestien

20

Rundwanderung durch das und oberhalb vom Ekkodal

Als breitestes Spaltental der Insel beeindruckt das Ekkodal mit steil abfallenden Felsen, von denen an bestimmten Punkten der Schall reflektiert wird – daher der Name. Durch das bis zu 50 m breite, durch Verwitterung von Diabas entstandene Ekkodal fließt die Læså. Der gelb markierte Rundweg Klippesti erschließt das Ekkodal am Talgrund mit einem neu angelegten Holzbohlenweg sowie oberhalb der Felsen auf einem aussichtsreichen Pfad. Diese nette, kurze und kurzweilige Tour mit dem Ekkodal als Besuchermagnet gehört zu den stärker begangenen Wegen im Inselinneren.

Ausgangspunkt: Ekkodalshus mit großem Parkplatz (Navi: Ekkodalsvejen 5, 3720 Åkirkeby).
ÖPNV: Es gibt keine Bushaltestelle entlang der Route, aber die von den Linien 3 und 9 angefahrene Haltestelle Almindingen-Koldekildehus ist über einen 1 km langen Zubringer erreichbar. Von der Haltestelle an der Westseite des Almindingsvej auf dem Radweg südwärts in den Wald Richtung Ekkodalen, vorbei am Verkehrsverbotsschild. Nach 10 Min. Radweg durch Rechtskurve folgen und nach 50 m links auf Waldpfad rechts an kleinem Haus vorbei zur Gamleborg.
Anforderungen: Wege über Wald- und Wiesenboden sowie Holzbohlen, Felsen sowie kurzzeitig Stufen.
Markierung: Gelbe Pfeile und Punkte des Klippesti, auf der ersten Hälfte auch Højlyngssti.
Einkehr: Ekkodalshus am Ausgangspunkt mit Restaurant und Kiosk.
Varianten: Abkürzungsmöglichkeiten durch Querwege beim Denkmal und beim Jægerhus.
Kombi-Tipp: Tour 19 sowie mit 0,8 km Zubringer auf dem Højlyngssti Tour 18.

Von dem an guten Sommertagen stark frequentierten **Ekkodalshus** ❶ gehen wir zunächst abwärts ins Tal und folgen dem markierten Weg nach links. Dabei kommen wir an der Stelle vorbei, an der deutsche Besucher mit rufenden Fragen nach dem Namen des Bürgermeisters von Wesel gerne mal das Echo der gegenüberliegenden Felsen ausprobieren. Der Weg verläuft längs- und linksseitig durch den Talgrund des Spaltentals und passiert das **Denkmal an Peter Christian Trandberg** ❷, einen aus Bornholm stammenden Priester, der sich zunächst in Dänemark und später in Illinois

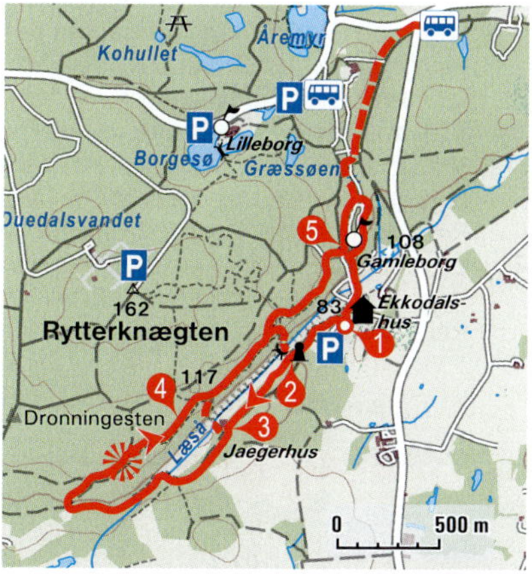

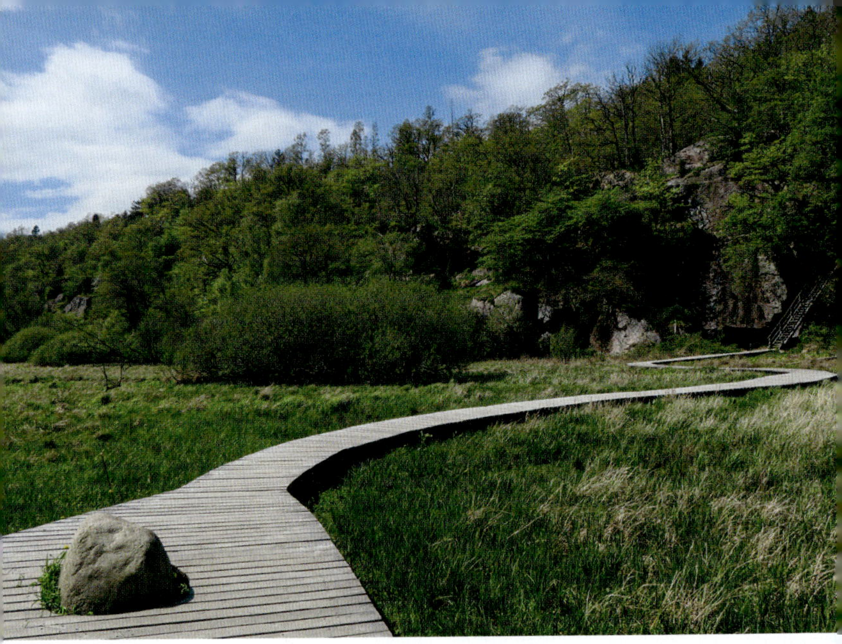

Der Holzbohlenweg erlaubt eine trockene Querung der Læså-Niederung.

für freikirchliche Bewegungen einsetzte. Kurz hinter dem Denkmal beginnt der sich leicht schlängelnde Holzbohlenweg, ohne den die Niederung bei feuchtem Wetter nur mit nassen Füßen zu queren wäre.

Beim **Jægerhus** ❸ verlässt der Weg den Talgrund und führt nach einem leichten Linksknick weiter in derselben Richtung durch Wald. In dem 1917 aus recycelten Baumaterialien erbauten alten Jagdhaus informieren Schautafeln, überwiegend auf Dänisch, über Entstehung und Natur des Ekkodals. 5 Minuten nach dem Jægerhus quert der Klippesti nach einem Rechtsknick den Talgrund und führt auf dessen Nordseite durch Wald. Wir passieren den von Hans Rømer bei der Waldanpflanzung vor 200 Jahren angelegten schützenden Steinwall und steigen auf. Nach einem scharfen Rechtsknick auf einen Radweg im Wald und einem weiteren Rechtsabzweig bietet sich nach rechts ein weiter Blick über den Süden der Insel bis zur Ostsee. Wir verlassen den Radweg in einer Linkskurve und folgen dem rechts abzweigenden Klippesti (Stein mit gelbem Punkt und Aufschrift »Ekkodalen«) über Baumwurzeln und Felsen auf aus-

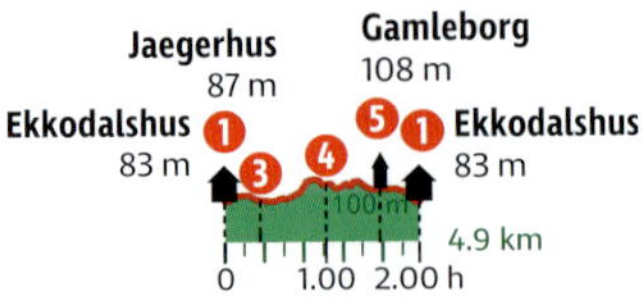

sichtsreichem Pfad auf der Nordseite des Ekkodals. Nach wenigen Minuten passieren wir den **Dronningesten** ❹, der erstmals 1886 in Karten auftauchte und sich daher vermutlich auf Königin Louise von Hessen-Kassel (1817–1898) bezieht. Kurz nach dem Dronningesten geht es auf schmalem Pfad abwärts, im Wald nach einer kleinen Holzbrücke rechts und danach geradeaus weiter am Hang entlang; links abzweigende Wege ignorieren wir. Wir folgen geradeaus dem jetzt schmaler werdenden Pfad zwischen Felsen (gelber Punkt), später mit Holzgeländer und bleiben auf dem Klippesti oberhalb vom Ekkodal Richtung Gamleborg.

Nach einem Rechtsschwenk erreichen wir die wikingerzeitliche Wallanlage **Gamleborg** ❺, die um 1150 zugunsten der wenige Hundert Meter nordwestlich aufgebauten Lilleborg verlassen wurde. Einen guten Eindruck der Burganlage vermittelt ein kurzer Rundgang: links auf dem Wall nordwärts und nach 5 Minuten nach dem Abstieg am nordwärts gerichteten alten Haupttor rechts auf dem Grasweg über das Burgplateau zurück zum Südeingang. Dort folgen wir der Holztreppe abwärts durch Wald in das Ekkodal, queren den Talgrund mit der Læså und folgen auf der anderen Talseite dem Klippesti rechts zurück zum **Ekkodalshus** ❶.

Der Steilhang im Ekkodal heißt Styrtebakkerne, die »stürzenden Hügel«.

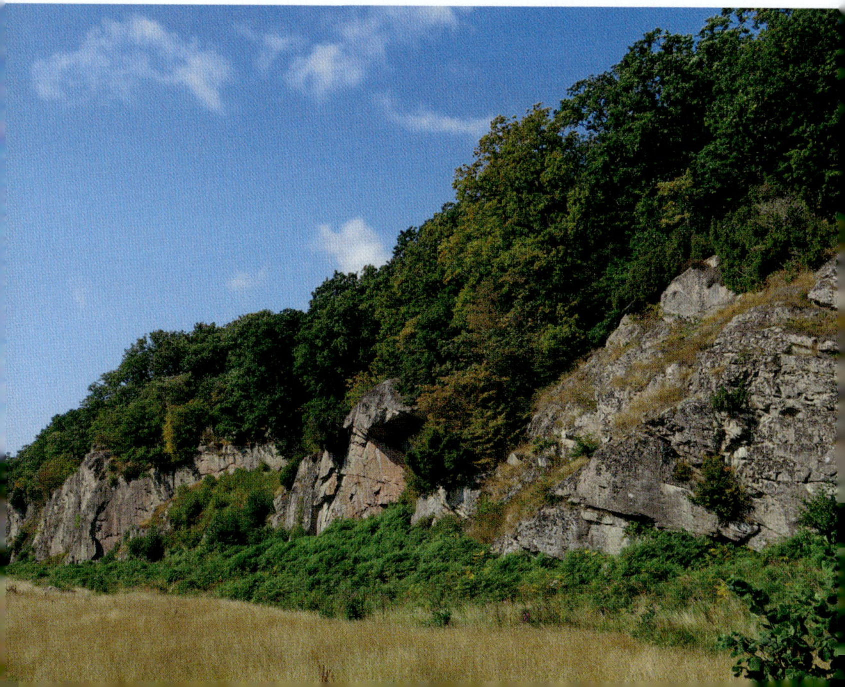

↗ 40 m | ↘ 40 m | 3.2 km

21 Almindingen IV: Arboretum

1.00 h

Rundwanderung durch Wald mit mehreren Seen und Arboretum

Der Westen des Waldgebietes von Almindingen bietet keine großen Sehenswürdigkeiten, aber auf kleiner Fläche ein abwechslungsreiches Nebeneinander von Weihern, seltenen und teils exotischen Baumarten sowie Schachtelhalm-Schilfzonen. Die Tour beginnt und endet bei einem Arboretum mit mehr als 100 Baumarten aus verschiedenen Kontinenten und einladenden Rastgelegenheiten. Das rund 4 ha große Arboretum von Almindingen wurde 1932 unter dem Förster Valdemar Seier gegründet. Im Laufe der Zeit kamen weitere Nadelbäume hinzu. Darunter Exoten wie die Chinesische Fichte, Amorika-Fichten vom Balkan, Hemlocktanne, Mammutbaum. Nordamerikanische Bäume wurden überwiegend im nördlichen Teil gepflanzt, asiatische im südlichen Teil. Unterwegs passiert man mehrere kleine Seen sowie mit dem Orkanskoven ein ökologisches Experiment: Ein Waldstück, dessen überwachsenes und verrottetes Altholz mit Sekundärtrieben, Flechten, Moosen und Pilzen an den schlimmen Orkan erinnert, der 1967 über Dänemark fegte und nicht nur Zehntausende Bäume entwurzelte (in Almindingen rund 20.000), sondern Hunderte von Höfen und Häusern zerstörte.

Abstieg ins Spaltental mit dem Waldsee Duedalsvandet.

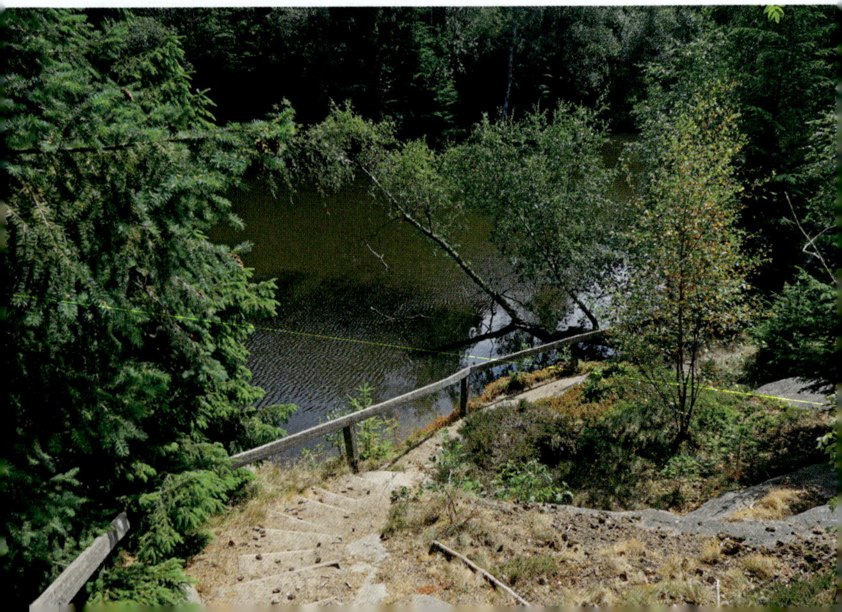

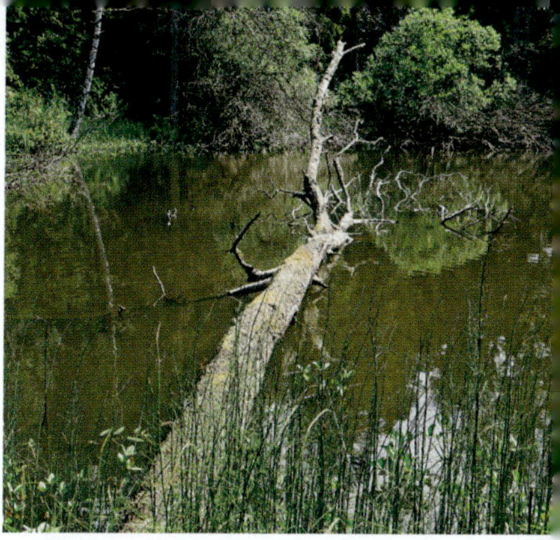

Weiher beim Arboretum.

Ausgangspunkt: Parkplatz südlich der Straße im Wald am Eingang zum Arboretum (Navi: 3700 Rønne, Segenvej 37).
ÖPNV: Die 100 m westlich vom Ausgangspunkt liegende Bushaltestelle Segenvej-Flyvestationen wird von Buslinie 3 Richtung Rønne und Gudhjem bedient (Mo–Fr stündlich, sonst alle 2 Stunden).
Anforderungen: Leichte Wanderung auf Waldwegen mit wenigen An- und Abstiegen.
Markierung: Anfangs mehrere Markierungen, später gelber Pfeil.
Einkehr: Keine Möglichkeit.

Am **Parkplatz** ❶ nehmen wir von der Straße kommend bei einer Infotafel den rechts abzweigenden Weg, den Haupteingang zum Arboretum. Nach 30 m zweigen wir nach links ab (blau, rot, gelb) und gehen nach 50 m bei einer Infotafel über Linden südwärts über Gras vorbei an einem Picknicktisch. Wir umrunden einen Moorweiher im Uhrzeigersinn und halten uns bei Abzweigungen rechts, möglichst dicht an dem Moorweiher. Unterwegs passieren wir eine 1936 angelegte Steinsetzung und queren 200 m danach eine kleine Holzbrücke. Nach einer Araukarie zur Rechten halten wir uns etwas links. 200 m nach einer **Steinsetzung** ❷ zur Linken queren wir einen Teil des Weihers über eine kleine Holzbrücke und erreichen kurz danach wieder den beschriebenen Weg, dem wir nach links folgen. Wenig später führt ein **Holzsteg** ❸ über einen Weiher mit Sumpf-Schachtelhalm. Kurz darauf passieren wir den See **Store Grankule** ❹ mit klarem Wasser und einem malerischen Felsen am Westufer. Der 132 m hoch gelegene Store Grankule soll der höchstgelegene See Dänemarks sein. Nach einem weiteren Holzsteg halten wir uns links und folgen dem Pfad kurz am Ufer entlang. Nach einer kurzen Steigung führt uns der Pfad bei einer Bank rechts vom See weg zu einer T-Kreuzung, bei der wir links zu einem Kiesfahrweg gehen, dem wir rechts folgen. Bei der folgenden Kreuzung halten wir uns links. Nach dem Abstieg über eine Holztreppe passieren wir den in einem Spaltental gelegenen Waldsee **Duedalsvandet** ❺ mit dem früheren Namen Dødalen (»Totes Tal«). Am Ufer begegnen wir einer Sumpfvegetation mit u. a. Schachtelhalm, Torfmoosen sowie Wollgras, im Wald am Südufer dominieren Fichte und Lebensbaum.

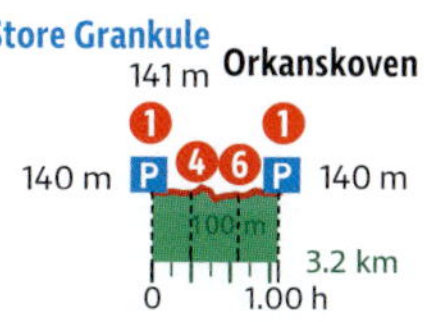

Wir steigen nach einem Steg am Südufer über eine Treppe aufwärts und gehen links haltend oberhalb

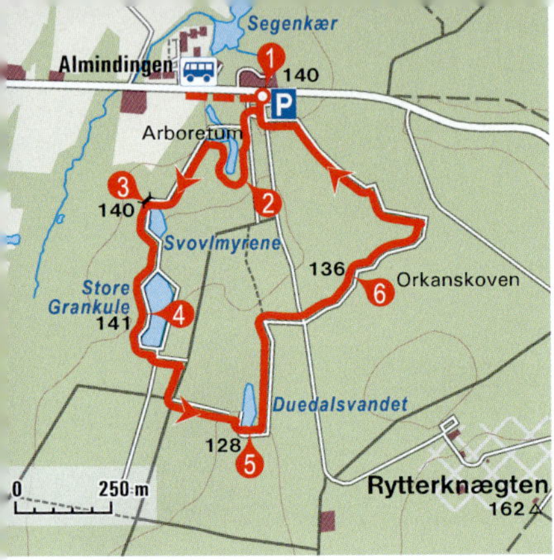

des Sees, ehe wir nach gut 5 Minuten rechts abbiegen.

So erreichen wir eine kleine Asphaltstraße, der wir wenige Meter nach rechts folgen, um gleich wieder links abzubiegen. Weiter geht es durch Wald, bald am Schild »Videnskabeligt iagttagelsesområde« und danach an alten, liegenden Bäumen vorbei. Dieses 3,5 ha große Waldgebiet erinnert als sogenannter **Orkanskoven** 6 an den verhängnisvollen Orkan 1967. Nach dem Passieren des »Orkanwaldes« mit seinen umgestürzten und von Flechten, Moosen, Pilzen und neuen Trieben überwucherten Bäumen halten wir uns vor einer freien Fläche links (gelb) und queren die freie Fläche, ehe wir wieder in den Wald eintauchen und schließlich wieder den **Parkplatz** 1 erreichen.

Store Grankule ist mit 141 Metern der höchstgelegene See Dänemarks.

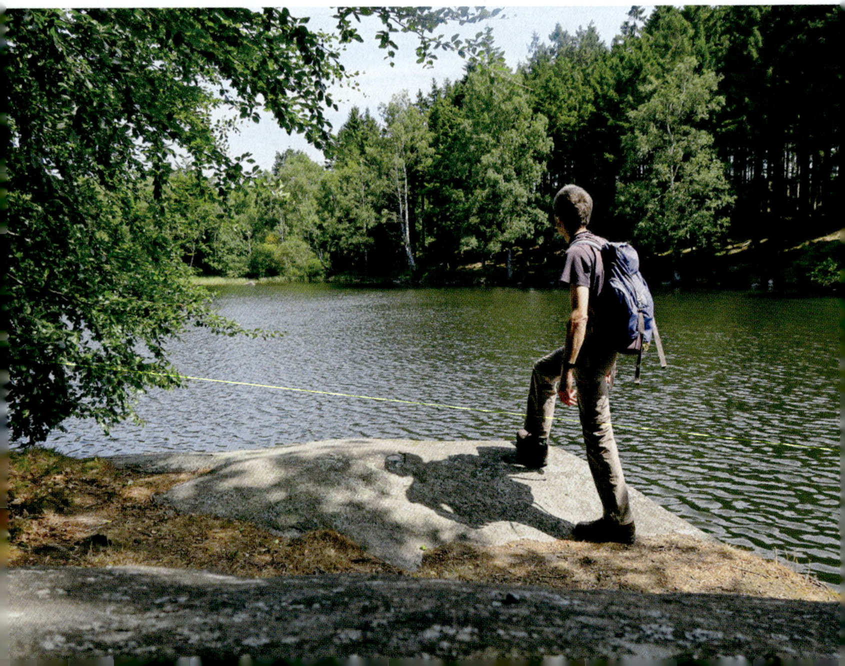

↗ 40 m | ↘ 40 m | 4.6 km

1.30 h

Klintebakken und Åkirkeby 22

Rundwanderung bei Bornholms geologischer Grenze

Quer durch Bornholm zieht sich in Ost-West-Richtung eine Gesteinsgrenze mit nördlich magmatischem und metamorphem (Gneis, Granit) und südlich Sedimentgestein (Sandstein) als Teil der europaweiten Grenze zwischen skandinavischem Grundgestein und mitteleuropäischem Tiefland. Die ehemalige mittelalterliche Inselhauptstadt Åkirkeby (auch Aakirkeby) liegt genau auf dieser Grenze und ist daher ein idealer Ausgangspunkt für die geologisch interessante Rundwanderung. Diese führt zu einem 540 Mio. Jahre alten versteinerten Meeresboden und zum Naturmuseum. Das kleine Städtchen Åkirkeby bietet einen gepflegten Marktplatz sowie die größte Kirche der Insel. In dem um 1150 aus Grünstein, Granit und Kalk errichteten Gotteshaus tagte bis 1543 die Regierungsversammlung. Das Gotländer Sandsteintaufbecken im Inneren zeigt ein Relief zum Leben Christi und eine Runeninschrift aus 431 Zeichen, der längste Runentext Bornholms.

Ausgangspunkt: Kirche von Åkirkeby im Ortszentrum. Rund um die Kirche gibt es mehrere Parkplätze, etwa zum Marktplatz hin (Navi: 3720 Åkirkeby, Kirkepladsen). Alternativ großer Parkplatz beim Naturmuseum nach 3,1 km (Navi: 3720 Åkirkeby, Grønningen 30).
ÖPNV: Die Bushaltestelle Åkirkeby Centrum liegt 50 m in Gehrichtung vor dem Marktplatz (Linin 6, 5 und 9 Richtung Rønne, Nexø und Gudhjem).
Anforderungen: Leichte Wanderung auf gut befestigten Wegen, im Ort überwiegend gepflastert bzw. asphaltiert, sonst stellenweise über Kies, Gras- und Waldboden.
Markierung: Stellenweise Wegweiser und Schilder »Sti«.
Einkehr: Café im Naturmuseum (nur für Besucher); mehrere Möglichkeiten am Marktplatz von Åkirkeby.
Variante: Verlängerungsmöglichkeit im Südosten der Rundwanderung zu einem Steinbruch (2 x 1,3 km): Vor dem Picknickplatz leicht links abwärts auf Pfad durch Wald, nach 100 m rechts, erst auf Asphalt später Kies. Rechts vorbei an rotem Hof (Schild: Sti) und weiter auf Fahrweg und Gras zur Straße, dort durch Gatter zum Steinbruch. Zurück auf demselben Weg.
Tipp: Informatives und kurzweiliges Naturmuseum in Åkirkeby über die Entstehung sowie die Flora und Fauna der Insel (täglich 10–17 Uhr, naturbornholm.dk).

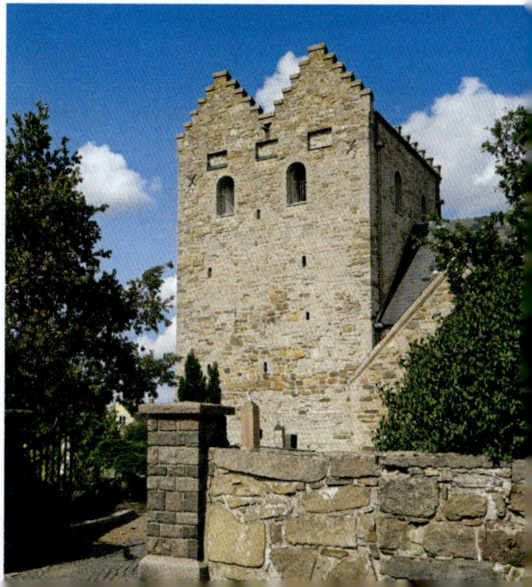

Die romanische Kirche von Åkirkeby.

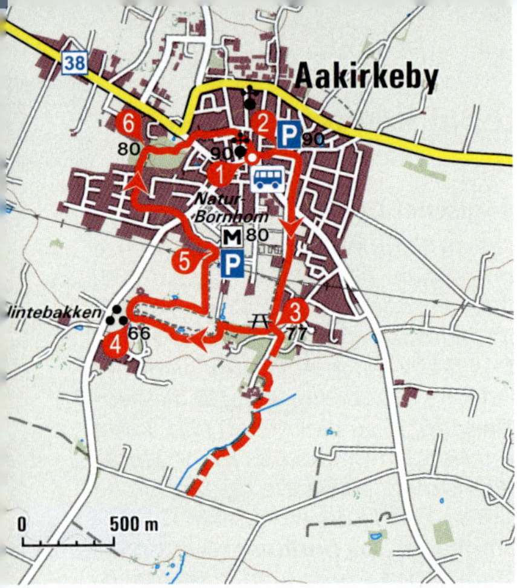

Die romanische **Kirche** ❶ von **Åkirkeby** (wörtlich »Ort der Kirche am Fluss«) ist mit ihren 22 m hohen Doppeltürmen und darin der Lübecker Glocke von 1584 schon von Weitem sichtbar. Wir gehen vom Eingang des Kirchhofs in östliche Richtung entlang der Straße und nach wenigen Metern bei der Kreuzung mit einer Bushaltestelle rechts, geradeaus in die Fußgängerzone. Diese leitet uns nach 50 m auf den **Marktplatz** ❷ von Åkirkeby mit einer steinernen Mosaikkarte der Insel.

Wir queren den Marktplatz halb links und folgen danach der Eskildgade geradeaus bis zu einer T-Kreuzung mit Bornholms einziger Biobäckerei rechts vor uns. Hier biegen wir rechts in die Østergade und folgen ihr zur Hauptstraße. Dort gehen wir wenige Meter links und zweigen sogleich bei der Teknisk Skole rechts in den Hedegårdsvej (Sackgasse) ab, der alsbald in einen Fußweg mit Kiesbelag zwischen Bäumen und Sträuchern übergeht. Wir beachten Abzweigungen nicht und folgen dem Kiesweg. Hier gehen wir immer geradeaus, nach 50 m auf einem Fußweg südwärts mit großem Abstand links am modernen Gebäude des Naturmuseums vorbei. Vor einem Waldstück folgen wir dem Weg durch eine Rechtskurve, rechts an einem **Picknickplatz** ❸ im Wald vorbei. Vom Waldrand haben wir einen guten Blick nach rechts auf das im Jahr 2000 eröffnete Naturmuseum.

250 m nach der Rechtskurve gehen wir bei einer Kreuzung vor einem kleinen Weiher links durch ein Gatter und abwärts, das Museum im Rücken. Vor einem weiteren Gatter führt uns der Pfad rechts zwischen einem Feld (links) und einem kleinen Hang (rechts) entlang, der hier die Gesteinsgrenze von Bornholm bildet. Nach 500 m halten wir uns nach einer Rechtskurve etwas links und wandern abwärts zum alten, versteinerten Meeresboden von **Klintebakken** ❹. Zurück geht es auf demselben Weg hinauf.

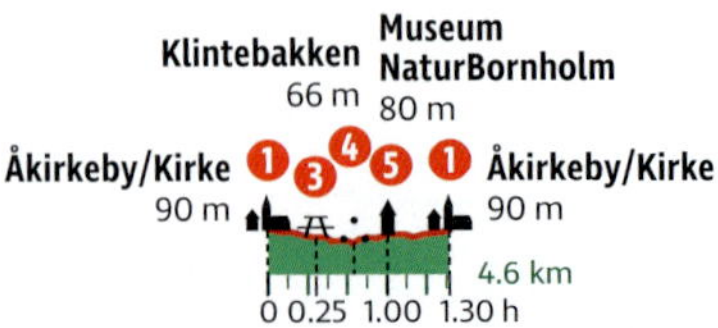

80 m nach dem Meeresboden in der Rechtskurve gehen wir links aufwärts und 10 m nach dem Gatter rechts hinauf auf dem Pfad, der uns oben vor einem Zaun auf einen Kiespfad führt. Diesem folgen wir nach rechts, passieren nach 120 m ein weiteres Gatter und nehmen

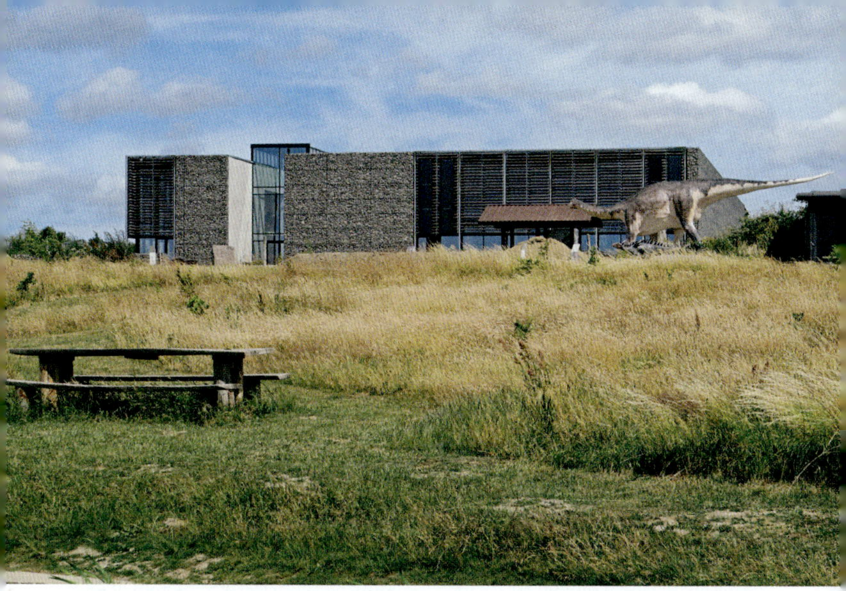

Das Museum NaturBornholm informiert über Geologie und Naturlandschaft der Insel.

den Kiesweg nach rechts. Nach wenigen Minuten stehen wir wieder unterhalb vom Naturmuseum und nehmen den links abzweigenden alleeartigen Kiesweg, der auf das **Museum NaturBornholm** 5 zuführt.
Bei einer T-Kreuzung von Wegen links vom Parkplatz des Naturmuseums (dort Einkehrgelegenheit) folgen wir dem Kiesweg nach links und halten uns nach 150 m bei der Straßengabelung vor einer (neueren) Getreidemühle rechts. Kurz darauf queren wir eine größere Straße und gehen geradeaus auf dem asphaltierten Weg. 50 m nach einer Metallsperre für motorisierten Verkehr folgen wir dem Radweg nach rechts und bei einer Kreuzung vor einem **Wäldchen** 6 dem Waldpfad geradeaus.
Hinter einem Hügel und bei einer (der dritten) Laterne halten wir uns rechts und nach 40 m bei einer Gabelung links. Der Waldpfad führt uns auf einen asphaltierten Weg, dem wir links zur Hauptstraße von **Åkirkeby** folgen, mit Supermärkten zur Rechten. Nach der Straßenquerung passieren wir geradeaus die Metallsperre, gehen 50 m geradeaus und halten uns vor einem Spielplatz rechts. Der asphaltierte (Rad-)Weg führt durch ein Wohngebiet. Am Straßenende halten wir uns rechts und nehmen nach 50 m den links abzweigenden asphaltierten Weg links neben der Kirche. Schließlich queren wir rechts den Friedhof bei der **Aakirke** 1 und erreichen wieder den Ausgangspunkt der Tour mit der Friedhofsmauer, deren 44 Ringe früher zum Festbinden von Pferden dienten.

↗ 25 m | ↘ 25 m | 3.1 km

23 Lehrpfad Læsåsti

1.00 h

Flusswanderung mit geologisch interessanten Gesteinsformationen

Diese kurze Wanderung entlang der Læså bietet auf wenigen Kilometern nicht nur eine urige Flusslandschaft, sondern einen Querschnitt durch die Entstehungsgeschichte Bornholms mit mehr als 500 Millionen Jahre alten Gesteinsschichten und Versteinerungen. Diese geologische Reise wurde durch mehrere Erdbeben ermöglicht, dank derer die Schichtserien des Gesteins gekippt wurden. Unterwegs vermitteln Infotafeln Hintergründe zum Gestein und der Geologie. Wendepunkt der Tour ist ein altes Hügelgrab, von dem es auf demselben kurzweiligen Weg zurück zum Ausgangspunkt geht. Der ausgewiesene Læsåsti ist deutlich länger und führt entlang von Straßen zum Klintebakken, wir beschränken uns bei dieser Tour aber auf den schönsten Teil entlang des Bachs Læså.

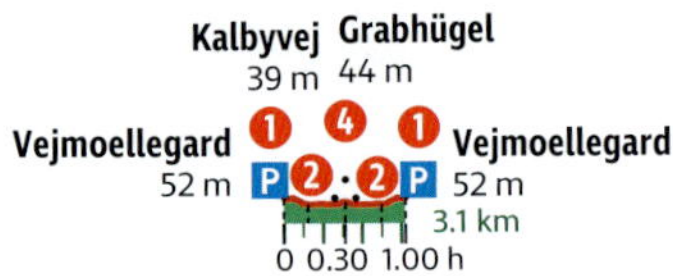

Ausgangspunkt: Parkplatz Vejrmøllegård westlich von einem großen Solarpark (Navi: Bodelyngsvejen 6, 3720 Åkirkeby).
ÖPNV: Keine Busverbindung in der Nähe.
Anforderungen: Leichte Wanderung auf Pfaden, großteils durch Auwald entlang des Bachs.
Markierung: Wegweiser »Sti« und »Læså«.

Einkehr: Keine.
Tipp: Museum NaturBornholm in Åkirkeby. Das Museum informiert anschaulich und auch kindgerecht über Geologie und Geomorphologie sowie Flora und Fauna der Insel (geöffnet 1.4.–31.10. täglich 10–17 Uhr, naturbornholm.dk). Außerdem versteinerter Meeresboden 2 km östlich vom Ausgangspunkt.

Vom **Parkplatz am Hof Vejrmøllegård** ❶ weisen Holzschilder am weißen Zaun südwärts und über das Hofgelände in den Wald zur Læså sowie Richtung Vasegård und Kalbygård. Nach Querung des Bachlaufs folgen wir dem Steig nach links und passieren kurz darauf am Flusshang ein geologisches Profil mit grünem Schiefer. Eine Infotafel informiert über diesen mehr als 500 Millionen Jahre alten Sandstein. Der Pfad mündet in den **Kalbyvej** ❷, dem wir links folgen. Rechts liegt Kalby mit seinen zwei Höfen und wieder grünem Schiefer im Untergrund.

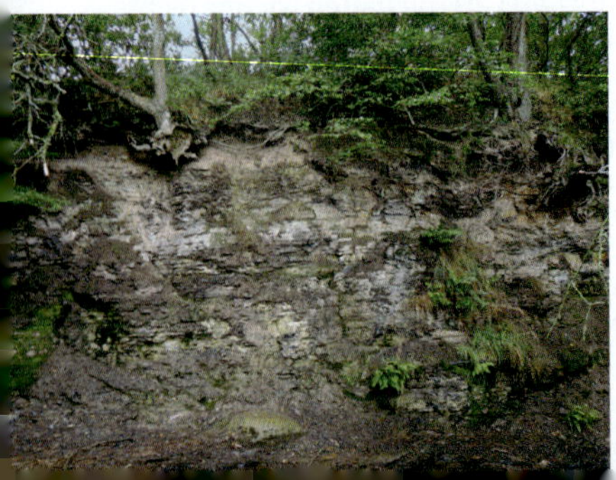

Am 5 m hohen Allaunschiefer-Aufschluss bei Infotafel 14 sind Fossilfunde möglich.

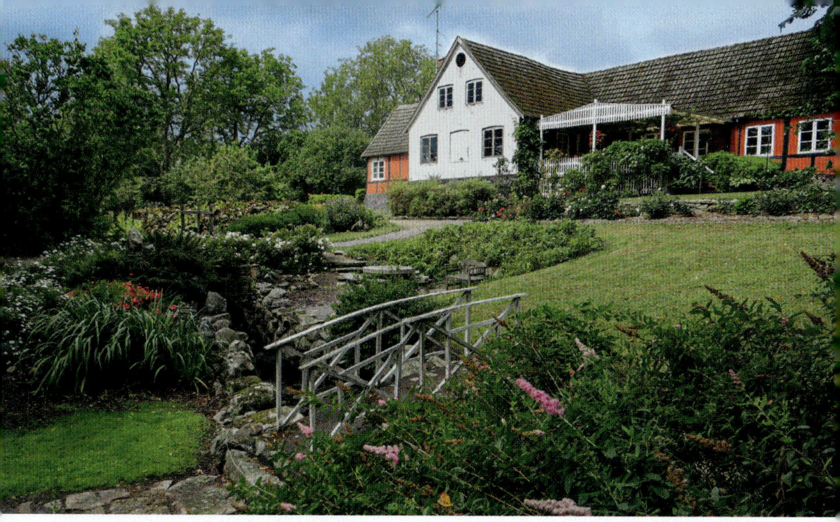

Hof Vejrmøllegård am Ausgangspunkt.

Der Siedlungsname soll auf die im Teich vorkommende Pflanze Kalmus zurückgehen. Nach 100 m zweigen wir nach rechts ab (Kalbyvej) – oder vorher rechts auf den parallel verlaufenden Graspfad. Der Læsåsti schwenkt in einer Rechtskurve des Schotterweges links auf den Graspfad, der die bewaldete Læså weiter flussabwärts begleitet.

Nach einem Holzsteg informiert an einem 5 m hohen Steilhang **Tafel 14** ❸ über die »kambrische Explosion« vor 500 Millionen Jahren, die sich in Kalksteinkugeln im Alaunschiefer des Hanges zeigt. Diese Kalksteinkugeln entstanden aus organischem Material am damaligen Meeresboden. Zwischen Bachquerungen über Holzstege passieren wir eine weitere Infotafel (»Komstadtkalk und Eiszeit«) an einem wassergefüllten, ehemaligen Kalksteinbruch. Schließlich verlässt der Læsåsti das Bachtal und führt über eine Holztreppe auf einen bronzezeitlichen **Grabhügel** ❹, errichtet vor rund 3.000 Jahren an Stelle zweier jungsteinzeitlicher Megalithanlagen. Tafeln erläutern die Grabanlagen sowie ebenfalls hier gefundene vorgeschichtliche Palisaden und Pfostenkreise.

Zurück zum **Ausgangspunkt** ❶ geht es auf demselben beschilderten Weg durch das Bachtal.

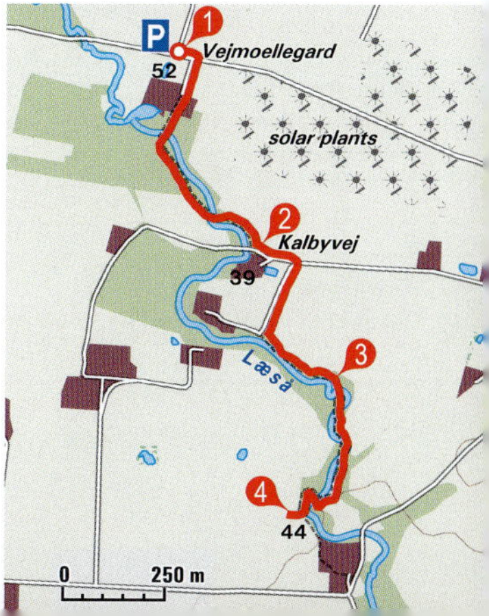

↗ 20 m | ↘ 20 m | 1.3 km

24 Ringborgen von Rispebjerg

0.30 h

Kulturrundweg bei eisenzeitlichem Burggelände

Im Süden Bornholms wurden am Flüsschen Øle Å erst in jüngerer Zeit Reste eines Ringwalls entdeckt, der auf wenige Jahrhunderte nach Christi Geburt datiert wurde. Untersuchungen sowie Luftbildauswertungen förderten außerdem einen Vorwall mit (zugeschüttetem) Graben und drei Tore zutage. Zwischen dem Ring- und Vorwall entdeckten Archäologen konzentrische Halbkreise aus Pfahlreihen sowie steinzeitliche Pfostenringe. Das 4,5 ha große Burgareal wurde neben dem 3 m hohen Wallhalbkreis durch 15 m steil zum Tal der Øle Å abfallende Hänge geschützt. Diese kurze Rundwanderung erschließt die Burganlage mit ihren rekonstruierten Wällen, die auch in geschichtlicher Zeit genutzt wurde, etwa im 16. Jh. als Lager des lübischen Lehnsherrn Schweder Ketting bei der Verteidigung gegen Schweden.

Ausgangspunkt: Parkplatz Ringborgen (Navi: Margrethe II's Vej, 3720 Åkirkeby). **ÖPNV:** Die Bushaltestelle Pouls Kirke ist über einen 2 km langen Zubringer über kleine Straßen zu erreichen. Von der Haltestelle fahren fast stündlich Busse der Linie 6 Richtung Rønne und Nexø. Von der Haltestelle nordwärts auf Brandsgardsvejen, nach 250 m links in Slotsveien und nach 1,1 km noch einmal links in den Margrethe II's Vej zum Ausgangspunkt.
Anforderungen: Leichter Spaziergang über Feld- und Waldwege sowie Gras.
Markierung: Wegweiser.
Einkehr: Keine.

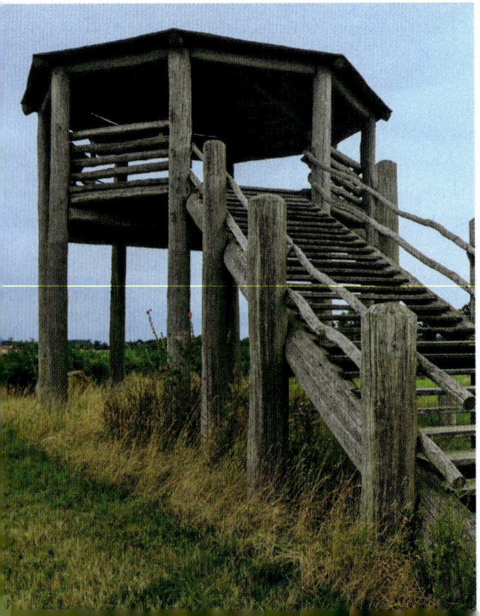

Der Straßenname (Margrethe II's Vej) am **Parkplatz Ringborgen** ❶ erinnert an die ehemalige dänische Königin Margarethe II., die als Kronprinzessin Archäologie studiert und dabei in den 1960er Jahren für archäologische Grabungen im Bornholmer Boden gebuddelt hat. Vom Parkplatz leitet der Schotterweg westwärts, vorbei an einem Schlagbaum zum rekonstruierten Wall der Burganlage. Dort halten wir uns links und wandern zum weithin sichtbaren, hölzernen **Aussichtsturm Ringborgen** ❷, der einen guten Überblick über die einstmals 4,5 ha große Burganlage mit dem

Ein hölzerner Aussichtsturm ...

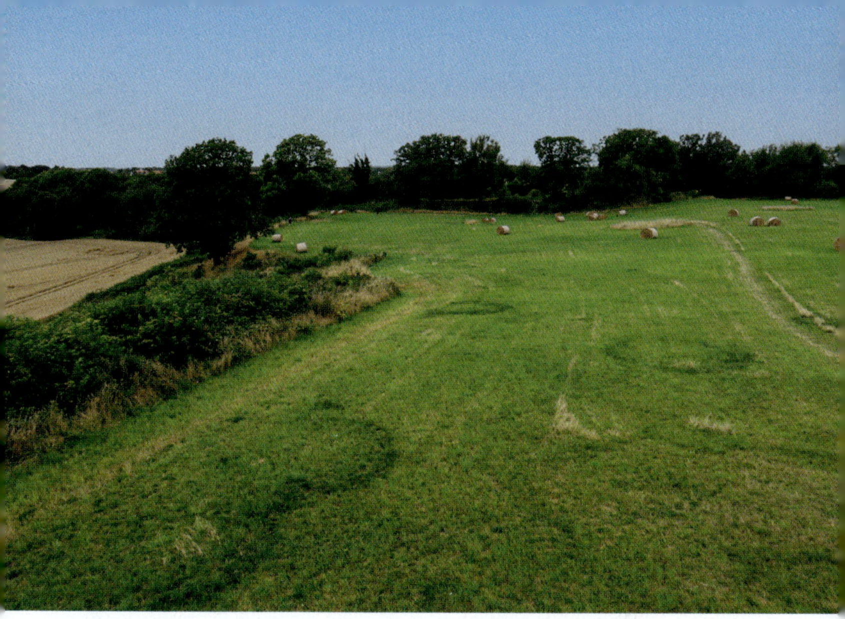

... bietet einen guten Überblick über die eisenzeitliche Ringwallanlage.

weiteren Verlauf des Weges bietet. Über Gras geht es auf dem deutlichen Pfad Richtung Nordnordwest, vorbei an teilweise rekonstruierten Pfahlresten. Nach einem Linksknick queren wir den Wall, zweigen dahinter bei der **Infotafel Ringborgen 3** nach links ab und 50 m danach bei einer Gabelung noch einmal nach links.

Durch Wald wandern wir abwärts in das Tal der Øle Å, queren diesen längsten Fluss der Insel und begleiten ihn nach einer Rechtskurve flussaufwärts, ehe wir nach 200 m über eine weitere Brücke vor einem Steilhang wieder auf die östliche Seite gelangen. Nach kurzem Anstieg halten wir uns links und folgen dem Weg nach einer Rechtskurve vorbei am Wall und dem Schlagbaum zurück zum **Parkplatz Ringborgen 1**.

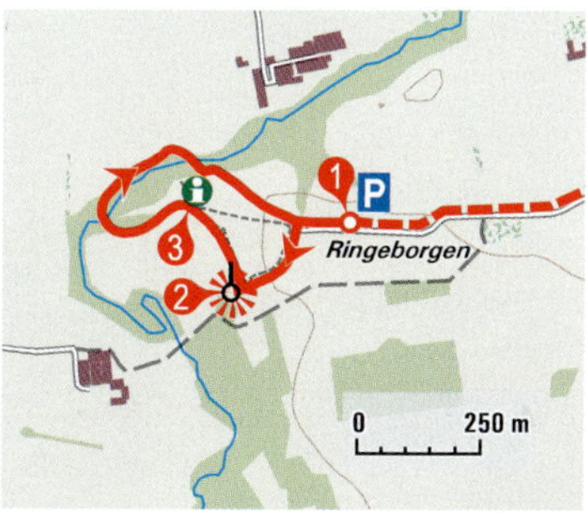

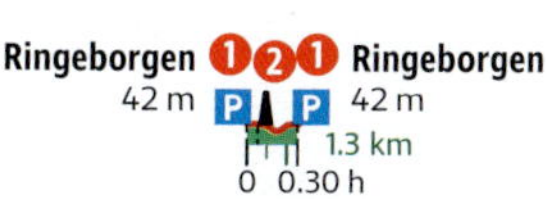

TOP

25

↗ 100 m | ↘ 100 m | 10.8 km

Von Svaneke über Bølshavn nach Saltuna

3.00 h

Küstenwanderung im Osten

Der Küstenwanderweg entlang der Ostküste ist nicht durchgehend als Fußweg erschlossen, aber der Abschnitt zwischen Svaneke und Saltuna gehört zu den schöneren Etappen. Er führt entlang der teils steinigen und felsigen Küste fernab der Küstenstraße über kleine Pfade und stellenweise einige Stufen mit nur zwei kurzen Abschnitten entlang der Straße. Dieser Küstenabschnitt bietet viele verschiedene Landschaftstypen und wird daher im Marketing mit dem Slogan »Bornholm in a nutshell« beschrieben. Nach der Felsspalte von Randkløve Skar stößt der Küstenweg auf die Straße bei Hvide Hus, wo diese Tour endet.

Ausgangspunkt: Marktplatz in Svaneke (Torv) 150 m landeinwärts vom Hafen. Ein größerer Parkplatz liegt nördlich vom Hafen, 400 m in Gehrichtung (Navi: Gruset, 3740 Svaneke).
Endpunkt: Hvide Hus bei Saltuna mit Bushaltestelle und Parkplatz (Navi: Randkløvevej 40, 3751 Østermarie).
ÖPNV: Zwischen dem Ausgangs- und Endpunkt verkehren mehrmals täglich die Küstenbuslinien 7 und 8 (Mai bis Oktober).
Anforderungen: Leichte Wanderung entlang der steilen, leicht felsigen bzw. steinigen Küste. Einige sehr kurze Abschnitte sind etwas steinig oder sehr schmal, wo der Untergrund bei bzw. nach nassem Wetter etwas feucht sein kann.
Markierung: Durchgehend Kyststi (weiße Person auf orangem Grund).
Einkehr: In Svaneke, Listed und Bølshavn; Kleinigkeiten (Eis, Getränke) im Hvide Hus am Ziel.
Variante: In das 1979 unter Naturschutz gestellte Spaltental der Glydenså zwischen Listed und Bølshavn führt ein lohnender 1 km langer Pfad.
Kombi-Tipp: Als Etappe des Kyststi kombinierbar mit Tour 14 sowie streckenweise dem Rundweg durch Svaneke (Tour 26).

Blick auf Svaneke mit Vigehavn und Räucherei.

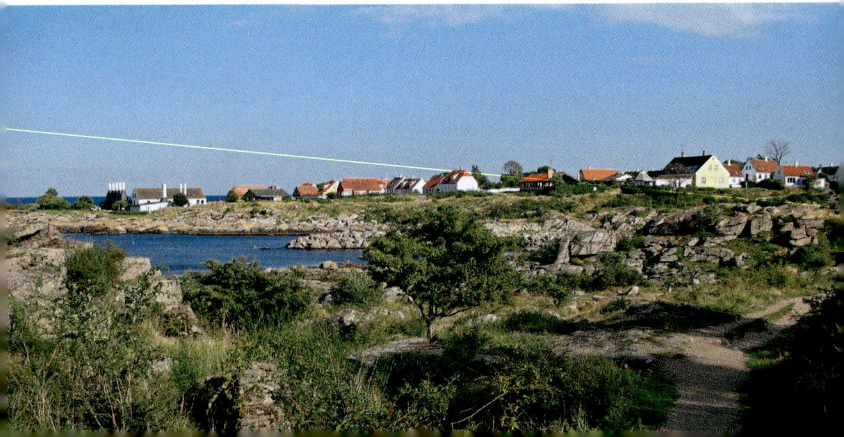

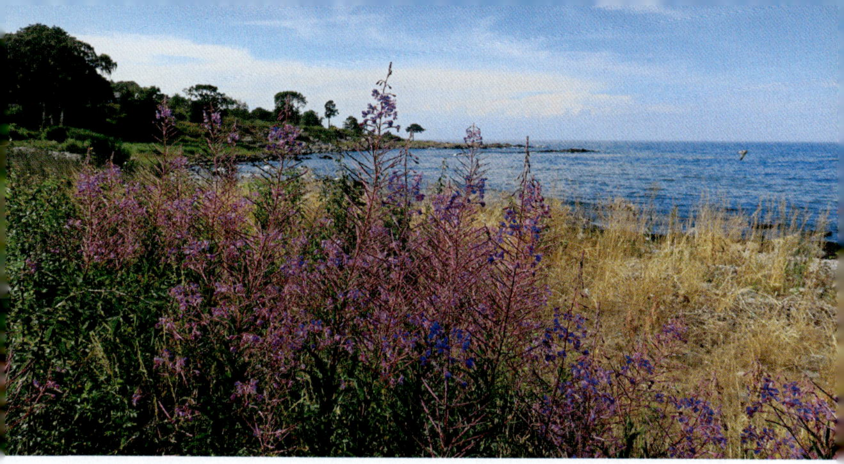

Uferidyll bei Bølshavn.

Den **Marktplatz** ❶ von **Svaneke** mit Bushaltestelle und Supermarkt (Markttage Samstag und im Sommer Mittwoch) verlassen wir auf der Fußgängergasse Brændegænget hinunter zum **Hafen**, wo wir am Hafenbecken links entlanggehen. An der Nordseite des Hafens etwas rechts und rechts an der kleinen Touristinfo vorbei auf der Straße Gruset, in nördliche Richtung und über einen großen Parkplatz. Nach dem Parkplatz folgen wir dem Uferpfad geradeaus weiter in Richtung Norden auf die Räucherei zu, vor der eine alte **Schanzenanlage** ❷ mit Kanonen an die Erstürmung Bornholms durch die Schweden im 17. Jh. erinnert.

Vor der **Svaneke Røgeri** halten wir uns links, um hinter dem Café Skansen die Straße nach rechts zu nehmen (Vagtbodgade), auf den hölzernen Wasserturm zu. Dieser wurde 1950 vom dänischen Architekten Jørn Utzon (u. a. Oper von Sydney) im Stil einer Seebake erbaut. Nach 70 m biegen wir vor der Linkskurve der Straße in den rechts hinunterführenden Pfad und halten uns dort links. Wir bleiben zunächst oberhalb von dem kleinen Hafen, um dann vor einer Bank rechts abwärts zunächst über Stufen und später auf asphaltiertem Pfad hinunter zum kleinen **Vigehavn** ❸ zu gehen.

Dort steigen wir hinter der Bootsrampe die Stufen hinauf und folgen 100 m dem Grasweg rechts am Haus und dem Straßenschild »Tempelvej« vorbei, ehe wir rechts den Uferweg nehmen und ein Gatter passieren. Ein Schild droht leinenlosen Hunden bzw. deren Haltern mit saftigem Bußgeld (bis zu 2000 dkr). Diesem Weg folgen wir entlang der schärenartigen Küste bis zum nächsten Dorf (Listed) und ignorieren alle bis dahin abzweigenden Wege nach links in den **Nordskoven**, früher ein Weidegebiet, heute Wald. Kurz vor Listed, etwa 5 Minuten nach einer Bachquerung über eine kleine Betonbrücke, nehmen wir am Ende des Waldes den kleinen Pfad nach

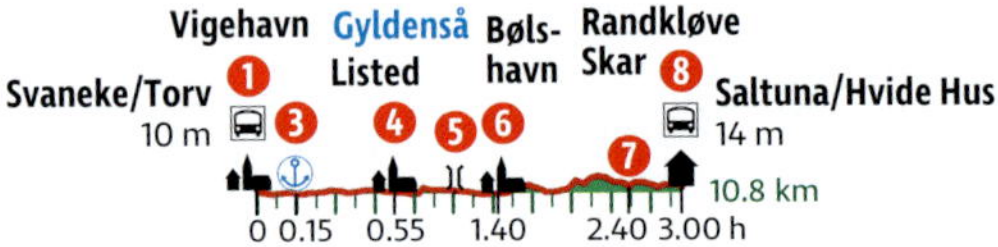

rechts. Nach 50 m bei einer Gabelung mit Pfahl und gelbem Pfeil wieder rechts, und bei der T-Kreuzung mit einer kleinen Straße (Strandstien) vor einem blauen Holzzaun noch einmal rechts. Am Wasser nähern wir uns so dem Hafen von **Listed** ❹.

Hinter dem Hafen halten wir uns rechts und folgen dem Pfad am Ufer entlang, der nach 10 Gehminuten am westlichen Ortsende von Listed auf die Uferstraße trifft. Dieser (bzw. dem Radweg auf der rechten Seite) folgen wir nach rechts aus dem Ort heraus, um bei der ersten Gelegenheit (nach 1 km) den Pfad rechts am Ufer entlang zu nehmen – 150 m nach Querung der **Gyldenså** ❺. Der Uferweg führt nach **Bølshavn** ❻ mit einer Einkehr-

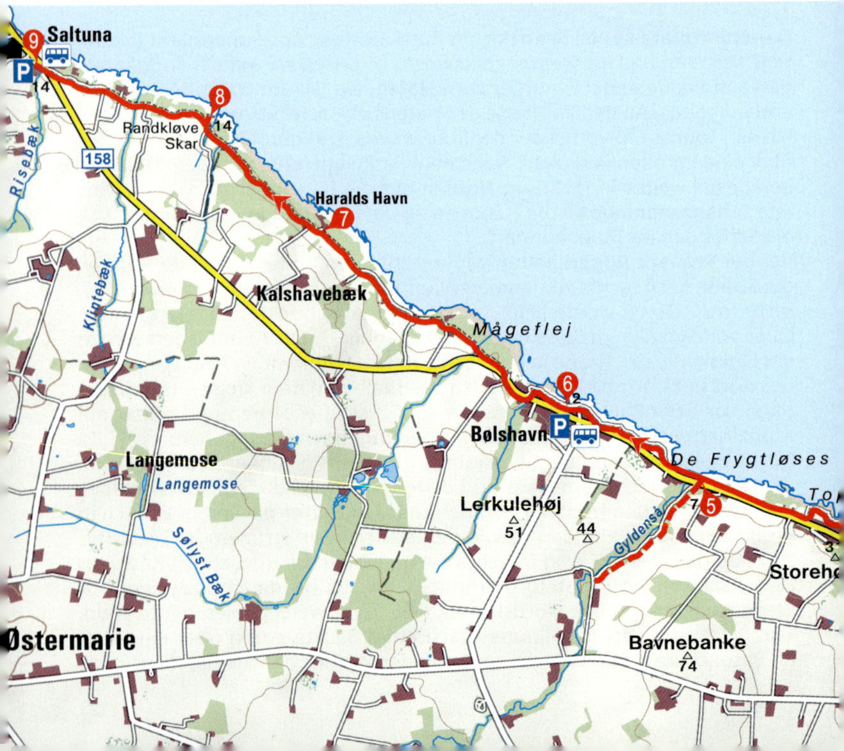

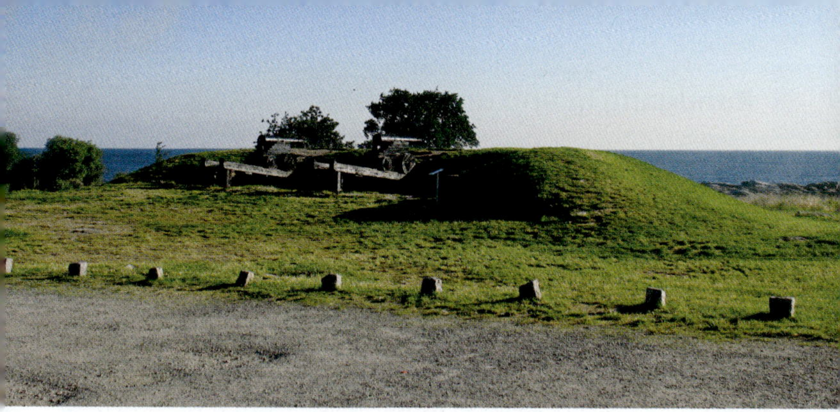

Historische Schanzenanlage bei der Räucherei von Svaneke.

gelegenheit, öffentlichem WC sowie Tisch und Bank für eine Rast. Nach dem Hafen folgen wir dem Küstenweg rechts am Ufer entlang. 20 m nach einer kleinen Holzbrücke schwenkt der Pfad nach links und führt hinauf zur Küstenstraße, der wir rechts folgen. 50 m vor dem Ortsendeschild von Bølshavn nehmen wir bei einem Reitverbotsschild den rechts abzweigenden Spurweg (Kyststi, u. a. »Saltuna 4,0 km«).

Nach 10 Minuten bzw. 5 Minuten nach einer Steinbrücke folgen wir vor einem Fachwerkhaus dem Pfad nach rechts (Randkløve), nach 20 m über eine kleine Holzbrücke und weiter auf einem Grasweg am Ufer. Ein kurzes Stück wandern wir geradeaus auf der Asphaltstraße, um nach einem kleinen Parkplatz wieder dem Küstensteig zu folgen. Ab dem Haus »**Haralds Havn**« **7** mit unterhalb einem im Zweiten Weltkrieg zum Schmuggeln genutzten kleinen Naturhafen wird der Weg schmaler.

Nach etwa 30 Minuten bietet sich nach rechts ein Abstecher an zum leicht unterhalb liegenden **Randklø ve Skar** **8**, einer tiefen Felsspalte an der Küste, entstanden durch Verwitterung von Diabas. Weiter geht es auf dem Küstenweg in nordwestliche Richtung, Abzweigungen ignorieren wir. Rechts unten gedeihen auf einer Strandwiese seltene Pflanzen wie Pfeifengras, Spargelklee, fleischfressendes Gemeines Fettkraut, Blutwurz sowie die Orchideenarten Kleines Knabenkraut und Sumpfwurz.

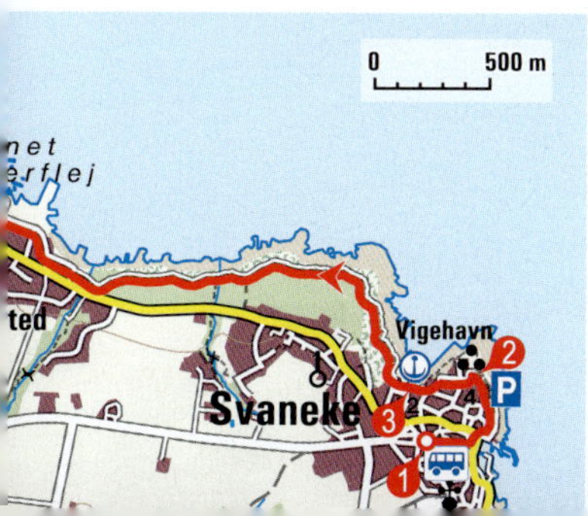

Nach etwa 20 Minuten erreichen wir bei **Saltuna** die Küstenstraße mit dem **Hvide Hus** **9** und rechts davon der Bushaltestelle und einem Parkplatz.

↗ 60 m | ↘ 60 m | 5.9 km

26 Rundgang in und um Svaneke

2.00 h

Rundwanderung durch Svaneke und Umgebung

Das heute eher touristisch geprägte Svaneke mit seinen Kunsthandwerksateliers war früher eine wichtige Hafen- und Handelsstadt. Die idyllisch auf einem Granitplateau gelegene östlichste und kleinste Stadt Dänemarks (1100 Einwohner) lohnt mit dem Hinterland einen Rundgang. Dabei gibt es Sehenswürdigkeiten zu entdecken, wie den hölzernen Wasserturm des Architekten Jørn Utzon (u. a. Oper von Sydney), 1950 in Form einer Seebake erbaut und seit 1988 außer Betrieb. Die Tour beginnt am Haupthafen, der Ende des 19. Jh. in den Fels gesprengt wurde und mittels einer Schleuse bei strammem Ostwind verschlossen werden kann. Ansonsten bietet diese kurze Rundwanderung viel Küste, nette Gassen, ein schmales uriges Bachtal, die Kirche von Svaneke, Windmühlen, einen Leuchtturm und zwei Häfen.

Ausgangspunkt: Hafen von Svaneke, mit großem Parkplatz nördlich (Navi: Gruset, 3740 Svaneke).
ÖPNV: Die Bushaltestelle Svaneke-Torv liegt 150 m landeinwärts am Marktplatz und bietet häufige Verbindungen der Linie 4 Richtung Rønne und Nexø sowie der Küstenbuslinien 7 und 8 (Mai–Okt.).
Anforderungen: Leichte Rundwanderung, im Ort über gepflasterte bzw. asphaltierte Wege, entlang der Küste stellenweise über Steine und aufwärts auf kleinem Pfad durch ein Bachtal.
Markierung: Stellenweise Wegweiser und Kyststi.
Einkehr: Zahlreiche Einkehrgelegenheiten im Ort, v. a. am Markt und am Hafen sowie Räucherei bei der Schanzenanlage.
Varianten: Der Ortsrundgang kann beliebig variiert werden, etwa mit einer Abkürzung nach links in den Ort bzw. zum Hafen beim Madvig-Denkmal oder der Kirche.
Kombi-Tipp: Etappen des Küstenpfades (Touren 14 und 25); die Wanderung ist stellenweise (Küstenpfad) Bestandteil von Tour 25.

Gestade bei Svaneke mit dem Leuchtturm.

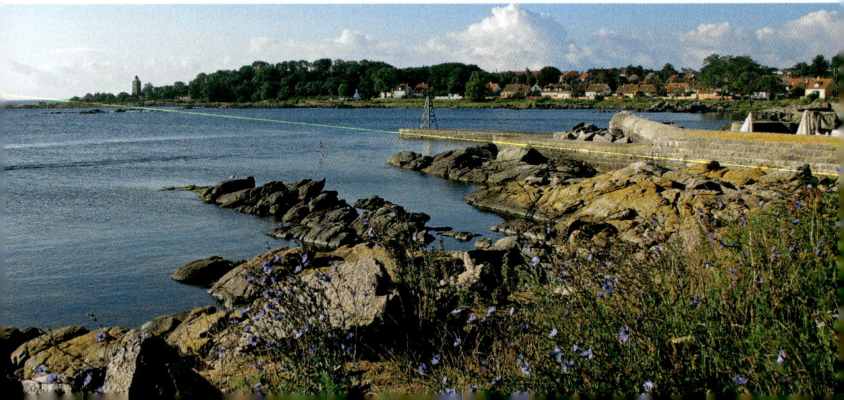

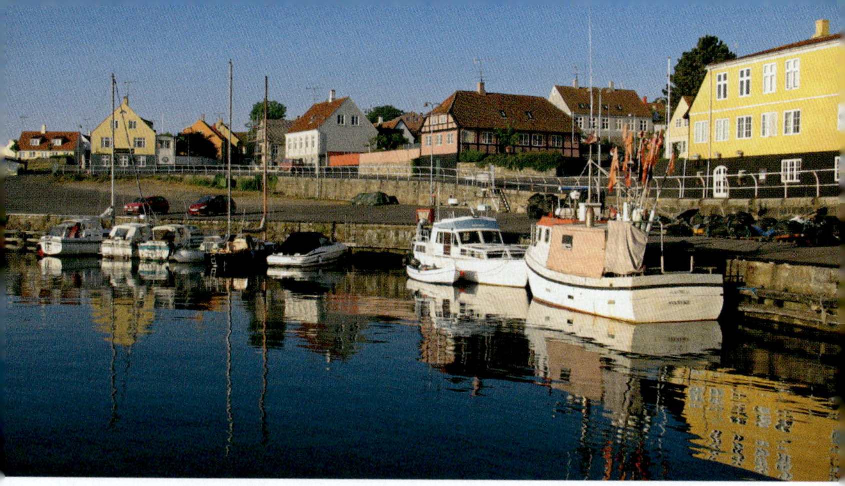

Im pittoresken Fischerhafen von Svaneke.

An der Nordseite des **Hafens von Svaneke** ❶ halten wir uns etwas rechts und nehmen die rechts an der kleinen Touristinfo entlangführende Straße Gruset, die in nördliche Richtung und über einen großen Parkplatz verläuft. Nach diesem folgen wir dem Uferpfad geradeaus in nördliche Richtung auf die Räucherei zu, vor der eine alte **Schanzenanlage** ❷ mit Kanonen an die Erstürmung Bornholms durch die Schweden im 17. Jh. erinnert. Vor der **Svaneke Røgeri**, der Räucherei mit ihren fünf Schloten, halten wir uns links und nehmen hinter dem Café Skansen die Straße nach rechts (Vagtbodgade), auf den hölzernen Wasserturm zu. Nach 70 m biegen wir vor der Linkskurve der Straße in den rechts hinunterführenden Pfad ein und halten uns dort links. Wir bleiben zunächst oberhalb von dem kleinen Hafen, um dann vor einer Bank rechts abwärts zunächst über Stufen und später auf asphaltiertem Pfad hinunter zum **Vigehavn** ❸ zu gehen.

Dort steigen wir hinter der Bootsrampe die Stufen hinauf und folgen 100 m dem Grasweg rechts am Haus und dem Straßenschild »Tempelvej« vorbei, ehe wir rechts den Uferweg nehmen und ein Gatter passieren. Ein Schild droht leinenlosen Hunden bzw. deren Haltern mit saftigem Bußgeld (bis zu 2000 dkr). Diesem Weg folgen wir etwa 20 Minuten entlang der schärenartigen Küste bis zu einer Bank nach einer Betonbrücke, wo wir den links landeinwärts führenden Pfad am Waldrand nehmen und nach 150 m die Uferstraße queren.

Weiter geht es geradeaus auf dem Kiesweg in den Wald (Verkehrsverbotsschild). Diesem folgen wir in südlicher Richtung durch das bewaldete **Grynebæk-Tal** und beachten abzweigende Wege nicht. Vor einem Hof nehmen wir bei einer Gabelung den Grasweg nach links und gehen, uns nach

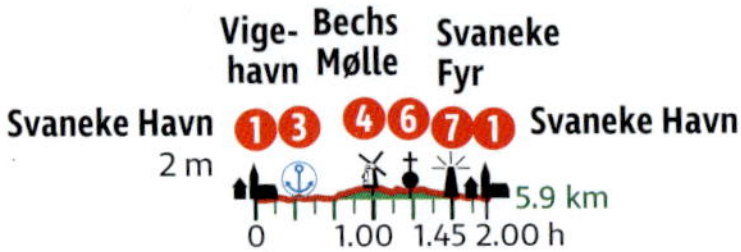

20 m leicht rechts haltend, über die Wiese auf die zwei Birken zu. Bei den zwei Birken und einem kleinen Fußballplatz rechts folgen wir links dem Grasweg zwischen Hecken und nach 30 m der Straße geradeaus bis zur folgenden T-Kreuzung. Dort schwenken wir in die Straße rechts ein und nach 30 m links (Straßenschild »Gryneparken 11–35«).

Am Ende der Straße wandern wir auf dem Pfad geradeaus zwischen Hecken und erreichen eine andere Straße, der wir nach 20 m unter einem Ahornbaum durch eine Rechtskurve folgen und anschließend weiter geradeaus, vorbei an zwei markanten Bauwerken aus Holz: Zuerst links die Bockwindmühle **Bechs Mølle** 4 aus dem Jahr 1684. Bei Bockwindmühlen wird anders als bei Holländerwindmühlen nicht nur das Dach, sondern das ganze Gebäude nach der Windrichtung ausgerichtet, weshalb Bockwindmühlen leichter sein müssen, meistens aus Holz. Weil dieses weniger dauerhaft ist als Stein, sind von alten Bockwindmühlen deutlich weniger erhalten als von den »Holländern«. Kurz darauf erkennen wir rechts ein anderes markantes Bauwerk: den 1950 von Jørn Utzon erbauten Wasserturm. Am Ende der Straße führt uns der Jørn Utzons Sti nach wenigen Metern zur Hauptstraße (Møllebakken). Dieser folgen wir rechts, um nach wenigen Minuten in einer Linkskurve die nach rechts abzweigende Einbahnstraße zu nehmen (Byledsbakken). Nach 150 m queren wir die Hauptstraße nach/von Rønne beim **Denkmal für Johan Nikolai Madvig** 5 (1804–1886), der –

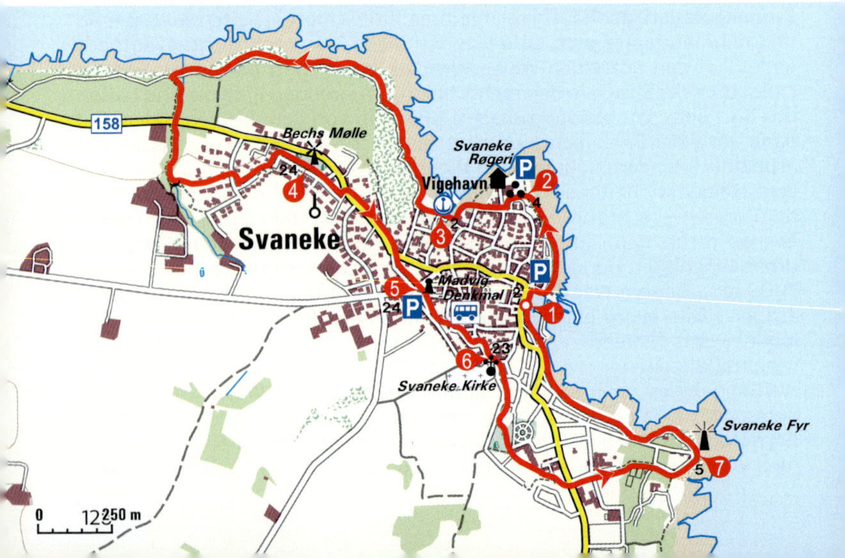

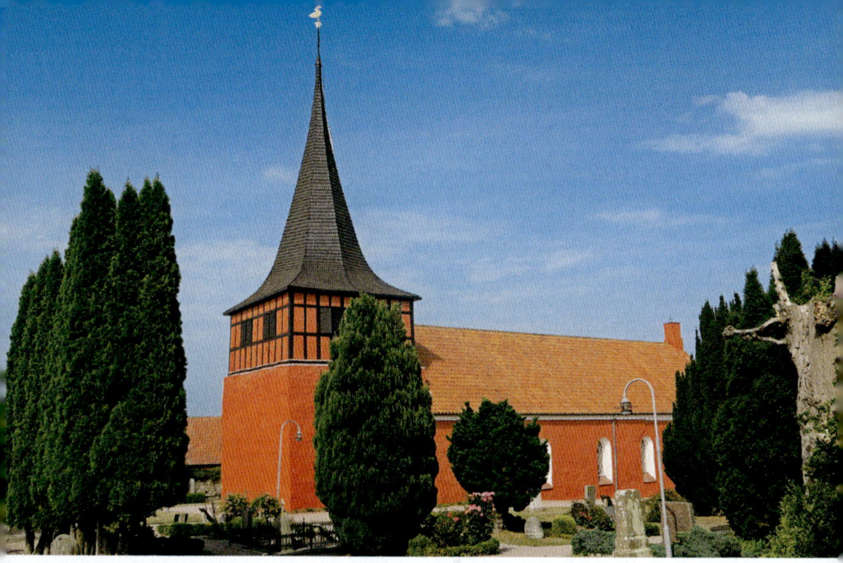

Svaneke Kirke mit dem Wappentier Schwan auf der Kirchturmspitze.

geboren auf Bornholm – als Philologe (Professor für Latein und Literatur) sowie Politiker (u. a. Kultusminister) der Liberalen Partei in Kopenhagen Karriere gemacht hat.

Wir gehen geradeaus in die Emil Andersens Gade, später Vestergade. 100 m nach dem Denkmal passieren wir links zwei Metallpfähle und folgen dem asphaltierten Pfad, später eine Straße. Bei gelben Fachwerkhäusern halten wir uns rechts und gehen auf die Kirche von Svaneke zu. Die ursprünglich gotische **Svaneke Kirke** ❻ aus dem 14. Jh. wurde im 19. Jh. umgebaut. Ihr Glockenturm mit Fachwerk im oberen Teil trägt auf der Spitze einen Schwan (dänisch »svane«), der den Ortsnamen und gleich dreifach das Stadtwappen von Svaneke prägt. Der im Kirchhof stehende Runenstein »Gyldensæstenen« soll früher als Brücke über den gleichnamigen Bach bei Østermarie gedient haben. Weiter geht es links an der Kirche vorbei bzw. unterhalb von ihr und bei einem Sackgassenschild geradeaus (Schild »Indkørsel til Svanekebakken«). 200 m nach der Kirche nehmen wir den links abzweigenden breiten Radweg (Verbot für Autos und Reiter) und queren nach 5 Minuten die Hauptstraße. Dort halten wir uns leicht links und weiter geradeaus, nach wenigen Minuten vorbei am Vandrerhjem (Jugendherberge). Am Ende der Straße folgen wir geradeaus dem Pfad und später der Straße durch Wald bis zum Ufer mit dem Leuchtturm **Svaneke Fyr** ❼ links. Hier orientieren wir uns nach links und gehen, uns möglichst rechts haltend, auf dem Uferweg zurück zum **Hafen von Svaneke** ❶.

↗ 80 m | ↘ 80 m | 7.4 km

27 Melsted und Stavehol-Wasserfall

2.30 h

Rundwanderung zu Dänemarks höchstem Wasserfall

Südlich von Gudhjem führt diese Rundwanderung von der Küste in das Landesinnere mit zwei wildromantischen Bachtälern. Das längere von beiden bietet als Höhepunkt einen Wasserfall, der mit seiner senkrechten Fallhöhe von 4 Metern als höchster Wasserfall Dänemarks geführt wird. Am Ufer wandern wir wieder zum Startort Melsted mit seinem kleinen Hafen sowie dem Bornholmer Landwirtschaftsmuseum, einem denkmalgeschützten Hof aus dem 18. Jh. und einer modernen Ausstellung zur Essenskultur.

Ausgangspunkt: Landwirtschaftsmuseum Melstedgård südlich von Gudhjem, mit Parkplatz (Navi: 3760 Gudhjem, Melstedvej 25).
ÖPNV: Am Ausgangspunkt halten die mehrmals täglich verkehrenden Küstenbuslinien 7 und 8 (Mai bis Oktober).
Anforderungen: Leichte Wanderung über Feld-, Wald und Küstenwege, kurzzeitig auch kleine Straßen. Ein Teil der Wegstrecke (vor dem Wasserfall) ist als Radweg ausgewiesen. Der Pfad abwärts durch das schmale Tal der Kobbeå kann bei bzw. nach Niederschlägen feucht und daher rutschig sein und sollte dann mit entsprechender Vorsicht begangen werden!
Markierung: Radwegweiser, Schild »Sti« und Kyststi.
Einkehr: Melsted Badehotel sowie Restaurant am Landwirtschaftsmuseum.
Varianten: 1) Statt durch das Bachtal mit der folgenden Pferdeweide können wir durch die freie Fläche aufwärtsgehen, indem wir bei der Bockwindmühle nicht links abbiegen, sondern weiter geradeaus bis zum Rastplatz gehen. 2) Ab Melsted Badehotel kann man statt des kurzen Schlenkers landeinwärts mit der Brücke geradeaus am Strand gehen (100 m kürzer), wegen der Bachmündung allerdings besser nicht nach oder bei Regen.
Kombi-Tipp: Tour 29; eine Teilstrecke der Rundwanderung ist Bestandteil der Tour.

Kleine Bockwindmühle bei Melsted.

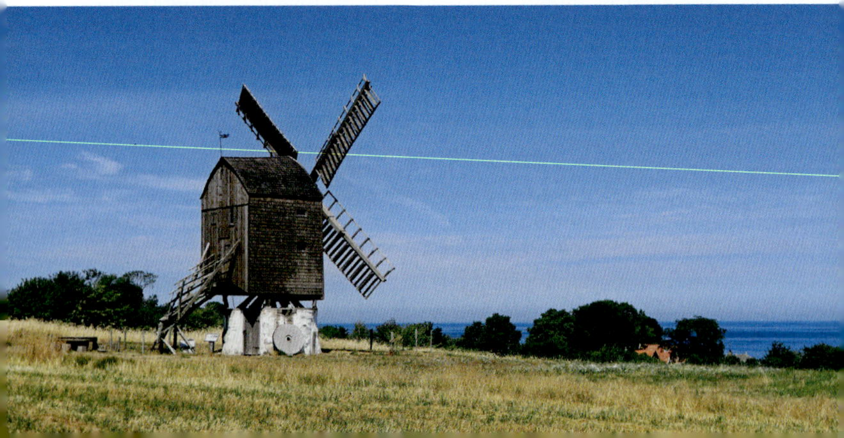

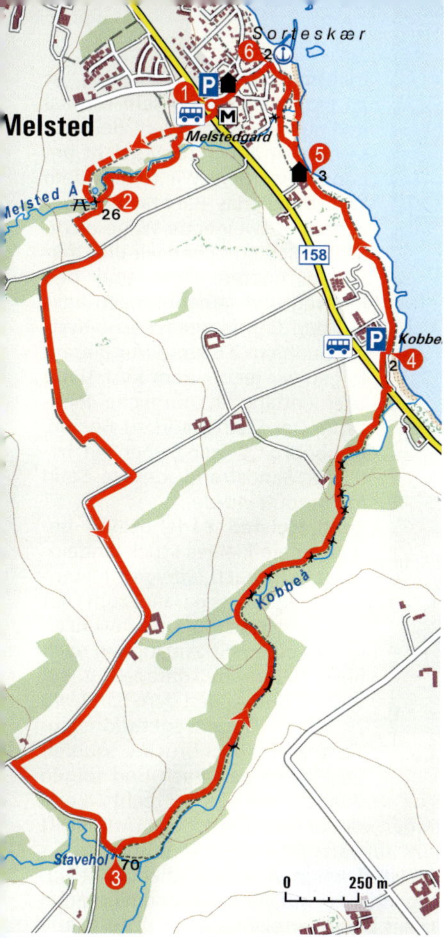

Beim Landwirtschaftsmuseum **Melstedgård** 1 queren wir die Hauptstraße Richtung Inselinneres und folgen dem Grasweg aufwärts rechts neben einem Baumwall; rechts oben sieht man eine kleine Windmühle. 100 m weiter halten wir uns auf Höhe der **Bockwindmühle** links, gehen durch das Holzgatter und danach rechts über die Weide, rechts neben dem Zaun entlang und durch ein zweites Gatter. Nach einer kleinen Holzbrücke biegen wir rechts ab und wandern zunächst am Feldrand entlang, ehe wir im bewaldeten Tal des Baches **Melsted Å** leicht aufwärtsgehen. Kurz nach einer Holzbrücke erreichen wir einen **Rastplatz** 2 mit Grillgelegenheit und sehr großem Tisch.

Vom Rastplatz folgen wir dem Weg geradeaus, queren den Bach über eine Holzbrücke, gehen aufwärts auf einem Pfad mit Holzgeländer. Vor dem Feld halten wir uns rechts am Feldrand entlang. Dieser Grasweg endet bei einem als Radweg ausgewiesenen Kiesweg (Melstedvej), dem wir rechts leicht aufwärtsfolgen. Bei einer Gabelung bleiben wir, uns links haltend, weiter dem Radweg treu. Nach einer Rechtskurve des Radweges am Waldanfang verlassen wir diesen, indem wir bei einer Infotafel über den **Stavehol-Wasserfall** 3 dem Pfad nach links abwärtsfolgen. Nach wenigen Minuten erreichen wir eine kleine Klamm, in der je nach Wasserstand der Bach Kobbeå fast 4 m hinunter stürzt, tröpfelt bzw. bei trockenem Wetter gar nicht fließt. Angeblich ist der Stavehol der höchste (senkrechte) Wasserfall Dänemarks!

Wir folgen dem Pfad weiter links zum Feldrand (»Sti«), an diesem entlang und kurz darauf zum Bach abwärts, den wir später über Holzbrücken

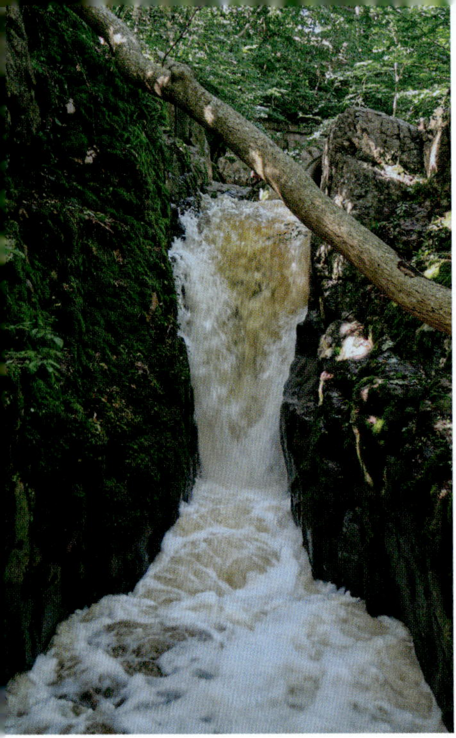

Nur selten strömt so viel Wasser den Stavehol hinunter wie auf diesem Bild.

mehrmals queren. Der Weg ist an manchen Stellen sehr schmal und sollte insbesondere bei Nässe nur mit äußerster Vorsicht begangen werden! Wir folgen dem Weg durch das Bachtal und beachten abzweigende Wege nicht. Schließlich erreichen wir die Uferstraße, queren diese und den Radweg und gehen danach links auf den Campingplatz zu (»Kyststi, Gudhjem 2,5 km«). Vor diesem folgen wir rechts dem Kyststi am Ufer entlang in nördliche Richtung. Der Steinstrand zu Beginn, **Kobbebro** 4, war früher ein beliebter Sandstrand, dessen Sand fortgespült wurde.

Beim **Melsted Badehotel** 5 gehen wir ein kleines Stück landeinwärts, um nach wenigen Metern dem Weg rechts parallel zum Ufer zu folgen. Nach 100 m schwenken wir bei einem Strandzugang nach links (alternativ geradeaus auf Strand) und folgen dem Sandweg zwischen Dünenvegetation zur sichtbaren Bachbrücke, queren über diese den Bach und folgen danach dem Kyststi rechts. Beim kleinen **Hafen von Melsted** 6 nehmen wir vor dem Bootshaus (Aufschrift »Freja / 1998«) die kleine Straße links aufwärts Richtung Landesinneres. Wir kommen durch das alte Dorf **Melsted**, wo manche Hausgiebel mit Namensschildern alter Fischerboote den Bezug zum ehemals dominierenden Wirtschaftszweig zeigen. Oberhalb des Dorfes erreichen wir die Uferstraße mit links dem Landwirtschaftsmuseum **Melstedgård** 1 mit angegliedertem **Madkulturhus** zum Thema Essenskultur auf Bornholm (gaarden.nu).

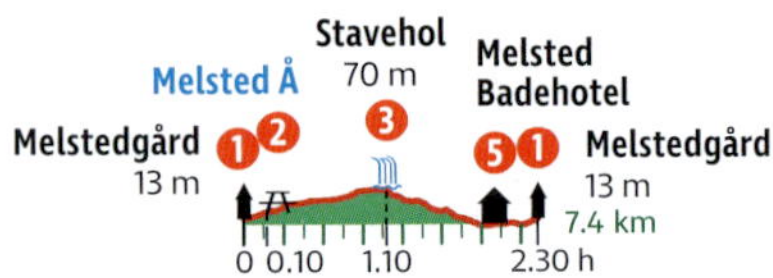

↗ 90 m | ↘ 90 m | 2.8 km

1.00 h

TOP 28

Gudhjem mit Panorama

Rundwanderung durch/bei Gudhjem mit weitem Panorama

Gudhjem ist der »alpinste« Ort Bornholms wegen seiner Lage an einem steilen Hang und einer von Schweizer Straßenbauingenieuren erbauten Serpentine. Gudhjem bietet Mittelmeerflair mit seiner im Sommer belebten Altstadt sowie der zum Teil mediterranen Vegetation, z. B. Feigen- und Maulbeerbäume sowie Weinreben. Die Rundwanderung führt vom Hafen vorbei an der Kirche aufwärts durch das Holkadal zum Gramyr, einem idyllischen Waldweiher oberhalb von Gudhjem. Beim Abstieg erwartet uns bei Bokul eine phänomenale Aussicht nach Osten mit den Erbseninseln. Nach dem Abstieg erreichen wir das Oluf-Høst-Haus, das ehemalige Wohnhaus und Atelier des Expressionisten, unter dessen Einfluss sich Gudhjem zu Beginn des 20. Jh. zu einer Künstlerkolonie entwickelte. Die Tour endet zwischen Räucherei und Hafen. 1886 verbreitete sich von Gudhjem aus die Methode des Fischräucherns über die ganze Insel. Aber schon Jahrhunderte vorher war Gudhjem eine bedeutende Handels- und Hafenstadt: Zu Hansezeiten gab es große Heringsmärkte.

Ausgangspunkt: Räucherei in Gudhjem nördlich vom Haupthafen, mit großem Parkplatz (3760 Gudhjem, Ejnar Mikkelsensvej 9).
ÖPNV: Oberhalb vom Ort ist die neben der Tankstelle liegende Bushaltestelle Gudhjem Øvre ein wichtiger Knotenpunkt mit Verbindungen zu fast allen größeren Orten der Insel (Linien 1, 3, 7, 8, 9).
Anforderungen: Leichte bis mittelschwere Wanderung durch und oberhalb von Gudhjem. Im Ort wandern Sie auf kleinen Straßen bzw. dem Bürgersteig. Der Anstieg aus Gudhjem heraus führt am Stück in Serpentinen durch einen Wald. Vorsicht beim zwar kurzen, aber stellenweise steilen Abstieg vom Aussichtspunkt Bokul. Die etwas felsigen Passagen können bei bzw. nach nassem Wetter rutschig sein!
Markierung: Stellenweise Wegweiser und Kyststi.
Einkehr: Zahlreiche Möglichkeiten im Ort.
Varianten: 1) Verlängerung auf dem Kyststi: Am Hafen nicht rechts aufwärts zur Kirche, sondern geradeaus auf dem Küstensteig südwärts, schlängelnd über Felsen. Nach dem Campingplatz rechts aufwärts auf Straße (Melsted Langgade) mit schönem Ausblick bis zur Kirche, dort weiter wie beschrieben. 2) Im Holkadal ist auch ein weniger steiler Anstieg möglich auf größerem Weg: Bei der Bank geradeaus durch den Park und nach 70 m rechts aufwärts. 3) Im Ort mit seinen Gassen sind weitere Varianten möglich.
Tipp: Oluf-Høst-Museum im gleichnamigen Haus mit wechselnden Ausstellungen des Künstlers sowie nettem Garten (Ostern bis Oktober täglich 11–17 Uhr, ohmus.dk).
Kombi-Tipp: Tour 29; Verlängerung am Küstenweg nach Norden oder Süden.

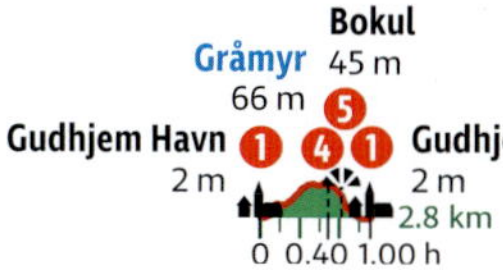

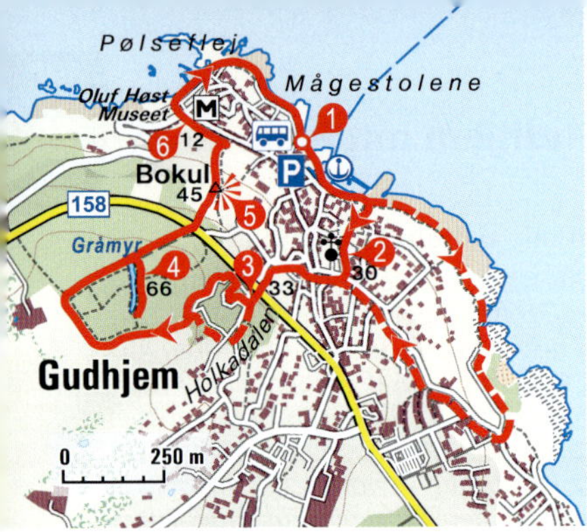

Mittelpunkt des **Hafens von Gudhjem** ❶ ist das kleine Gebäude mit Vordach, Touristinfo, WC und Fahrkartenschalter für Ausflüge zu den Erbseninseln. Hier gehen wir zum Ostende des Hafens mit dänischer Flagge und Anker, dort rechts aufwärts und nach 20 m links in die Sackgasse (»Kyststi, Melsted 1,2 km«). Kurz darauf halten wir uns bei einer Bank rechts und nehmen den Steig hinauf zur Kirche, die wir zunächst links passieren. Nach rechts lohnt sich ein kurzer Abstecher zur Kirche mit nettem Blick hinunter auf die Küste und zum Grab des Malers Oluf Høst. Die 1893 geweihte **Gudhjem Kirke** ❷ wurde nach Plänen des Architekten Mathias Bidstrup aus dunkelgrauen Granitsteinen erbaut.

Nach der Kirche halten wir uns rechts und erreichen die steil abwärtsführende Hauptstraße (wo Radfahrer schieben müssen). Dieser folgen wir 20 m nach rechts hinunter und nehmen dann den links abzweigenden Holkavej. Nach 70 m erreichen wir eine Verkehrsinsel mit drei Bäumen und nehmen hier die links abzweigende Straße (Sackgasse), unter einer hohen Straßenbrücke hindurch und in einen kleinen Park im **Holkadal** ❸. Die Brücke wurde in den 1950er-Jahren gegen viel lokalen Widerstand errichtet. 80 m nach der Brücke bzw. 30 m nach einer Bank (rechts) nehmen wir den scharf rechts aufwärtsführenden Pfad, der uns in Serpentinen aus dem Holkadal hinaufführt auf die bewaldete Anhöhe im Hinterland von Gudhjem. 20 m nach einer Bank nehmen wir bei einer Kreuzung den linken Pfad. Nach 120 m führt von links ein anderer Weg hinauf, den wir optional auch hätten nehmen können. Wir folgen dem Weg am Wald- bzw. Feldrand entlang und beachten eine erste Abzweigung nach rechts nicht. 60 m nach einer Rechtskurve bietet sich nach rechts ein kurzer Abstecher an zu Bautasteinen. Weiter geht es geradeaus am Waldrand, ehe wir 50 m nach dem Abstecher zu den Bautasteinen nach rechts in den Wald gehen (Holzschild »Bokul, Gråmyr«) zum idyllisch gelegenen Teich **Gråmyr** ❹, der sich auf einem netten Uferpfad rechts umrunden lässt.

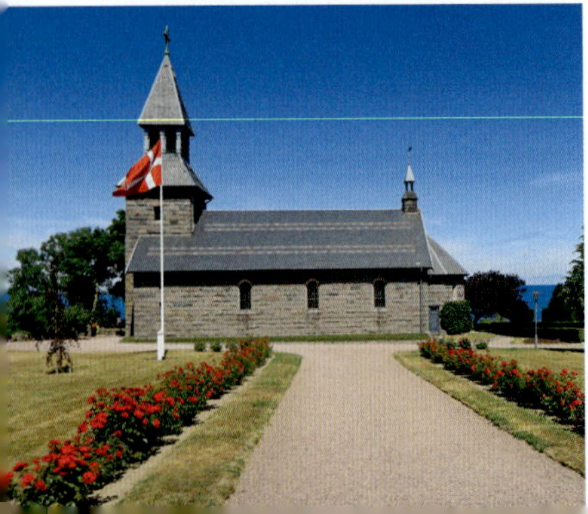

Gudhjems Kirke, gebaut aus massivem dunkelgrauem Granit.

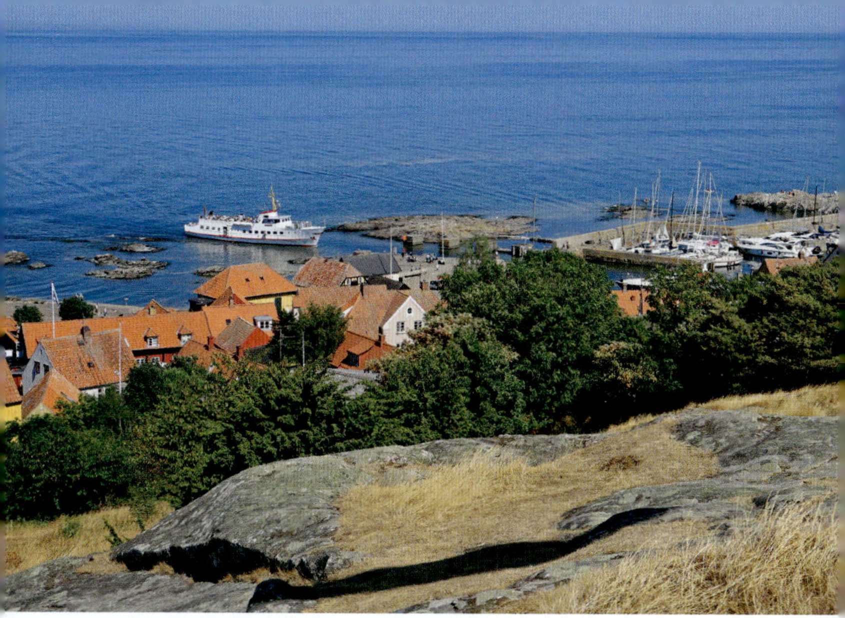

Blick von Bokul auf Gudhjem, wo das Schiff zu den Erbseninseln einläuft.

Nach der Umrundung halten wir uns rechts (oder wir gehen gleich geradeaus weiter, links am Gråmyr vorbei), folgen dem breiten Waldweg in nordöstliche Richtung und queren nach wenigen Minuten die Hauptstraße. Dort gehen wir geradeaus auf dem Grasweg auf das Gatter zu und nach diesem auf einem Pfad, wobei wir uns leicht links halten. Ziel ist die dänische Flagge, die den schönen Aussichtspunkt **Bokul** 5, 45 m, mit seiner halbrunden Bank ziert. Ab hier steigen wir wieder nach Gudhjem hinab, geradeaus und stellenweise über Felsen, etwa in Richtung der Räucherei, deren Schornsteine zwischen den Häfen von oben gut erkennbar sind.
Unten passieren wir ein Gatter. Der folgende Steig heißt »Oluf Høst Sti«. Nach dem Gatter biegen wir in die erste nach links abzweigende Straße (Løkkegade), nach 100 m kommen wir rechts vorbei am Høst-Haus, in dem der Expressionist (1884–1966) gewohnt und gearbeitet hat, heute das **Oluf Høst Museet** 6.
Vor dem kleineren Nordhafen **Nørresan**, angelegt als Alternative zum Haupthafen bei starkem Ostwind, erreichen wir eine nett gelegene Kaffeebar. Weiter geht es rechts über den Hafen und am Ende des Hafenbeckens rechts aufwärts über die Holzstiege. Wir folgen dem Fußweg am Ufer entlang und gehen über den Parkplatz der Räucherei und am Hafenkai entlang zurück zum Ausgangspunkt am **Hafen von Gudhjem** 1.

TOP 29

↗ 270 m | ↘ 310 m | 13.1 km

Østerlars Kirke – Gudhjem – Helligdomsklipperne

4.00 h

Von der Rundkirche durch ein uriges Spaltental und an der Küste entlang zum Kunstmuseum

Diese Streckenwanderung beginnt am Bornholmer Wahrzeichen: der Østerlars Kirke, der größten der vier Rundkirchen der Insel. Die Sakralbauten, so genannt wegen ihres runden Grundrisses, erfüllten im Mittelalter eine doppelte Funktion: einerseits Gotteshaus, andererseits Fluchtburg für die Bevölkerung mit ihren bis zu 2 Meter mächtigen Mauern und nur kleinen Fenstern. Statt eines Daches hatten die Rundkirchen früher einen oberen Wehrgang zur Verteidigung; im 18. Jh. bekamen die Bornholmer Rundkirchen mithilfe eines Mittelpfeilers ihre kegelförmigen Dächer. Wir folgen dem Verlauf einer ehemaligen Bahntrasse und steigen durch das enge Tal der Kobbeå mit schönem Wasserfall hinab zur Küste. Weiter geht es nordwärts auf dem Küstenwanderweg, vorbei an Melsted und Gudhjem sowie bronzezeitlichen Bautasteinen. Der an dieser Stelle 1890 auf Initiative des Zolls angelegte Abschnitt des Küstenwegs verläuft für dänische Verhältnisse viel rauf und runter zur zerklüfteten Felsenküste von Helligdomsklipperne. Die Wanderung endet beim Kunstmuseum, einem weißen kubusartigen Bau mit netter Café-Terrasse auch für Nichtbesucher.

Ausgangspunkt: Østerlars Kirke mit gleichnamiger Bushaltestelle und Parkplatz (Navi: 3760 Gudhjem, Vietsvej 25).
Endpunkt: Bornholms Kunstmuseum bei Helligdomsklipperne, mit Bushaltestelle und großem Parkplatz (Navi: 3760 Gudhjem, Otto Bruuns Pl. 1).
ÖPNV: Zwischen Ausgangs- und Endpunkt verkehren die Linien 1 und 3 (Mo–Fr stündlich, sonst alle 2 Stunden). Die Busse wechseln in Gudhjem die Nummern, fahren in der Regel aber durch, sodass ein Umstieg nicht erforderlich ist. Alternativ kann die Tour auch im Ort Østerlars begonnen werden, mit häufigeren Verbindungen (stündlich nach Rønne und Nexø mit Linie 4) und 1 km langem schönen Zubringerweg: Vom Brugsen-Supermarkt in Østerlars auf Radweg Richtung Østerlarskirke und nach 0,4 km links auf blau markiertem Fußweg links haltend durch Wald zur Kirche. Zwischen Gudhjem und Helligdomsklipperne pendelt in der Saison das Schiff M/S Thor mehrmals täglich hin und her (Tel. +45 23835165, ms-thor.dk).
Anforderungen: Mittelschwere Wanderung, die zunächst gemächlich über einen Radweg führt, dann auf schmalem Pfad abwärts durch das Tal der Kobbeå, der bei bzw. nach Nässe rutschig sein kann und dann nur mit äußerster Vorsicht begangen werden sollte. Der sich anschließende Küstenweg ist stellenweise steinig und felsig, daher kommt man nicht allzu schnell voran. Mehrere Zwischenan- und abstiege erwarten uns vor Gudhjem sowie später vor den Helligdomsklipperne. Ansonsten wandern wir im letzten Abschnitt überwiegend durch Wald entlang der felsigen Küste.
Markierung: Radwegweiser, Wegweiser »Sti« und Kyststi.
Einkehr: Café bei Østerlars Kirke, Melsted Badehotel, Dines Lille Maritime Café, Café mit Terrasse am Kunstmuseum, auch zugänglich für Nicht-Museumsbesucher.

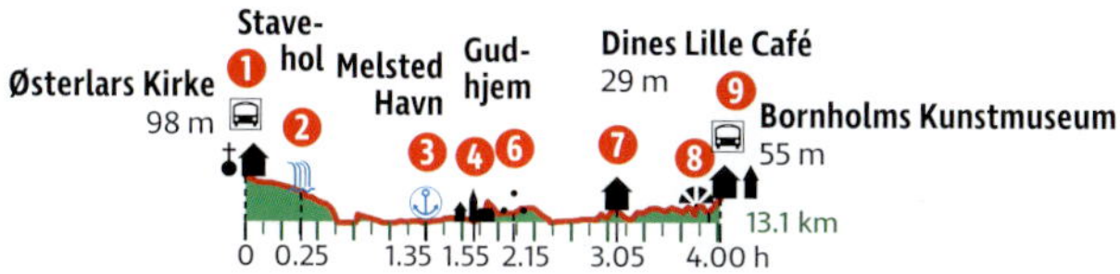

Varianten: 1) Die Wanderung kann an mehreren Punkten (Bushaltestellen) beendet werden, etwa in Melsted oder Gudhjem. 2) Vor dem Hafen von Melsted ab Melsted Badehotel geradeaus über den Strand und weiter direkt entlang der Küste statt mit kurzem Schlenker landeinwärts, allerdings muss dabei die außerhalb trockener Sommer Wasser führende Bachmündung gequert werden. 3) Zum Kunstmuseum führt auch der vorige Pfad links ab Helligdomsklipperne.

Kombi-Tipp: Abschnittsweise Rundtouren entlang der Strecke, Tour 27 und 28.
Tipp: Østerlars Rundkirche (geringes Entgelt, Mo–Sa 9–17, So 12–17 Uhr), Kunstmuseum (Di–So 10–17 Uhr, seit Ende 2023 zwei Jahre wegen Sanierung geschlossen, bornholms-kunstmuseum.dk), in Gudhjem Oluf-Høst-Museum im gleichnamigen Haus mit wechselnden Ausstellungen des Künstlers sowie nettem Garten (Ostern bis Oktober täglich 11–17 Uhr, ohmus.dk).

Østerlars Kirke ist die größte der Rundkirchen Bornholms.

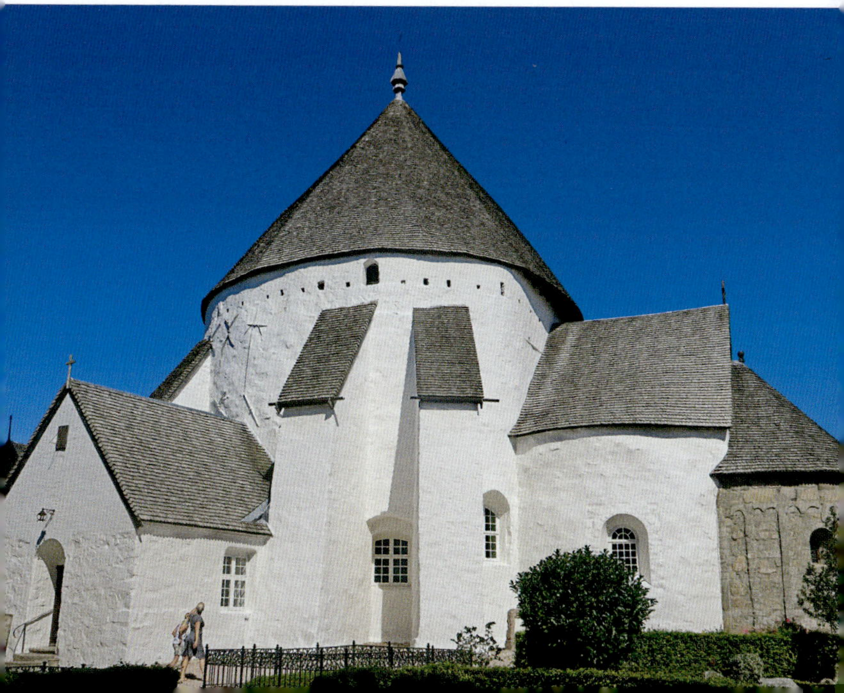

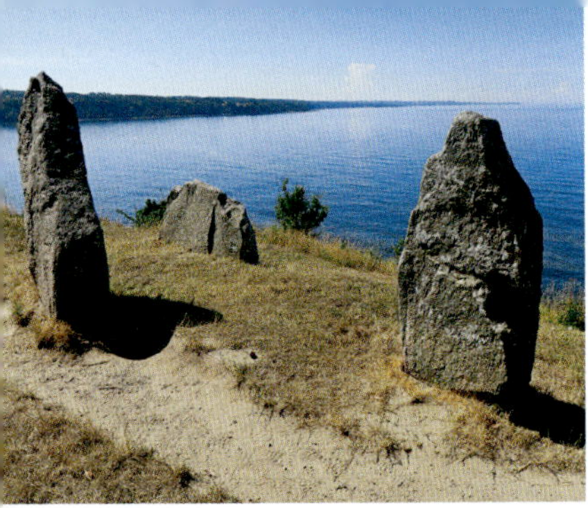

Bronzezeitliche Hestestene.

Die Rundkirche **Østerlars Kirke** ❶ ist schon von Weitem sichtbar mit ihren charakteristischen Stützstreben und dem mit Holzschindeln gedeckten, kegelförmigen Dach. Um die Kirche gruppieren sich eine Einkehrgelegenheit, der Parkplatz mit WC sowie der Glockenturm mit Lübecker Glocken aus dem 17. Jh. Die um 1150 errichtete Østerlars Kirke gilt mit ihren 13 m Durchmesser als größte und älteste der vier Bornholmer Rundkirchen. Der 6 m breite Mittelpfeiler mit Wandmalereien ist, im Unterschied zu anderen Rundkirchen, innen hohl. Er beherbergte einst 40 Sitzplätze und heute eine Taufkapelle.

Wir folgen dem Radweg rechts an der Rundkirche vorbei abwärts und halten uns nach 200 m links. Der Radweg mit seinem Kiesbelag führt entlang der alten Bahntrasse durch Wald. Am Ende des Waldes verlassen wir den Radweg vor einer Rechtskurve, indem wir bei einer Infotafel über den **Stavehol-Wasserfall** ❷ dem Pfad nach rechts abwärts folgen, zum angeblich höchsten Wasserfall des Landes. Nach wenigen Minuten erreichen wir eine kleine Klamm, in der je nach Wasserstand der Bach Kobbeå fast 4 m hinunter stürzt, tröpfelt bzw. bei trockenem Wetter gar nicht fließt. Wir folgen dem Pfad weiter links vom Bach abwärts, den wir später über Holz-

Aussichtsreicher Rastplatz am Nørresand in Gudhjem.

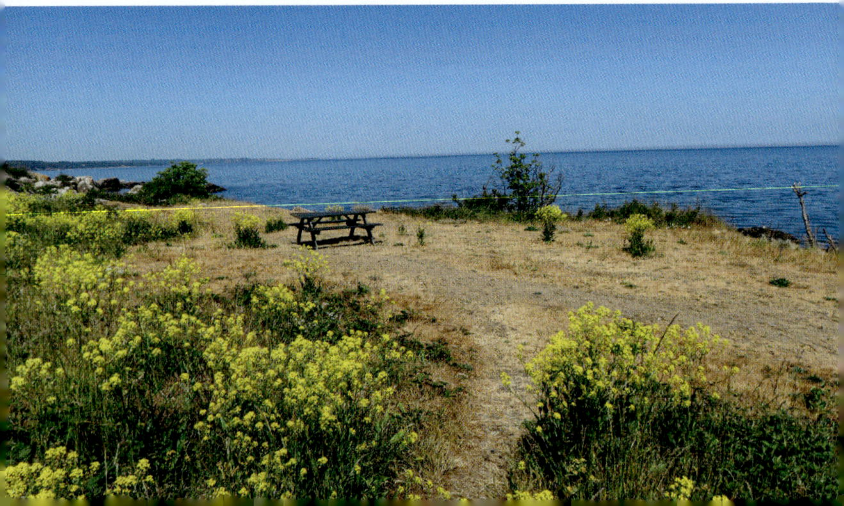

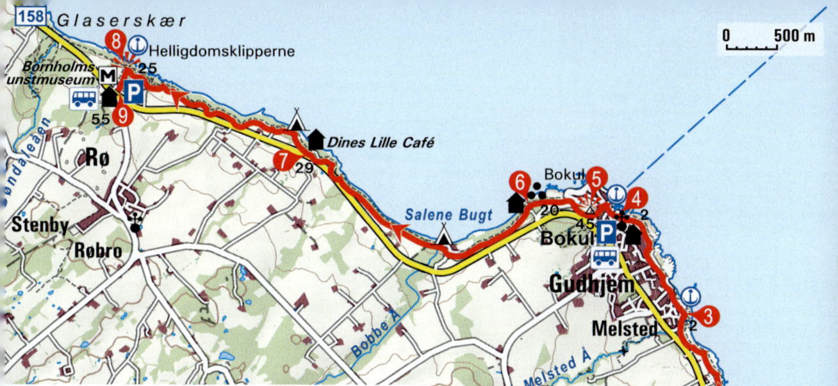

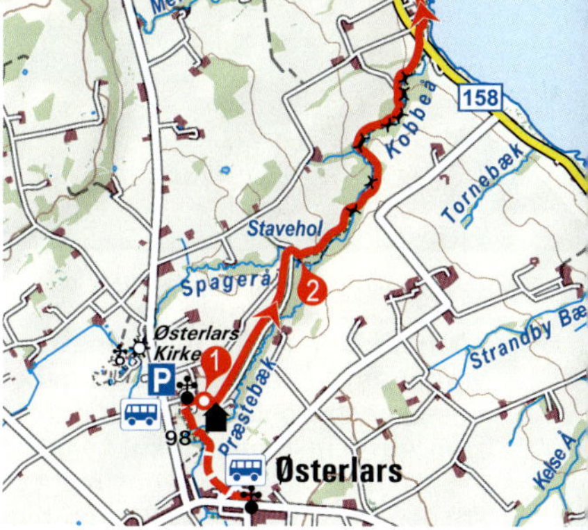

brücken mehrmals queren. Der Weg ist an manchen Stellen sehr schmal und rutschig und sollte daher insbesondere bei Nässe nur mit äußerster Vorsicht begangen werden!

Der Weg führt uns immer abwärts durch das Bachtal, abzweigende Wege beachten wir nicht. Schließlich erreichen wir die Uferstraße, queren diese und den Radweg und gehen danach links auf den Campingplatz zu (»Kyststi, Gudhjem 2,5 km«), vor dem wir dem Kyststi rechts am Ufer entlang in nördliche Richtung folgen. Der Steinstrand zu Beginn, **Kobbebro**, war früher ein beliebter Sandstrand, dessen Sand fortgespült wurde. Beim **Melsted Badehotel** gehen wir ein kleines Stück landeinwärts, um nach wenigen Metern dem Weg rechts parallel zum Ufer zu folgen. Nach 100 m halten wir uns bei einem Strandaufgang links (alternativ geradeaus über den Strand) und gehen auf dem Sandweg nordwärts zur sichtbaren Bachbrücke, queren dort den Bach und folgen rechts dem Kyststi nach Melsted.

Am kleinen **Hafen von Melsted** ❸ mit seinem Bootshaus (Aufschrift »Freja / 1998«) gehen wir rechts an dem Bootshaus vorbei. Nach 10 Minuten queren wir einen Campingplatz geradeaus und gehen an dessen Ende vor Felsen rechts abwärts, um dem großteils asphaltierten Pfad durch die Felsen zu folgen. Nach einer kurzen Steigung über Felsen erreichen wir den **Hafen von Gudhjem** ❹ und gehen links am Hafenbecken entlang auf der Straße, vorbei an dem Häuschen mit Touristinfo, WC und Ticketschalter für Schifffahrten.

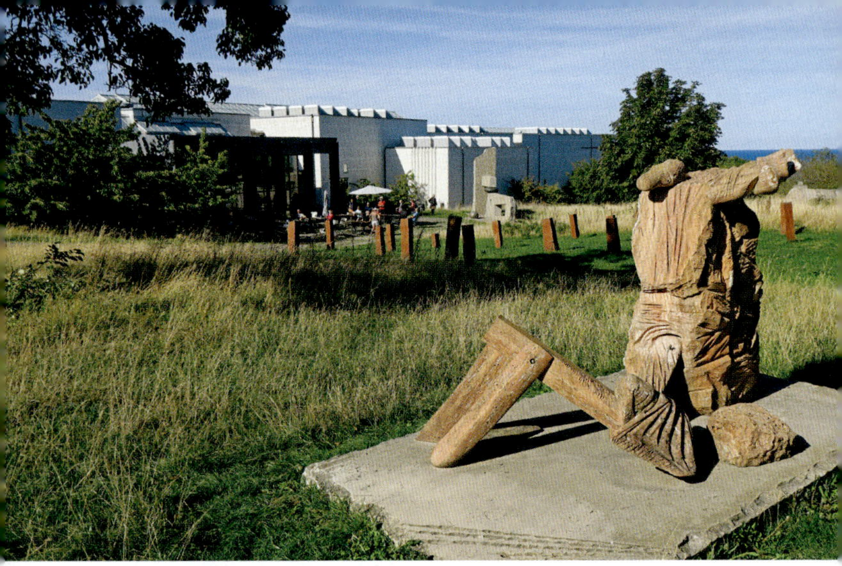

Das moderne Kunstmuseum wurde aus traditionellen Bornholmer Baustoffen errichtet.

50 m nach dem Café Klint (links) biegen wir links in die Brøddegade, rechts vorbei am Vandrerhjem und gehen geradeaus, nach 50 m in die kleine Gasse, nach wenigen Metern durch ein Gatter und auf dem Pfad aufwärts zum Aussichtspunkt **Bokul** ❺ mit dänischer Flagge und halbrunder Bank (47 m). Dort halten wir uns rechts, mit schönem Blick auf Gudhjem, und steigen nach wenigen Minuten hinunter zur Serpentinenstraße, angelegt von Schweizer Straßenbauingenieuren. Wir folgen der Straße 50 m geradeaus Richtung Küste und nehmen in der scharfen Rechtskurve links den asphaltierten Weg (»Kyststi, Helligdom 5,4 km«). Nach knapp 100 m halten wir uns bei einer Gabelung rechts (Holzschild »Salenebugt«) und folgen dem Schotterweg, nach wenigen Minuten vorbei an den bronzezeitlichen **Hestestene** ❻, wörtlich »Pferdesteine«, die früher vermutlich als Zeichen für die Seefahrt dienten.
Kurz nach Querung des Baches **Bobbe Å** erreichen wir eine kleine Straße und folgen ihr nach rechts hinunter zur Küste. Rechts unten liegt die Salene-Bucht, früher als Sandstrand mit Badehotel ein beliebtes Ausflugsziel. Heute gibt es hier weder Sand noch Badehotels. Der Sand ist vom Meer fortgespült, das Hotel brannte in den 1950er-Jahren ab. Weiter geht es auf dem Schotterweg parallel zum Ufer, bald durch Wald und nach einem Steinstrand steil, aber kurz aufwärts. Kurz darauf erreichen wir eine kleine Straße und folgen ihr nach rechts, vorbei an dem idyllisch oberhalb vom Steilufer gelegenen **Dines Lille Café** ❼.

Nach dem Café führt der Küstenpfad zunächst durch Wald und später am Wald- bzw. Feldrand oberhalb der Küste entlang. Kurz nach einer Holztreppe und -brücke ignorieren wir den links aufwärtsführenden Pfad und gehen geradeaus auf das Meer zu, wo uns ein schöner Ausblick erwartet. Kurz darauf gehen wir links aufwärts über die Holztreppe und folgen danach weiter dem Uferweg. Nach 150 m macht der Weg oberhalb der felsigen Küste eine Linkskurve. Gleich danach führt rechts als optionaler Abstecher eine Holztreppe mit Geländer hinunter zu den Felsen mit netten Formationen. Wir nehmen nach der Linkskurve die zweite rechts hinunterführende Holztreppe und folgen dem Kyststi zu einem weiteren schönen Aussichtspunkt mit Geländer auf die bis zu 22 m tief abfallenden Granitklippen von **Helligdomsklipperne** 8 und das Meer. Unterhalb liegt in der Bucht der Anleger für das Schiff M/S Thor von/nach Gudhjem (s. ÖPNV).

Am Aussichtspunkt verabschieden wir uns vom Meer und wandern landeinwärts auf das oberhalb liegende weiße Gebäude des **Bornholms Kunstmuseum** 9 zu und schließlich rechts an diesem vorbei. Das nette und auch für Nicht-Museumsbesucher zugängliche Museumscafé mit seiner Terrasse liegt auf der anderen Seite des Museums, unterhalb vom Parkplatz, die Bushaltestelle an der Hauptstraße etwas rechts. Das 1993 eröffnete Kunstmuseum zeigt in eindrucksvoller Lage oberhalb der Küste auf drei Ebenen Kunst(handwerks)sammlungen, die in enger Beziehung zur Insel stehen – wie Keramik, Glasbläserei oder Malerei. Ein kleiner Bach wird durch das aus traditionellen Materialien wie Granit, Sandstein, Ziegeln und Holz erbaute Gebäude geleitet.

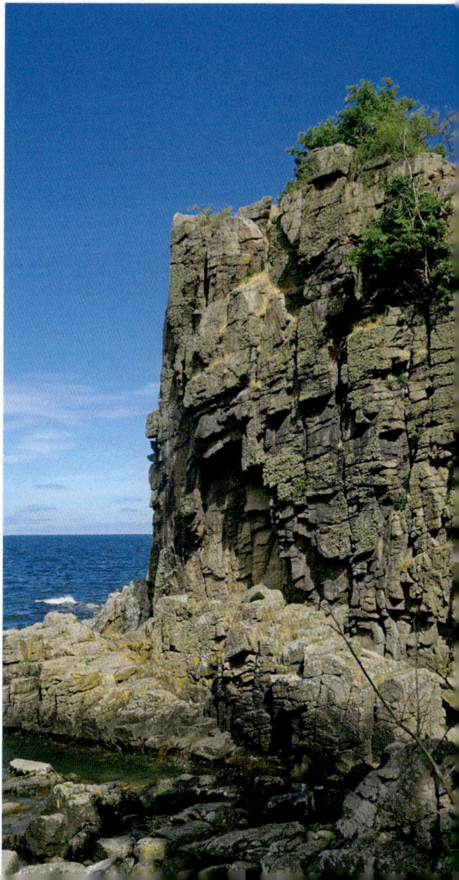

Die Granitklippen Helligdomsklipperne sind rund 20 Meter hoch.

↗ 100 m | ↘ 100 m | 3.7 km

30 Døndalen mit Wasserfall

1.30 h

Rundwanderung durchs Spaltental mit Dänemarks größtem Wasserfall

Am Kunstmuseum startet und endet diese Wanderung, die ansonsten statt kultureller vor allem natürliche Höhepunkte zu bieten hat. Wir folgen zunächst dem Küstenpfad vorbei an den Helligdomsklipperne entlang der bewaldeten Küste, ehe wir uns landeinwärts in das vor einer Milliarde Jahren entstandene und seit 1975 geschützte Spaltental Døndal begeben – mit seinen 73 Hektar Wald und mehr als 320 registrierten Pflanzenarten ein Eldorado für Botaniker. Im Frühsommer nebelt uns hier der betörend-penetrante Duft des allgegenwärtigen Bärlauchs ein. Höhe- und Wendepunkt der Wanderung ist ein Wasserfall. Auf der anderen Talseite und zuletzt wieder auf dem Küstenweg geht es zurück zum Ausgangspunkt.

Ausgangspunkt: Bornholms Kunstmuseum bei Helligdomsklipperne mit großem Parkplatz (Navi: 3760 Gudhjem, Otto Bruuns Pl. 1). Alternativ ist auch ein Einstieg möglich nach 1,2 km am Anfang des Døndals, mit Parkplatz (Navi: 3760 Gudhjem, Søndre Strandvej 144A).
ÖPNV: Bushaltestellen Helligdomsklipperne am Ausgangspunkt und bei Døndalen mit Verbindungen der Linien 1, 3 Richtung Rønne und Alinge und 7 und 8 rund um die Insel (letztere nur Mai bis Oktober).
Anforderungen: Leichte Wanderung fast ausschließlich durch Wald mit mehreren kurzen An- und Abstiegen. Der erste und letzte Teil führt als Zubringer entlang dem bewaldeten Küstenweg, im Døndal wandern wir stellenweise auf kleinen Pfaden in Bachnähe.
Markierung: Im Døndal vereinzelt Wegweiser, an der Küste Kyststi.
Einkehr: Unterwegs keine; nettes Café mit Terrasse am Kunstmuseum, auch zugänglich für Nicht-Museumsbesucher.
Varianten: Abkürzung möglich durch Start ab Parkplatz bzw. Bushaltestelle Døndalen sowie im Tal selbst, Verlängerung möglich auf Kyststi nordwärts bis Stammerhalle (dort Bushaltestelle).
Kombi-Tipp: Tour 29 sowie Tour 31.
Tipp: Kunstmuseum (Di–So 10–17 Uhr, seit Ende 2023 zwei Jahre wegen Sanierung geschlossen, bornholms-kunstmuseum.dk).

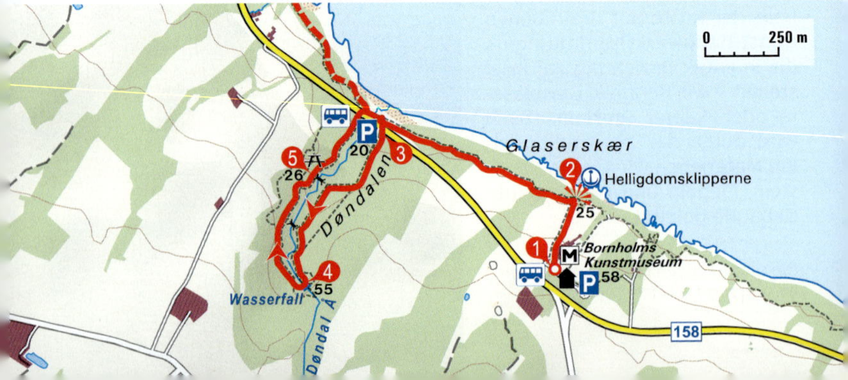

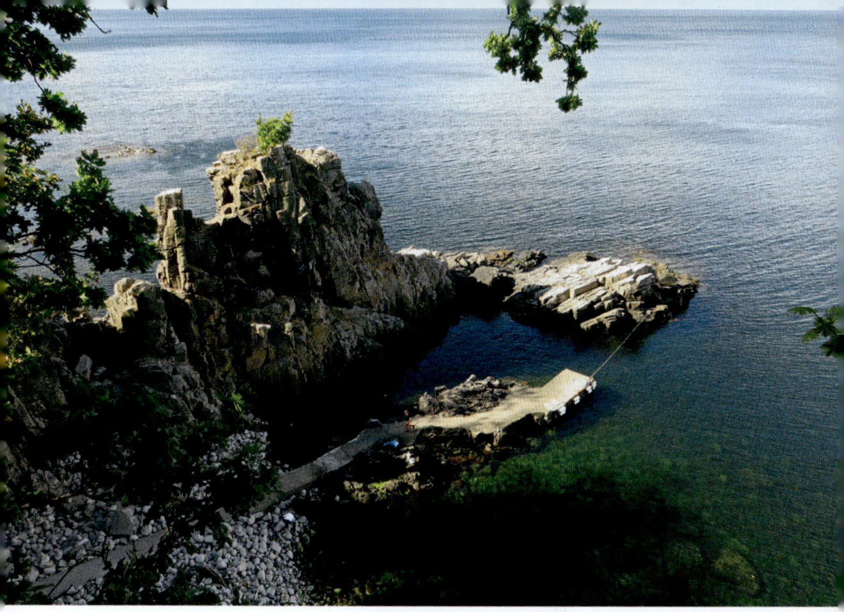

Die Mole bei Helligdomsklipperne wird regelmäßig per Schiff von Gudhjem angelaufen.

Vom Parkplatz bzw. der Bushaltestelle bei **Bornholms Kunstmuseum** ❶ gehen wir Richtung Küste links am Museum vorbei und erreichen oberhalb der felsigen Küste bei **Helligdomsklipperne** einen netten **Aussichtspunkt** ❷ mit Holzgeländer. Unterhalb liegt in der Bucht der Anleger für das Schiff M/S Thor, das von/nach Gudhjem verkehrt.
Direkt vor dem Aussichtspunkt folgen wir dem Küstenpfad nach links entlang des großteils bewaldeten Küstenabschnittes und passieren dabei ein Tal mit Steinbrücke und im Frühjahr betörendem Bärlauch(duft) – wie übrigens später auch im Døndal. Wir halten uns bei Gabelungen links und erreichen schließlich unterhalb der Küstenstraße den Radweg, dem wir etwa 70 m nach rechts folgen. Dann steigen wir links über den Trittpfad die Böschung hinauf und queren (vorsichtig) die Uferstraße. Auf der anderen Straßenseite befindet sich der Eingang des **Døndals** ❸, mit Parkplatz und Toilettenhäuschen.

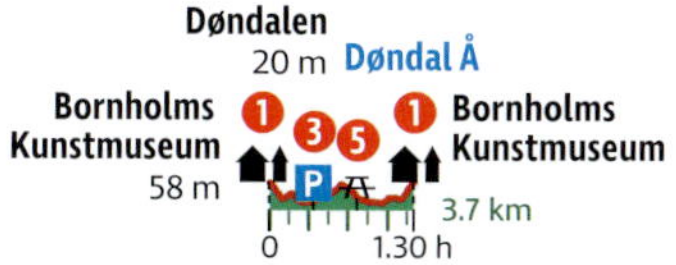

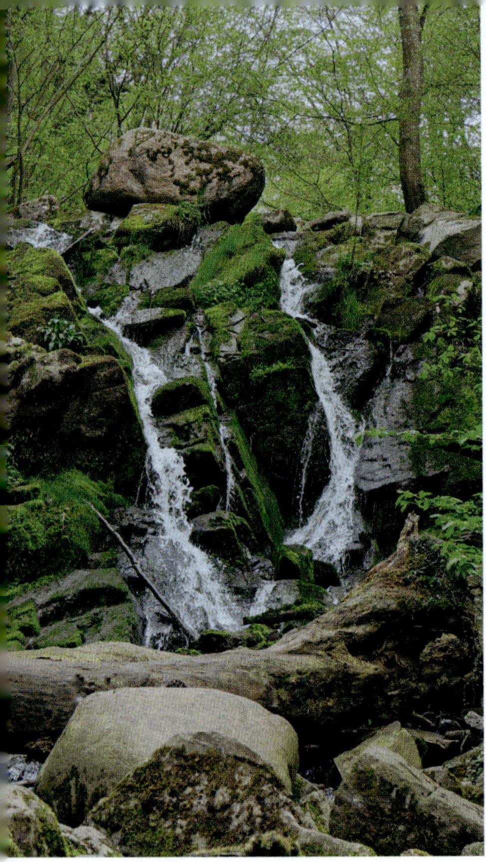

Der Wasserfall im Døndal ist der größte des Landes auf Bornhol und dem europäischen Festland.

Wir folgen dem Weg rechts am Parkplatz vorbei in das Døndal, gehen bei der ersten Gabelung rechts abwärts und nach Kurzem links vorbei an einer Holzbrücke. Wir folgen dem Weg weiter durch den Talgrund leicht aufwärts. Nach 5 Minuten gehen wir geradeaus die Holzstufen hinunter und kurz darauf über einen Holzsteg, ehe wir den relativ breiten **Wasserfall** 4 erreichen, der – bei genügend Wasser – über mehrere Kaskaden insgesamt 20 m tief fällt.

Etwas für statistische Haarspalter: Dieser Wasserfall wird, anders als der 4 m hohe Wasserfall Stavehol, nicht als höchster, sondern mit seiner mittleren Wassermenge und den Kaskaden als größter dänischer Wasserfall geführt.

Zurück geht es wenige Meter auf demselben Weg flussabwärts und dann links über den Bach hinüber, um auf der anderen (linken) Seite dem Weg Richtung Ostsee durch das bewaldete Spaltental zu folgen.

Nach 5 Minuten halten wir uns bei einer Gabelung rechts und ignorieren kurz darauf bei einer **Bank** 5 den rechts den Bach **Døndal Å** über eine Brücke querenden Pfad. Nach wenigen Minuten erreichen wir die Uferstraße mit der Bushaltestelle auf der linken Seite. Wir halten uns rechts und queren das Døndal auf der Holzbrücke rechts neben der Straße. Vor dem Parkplatz schwenken wir nach links, queren die Straße und folgen dahinter rechts dem Radweg. Diesen verlassen wir nach 70 m links auf dem vom Hinweg bekannten Pfad. Weiter geht es entlang dem Kyststi wieder nach **Helligdomsklipperne** und dort rechts aufwärts zum **Bornholms Kunstmuseum** 1, das einen Besuch lohnt.

↗ 160 m | ↘ 160 m | 8.6 km

3.00 h

Døndalen und Spellinge Mose

31

Wanderung zwischen Spaltental, Heide und Moorgebiet

Diese Wanderung führt am bekannten kaskadenartigen Wasserfall vorbei und durch das rund 1 Kilometer lange Døndal aufwärts Richtung Inselinneres, bis in den Sommer hinein mit dem Duft des allgegenwärtigen Bärlauchs in der Nase. Wir passieren Felder, Wälder, Heide und einen Golfplatz, ehe wir uns auf der ehemaligen Bahntrasse Spellinge Mose nähern. Bis zum Jahr 1953 transportierten hier Züge zwischen Rønne und Sandvig bis zu 140.000 Fahrgäste pro Jahr. Dieser Abschnitt, das Klippental nordöstlich von Klemensker, galt als eine der schönsten Bahnstrecken Dänemarks. Bei dem seit 1983 geschützten Spellinge Mose umrunden wir den etwa 4 Hektar großen und bis zu 1,7 Meter tiefen Moorsee, entstanden durch Torfabbau in den beiden Weltkriegen. Der flache Uferbereich mit den Rohrkolbenbeständen bietet Wasservögeln gute Lebensbedingungen. Zurück zum Ausgangspunkt wandern wir wieder auf der ehemaligen Bahnstrecke.

Abstieg zwischen Feldern nach dem Røvej.

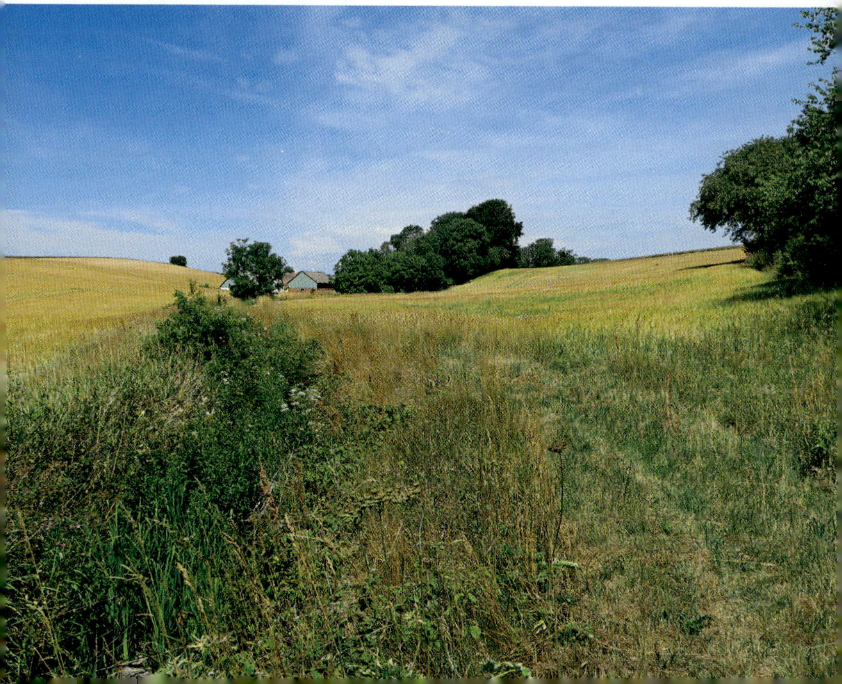

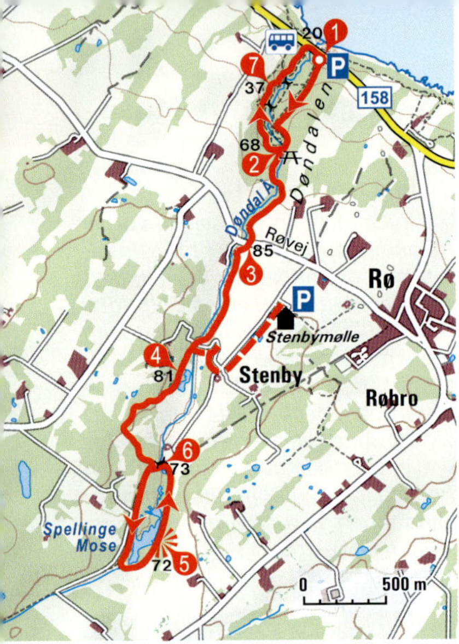

Ausgangspunkt: Seeseitiger Anfang des Døndals, mit Parkplatz (Navi: 3760 Gudhjem, Søndre Strandvej 144A). Bei der Variante Start ab Restaurant Stenbymølle (Navi: 3760 Gudhjem, Spellingevej 1).
ÖPNV: Bushaltestelle Døndalen beim Ausgangspunkt, Linien 1 und 3 Richtung Rønne und Alinge und 7 und 8 rund um die Insel (letztere nur Mai bis Oktober).
Anforderungen: Wanderung auf Wald- und Feldwegen mit stellenweise felsigen Passagen von der Küste durch das Døndal ins Landesinnere und zurück. Den Moorsee Spellinge Mose umrunden wir auf der heute als Radweg genutzten ehemaligen Bahntrasse sowie einem kleinen Pfad. Diese unter Idealbedingungen leichte Wanderung ist dennoch als mittelschwer eingestuft, weil auf dem kurzen Teilstück im Døndal zwischen 2 und 3 infolge umgestürzter Bäume und dem stellenweise abgesackten und durchnässten Hangweg leichte Kletterpartien nötig sein können. Wegen rutschiger Stellen ist vor allem beim Abstieg ins Døndal Vorsicht geboten!
Markierung: Stellenweise Wegweiser »Natursti«.
Einkehr: Keine Möglichkeit unterwegs. Bei Abstecher bzw. Variante Restaurant Stenbymølle beim Parkplatz.
Variante: Die Wanderung kann auch nahe des Golfplatzes gestartet (bzw. dort beendet) werden. Ausgangspunkt ist dann das Restaurant Stenbymølle am Golfplatz. Von dort auf Spellingevej in südwestliche Richtung bis zu einem Hof mit Sackgassenschild, dort rechts abwärts in großer Linkskurve (Schild: Natursti), auf einer Brücke über den Bach und steil aufwärts auf kleinem Pfad in Wald mit Felsen und Heide. Oben erreichen wir 1 km nach dem Restaurant Stenbymølle die beschriebene Route zwischen dem Stein »16« und der Infotafel zum Golfplatz.
Kombi-Tipp: Anfang/Ende von Tour 30.
Hinweis: Beim Queren des Golfplatzes müssen wir auf dem mit Schildern (Natursti) und orangen Pfählen markierten Weg bleiben; andere Stellen dürfen nicht betreten werden wegen des Risikos fliegender Golfbälle.

Vom **Parkplatz Døndalen** 1 gehen wir landeinwärts durch Wald auf dem zunächst breiten Fußweg. Wir ignorieren alle nach rechts abzweigenden Wege. Der Weg führt uns tiefer in das Spaltental hinein und rechts vorbei an dem Wasserfall, der – bei genügend Wasser – über mehrere Kaskaden insgesamt 20 m tief fällt. Nach einer Holzbrücke steigen wir kurz steil auf und erreichen einen anderen Weg, dem wir geradeaus folgen, rechts oberhalb von dem bewaldeten Tal. Bei einer Gabelung gehen wir links abwärts in das **Døndal** (keine Markierung), queren den Bach Døndal Å im Talgrund über eine **Brücke** 2 und setzen danach den Aufstieg auf der

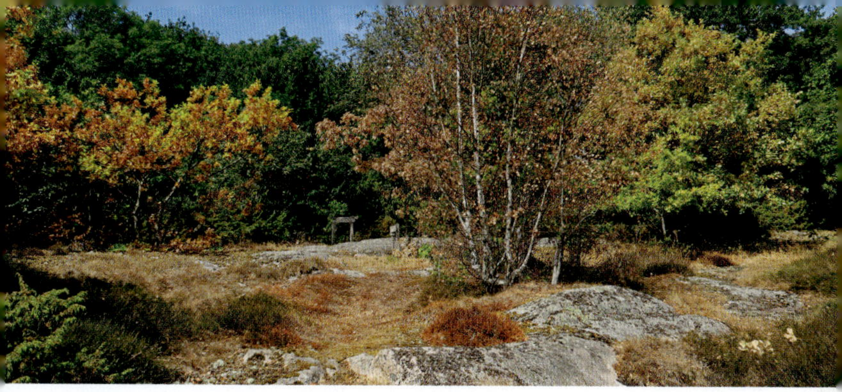

Herbststimmung oberhalb vom Golfplatz.

anderen Seite des Tals fort. Oben erreichen wir die Straße **Røvej** ❸ und überqueren diese. Auf der anderen Straßenseite folgen wir dem Grasweg abwärts (»Natursti, Spellinge Mose«); anfangs kann der Weg etwas feucht sein. Wir gehen zunächst am Feldrand entlang und nähern uns dem **Platz des Nordbornholms Golfklub**, der mit seinen 2 x 18 Löchern als schönster Platz des Landes beworben wird. Kurz nach Anfang des Greens gehen wir nach einer Rechtskurve über eine kleine Holzbrücke und danach aufwärts auf einem Pfad, Abzweigungen ignorieren wir. Bei einer Kreuzung mit einem unbefestigten Weg des Golfplatzes gehen wir geradeaus bzw. um 10 m nach links versetzt (»Natursti«), nach 30 m rechts vorbei an einem Tisch mit Bank und kurz darauf zu einer Kreuzung mit einem Müllbehälter und dem nummerierten **Stein »16«**, wo wir uns rechts halten (»Natursti«). Wir passieren einen Abschlag für Golfer auf einem Felsen und halten uns etwas rechts (»Natursti«). Den kurz darauf links abzweigenden Pfad ignorieren wir (Variante) und gehen geradeaus weiter.

Bei einer **Infotafel zum Golfplatz** ❹ mit nettem Blick auf den Teich nehmen wir den Pfad rechts aufwärts, der bald in einen Kiesweg einmündet, dem wir geradeaus leicht abwärts folgen. Bei der Kreuzung vor einem Stein (»7«) gehen wir rechts aufwärts über Holzstufen (»Natursti«), kurz darauf über eine Holzbrücke und weiter durch das verbuschte bzw. überwachsene Heidegebiet auf dem Golfareal mit Wacholder, Kiefern und Birken. Am Ende des Golfplatzes halten wir uns bei einer Infotafel und T-Kreuzung von Pfaden links (»Natursti, Spellinge Mose«) und nach 50 m etwas rechts. Nach einer kurzen Steigung bzw. 50 m nach einem Bach nehmen wir vor einer Wiese den rechten Pfad durch Nadelwald und erreichen nach 100 m einen

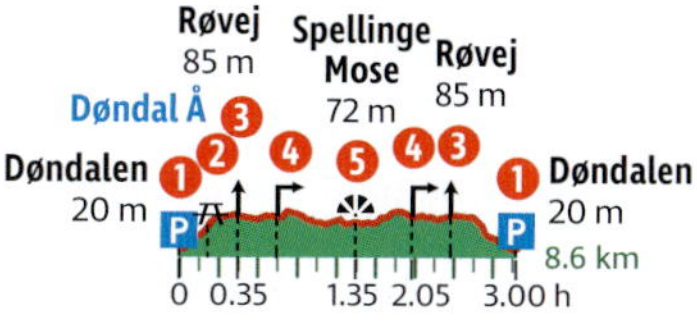

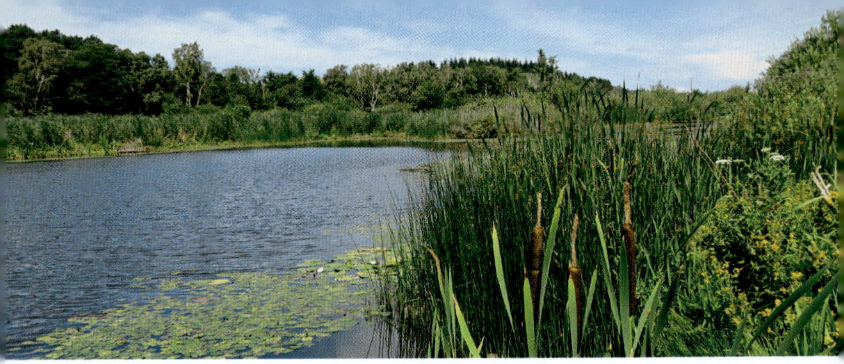

Spellinge Mose, ein durch Torfabbau entstandener Moorsee.

Damm, wo wir dem Radweg auf der alten Bahnstrecke nach rechts folgen. In einer lang gezogenen Rechtskurve nehmen wir den links abzweigenden Pfad (»Spellinge Mose Natursti«), der erst durch Wald und später über freies Gelände führt, wo wir den Moorsee rechts umgehen. Am Ostufer führt der Pfad direkt am Ufer entlang und bietet schöne Blicke auf **Spellinge Mose** ❺. 5 Minuten nach Ende des Moorsees halten wir uns bei einer Wiese mit einem Wasserreservoir links und nehmen nach Queren der Wiese vor einer kleinen Betonbrücke die **Treppe** ❻ hinauf auf den bekannten Bahndamm mit Radweg, dem wir links kurz folgen.
30 m nach der Brücke schwenken wir wieder rechts in den Nadelwald (Holzschild »Sti«) und folgen dem vom Hinweg bekannten gelb markierten Weg zurück in das Døndal (»Natursti«), wegen mehrerer Abzweigungen noch einmal in der anderen Gehrichtung beschrieben: Nach 100 m gehen wir bei der Wiese rechts abwärts über den Grasweg (»Natursti«). Bei der **Infotafel** ❹ am Anfang des **Golfplatzes** nehmen wir den Pfad nach rechts (»Natursti, Døndalen«) und gehen wie beim Hinweg oberhalb vom Golfplatz. Kurz vor Ende des Golfplatzes folgen wir nach einer kleinen Holzbrücke dem Grasweg nach links zunächst am Rand des Golfplatzes und später zwischen Feldern aufwärts zum **Røvej** ❸. Nach dessen Querung steigen wir die Holztreppe hinunter in das **Døndal**. Bei einer Gabelung nach etwa 5 Minuten ignorieren wir den rechts abzweigenden Weg, wandern geradeaus weiter abwärts und queren kurz darauf den Bach über eine Brücke.
Nach 200 m nehmen wir in der Linkskurve des Weges nicht wie beim Hinweg den geradeaus abwärtsführenden Pfad, sondern folgen dem Weg durch die Linkskurve und danach geradeaus abwärts auf der linken Talseite. Nach etwas mehr als 5 Minuten halten wir uns bei einer **Gabelung** ❼ rechts und ignorieren kurz darauf den rechts über eine Brücke führenden Pfad. Nach wenigen Minuten erreichen wir die Uferstraße mit der Bushaltestelle links und rechts – auf der anderen Talseite – den **Parkplatz Døndalen** ❶, den Ausgangspunkt unserer Wanderung.

↗ 90 m | ↘ 90 m | 6.1 km

2.00 h

Rø Plantage 32

Rundwanderung durch ein kleines Waldgebiet mit Spaltental und Teich

Die Rø Plantage rangiert in der Liste der Sehenswürdigkeiten Bornholms weiter unten, bietet aber dafür ruhiges und entspanntes Wandern durch Wald, über eine Hochfläche sowie entlang versteckter Weiher und dem als Holzlager künstlich aufgestauten Waldsee Borgesø, in dem die Massen der durch den Orkan 1967 umgewehten Baumstämme unter Wasser besser konserviert werden sollten. Früher war die 600 Hektar große Fläche der im 19. Jh. bewaldeten Plantage ein steiniges Weideland mit Heide. Durch das Gebiet mit überwiegend Nadelbäumen führen gut markierte Wanderwege. Das sind laut offizieller deutscher Übersetzung des Info-Faltblattes »Rø Plantage« vom dänischen Umweltministerium »ein paar Stunden fröhlichen Wanderns«.

Ausgangspunkt: Die Rø Plantage liegt rund 3 km südöstlich von Gudhjem im Landesinnern. Kleiner Parkplatz am Sigtevej 0,7 km südwestlich von der Kreuzung mit dem Brommevej (Navi: 3760 Gudhjem, Sigtevej) – es ist der dritte Parkplatz nach der Kreuzung.
ÖPNV: Keine Bushaltestelle in der Nähe, aber mit 2 km langem Zubringer über den Højlyngssti ist Buslinie 2 auf dem Klemenskervej erreichbar, 400 m nordöstlich der Haltestelle Splitsgårdsvej/ S Lyngvej. Bus bei Kreuzung von Klemenskervej mit dem Højlyngssti halten lassen und dem gut markierten Højlyngssti südostwärts 2 km folgen bis Lundehusvej.

Anforderungen: Leichte Wanderung fast ausschließlich auf Waldwegen mit einigen sehr kurzen An-/Abstiegen. Letztere können bei Nässe rutschig sein!
Markierung: Großteils gelbe Punkte/ Pfeile sowie Wegweiser Hølyngssti (weiße Person auf orangem Grund).
Einkehr: Keine Möglichkeit.
Varianten: Mehrere Abkürzungsmöglichkeiten; etwa 1) bei Kreuzung zwischen der Holztreppe ❹ und Lundehusvej links und rotem Pfeil südwärts folgen bis zur Route kurz nach ❼ (3,5 km kürzer); 2) bei ❺ Højlyngssti geradeaus, abwärts in großem Bogen und nach Holzsteg links auf die Route zwischen ❻ und ❼ (1 km kürzer).

Am **Parkplatz Rø Plantage ❶** queren wir die Straße und folgen auf der anderen Seite dem gelb markierten Weg abwärts, nach 30 m vorbei an zwei Steinen und einem Pfahl. Unten gehen wir geradeaus auf dem Damm über den an dieser Stelle 4 m tiefen Borgesø, dessen Wasser durch den Bach Bobbeå flussabwärts bei der Salenebucht in die Ostsee mündet. Am Ende des Teichs halten wir uns rechts abwärts, über eine Bretterbrücke und vorbei an zwei Steinen und **Bank ❷**.

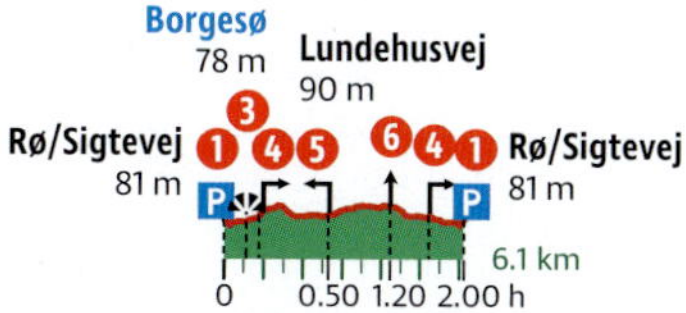

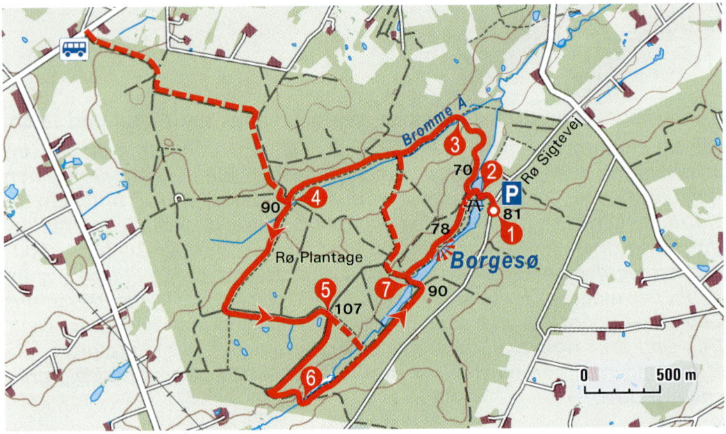

Die links hinaufführende Treppe ignorieren wir (unser Rückweg) und gehen geradeaus, beim folgenden Forstweg rechts und nach 50 m links aufwärts (gelber und roter Pfeil, Højlyngsstien). Nach einem Gatter schlängelt sich der Pfad durch eine baumfreie, felsige Hochfläche, deutlich markiert mit drei farbigen Pfeilen und Punkten (gelb, rot, orange). Nach dem Abstieg mit zuletzt einer kurzen **Holztreppe** ❸ passieren wir wieder ein Gatter und folgen den Markierungen nach links entlang dem Wasserlauf der Bromme Å.

Klippevej neben Felswänden in der Rø Plantage.

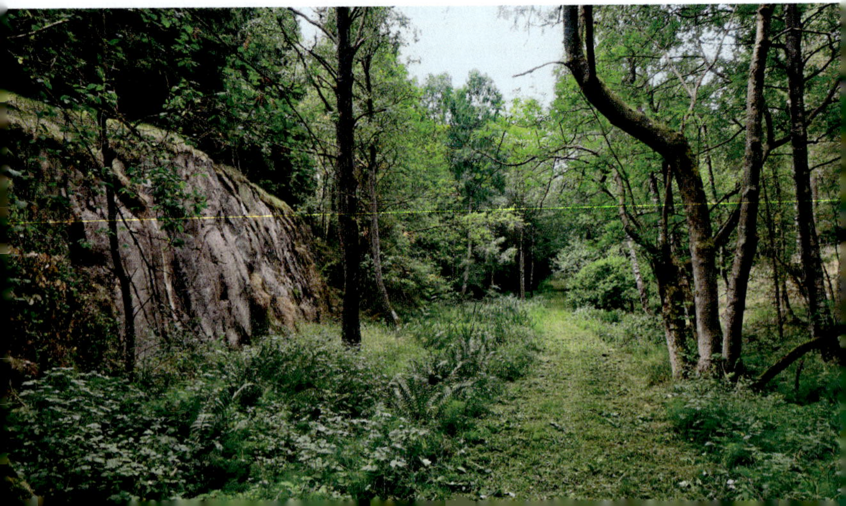

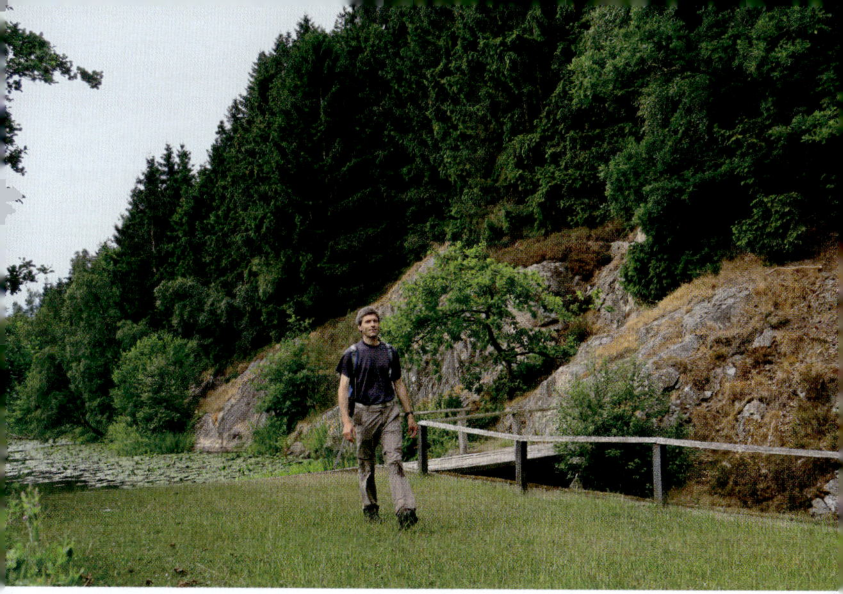

Am Borgesø in Rø Plantage.

Bei einer Kreuzung weist der rote Pfeil abkürzend nach links, während wir leicht links versetzt geradeaus dem Højlyngssti und gelben Pfeilen folgen, durch einen 1932 gepflanzten Nadelwald weiter rechts neben der Bromme Å. Bei der folgenden T-Kreuzung mit dem gekiesten **Lundehusvej** ❹ verabschiedet sich der Højlyngssti nach rechts, während wir dem gelben Pfeil nach links und nach der Brücke über die Bromme Å rechts auf einen Grasweg folgen. Auf diesem sogenannten Klippevej (»Felsenweg«) passieren wir steile Felswände. Bei einem Stein erreichen wir den größeren (Spur-) Weg Tyvemvej, dem wir nach links folgen (gelb). Bei einer **Kreuzung mit Stein** ❺ erreichen wir wieder den Højlyngssti und folgen ihm nach rechts (oder abkürzend geradeaus). Nach 10 Minuten auf dem Fernweg geht es durch die Linkskurve und abwärts in ein Bachtal. Dort zweigen wir nach Querung des Baches nach links und wandern nach Passieren eines **Gatters** auf angenehmem **Grasweg** ❻ neben dem Bach (keine Markierung). Der Weg mündet nach 0,6 km in den links über einen Holzsteg heranführenden Højlyngssti (und damit die Abkürzung) ein, dem wir nun geradeaus folgen und nach einem Gatter links auf breitem Spurweg weitergehen. 50 m nach einer **Holzbrücke** ❼ zweigen wir nach rechts (Højlyngsstien, gelber Pfeil) in einen schönem Waldweg oberhalb vom Borgesø. Am Wegende gehen wir nach der Holztreppe rechts bei der **Bank** ❷ mit zwei Steinen über den Damm und an dessen Ende wieder hinauf zum Parkplatz **Rø Plantage** ❶.

↗ 25 m | ↘ 25 m | 1.9 km

0.30 h

33 Rokkestene in Rutsker Højlyng

Rundwanderung durch kleines Waldgebiet mit Wackelstein und Heide

Eine Handvoll Wackelsteine bietet Bornholm, davon zwei im 134 Hektar großen und seit 1930 geschützten Wald- bzw. Heidegebiet bei Rutsker. Durch zu häufigen Gebrauch bzw. zu starkes Rütteln ließen sich beide lange Zeit nicht mehr bewegen, aber dank moderner Technik ist der Waagstein wieder in seiner alten labilen Lage und wackelt wieder. Das Rütteln lässt sich mit einem kurzen Rundweg kombinieren, der durch Wald mit einem vorgeschichtlichen Gräberfeld sowie ein überschaubares Heidegebiet mit einladendem Rastplatz führt. Die 90 Hektar große Waldfläche wurde zum Preis von umgerechnet 1,2 Mio. € von der Gemeinde Bornholm verkauft, bleibt aber natürlich weiterhin begehbar.

Ausgangspunkt: Parkplatz Rutsker Plantage. Diese liegt rund 3 km östlich von Helligdomsklipperne im Landesinneren. Kleiner (ausgeschilderter) Parkplatz am Slettevej kurz nach der Kreuzung mit dem Brommevej (Navi: 3790 Rutsker, Slettevej 10).
ÖPNV: Keine sinnvolle Busanbindung.
Anforderungen: Leichter kurzer Spaziergang auf Waldwegen und über eine Heidefläche.
Markierung: Stellenweise Wegweiser.
Einkehr: Keine Möglichkeit.
Variante: Alternativ beginnen/beenden wir die Tour bei einem kleinen Parkplatz mit Tisch und Bank sowie Infotafel südlich von der Rutsker Plantage. Von dort über kleine Holzbrücke in der Ecke und weiter auf Pfad durch Wald zum beschriebenen Weg.

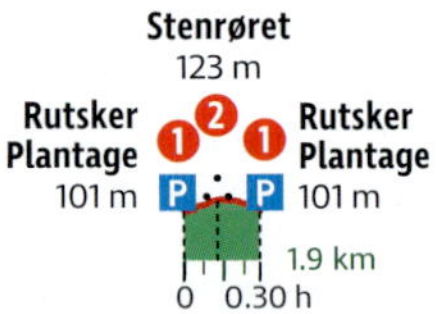

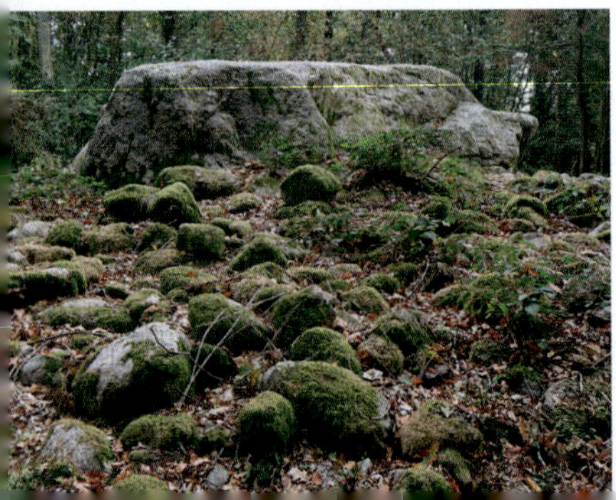

Vom **Parkplatz** ❶ der **Rutsker Plantage** orientieren wir uns Richtung Wald und nehmen vor der Metallsperre für Fahrzeuge den links abzweigenden Pfad, nach wenigen Minuten links vorbei an einer Holzbank und einer Felswand. Wir folgen dem Pfad weiter und ignorieren Abzweigungen. Wenige Minuten nach einem großen Stein auf der linken Seite erreichen wir bei einer Bank und einem Felsen den westlichsten Punkt dieser Rundwanderung, eine runde Steinansammlung mit einem Felsblock in der Mitte namens **Stenrøret** ❷ (»Steinrohr«). Dieses 20 m

Prähistorisches Gräberfeld: Stenrøret.

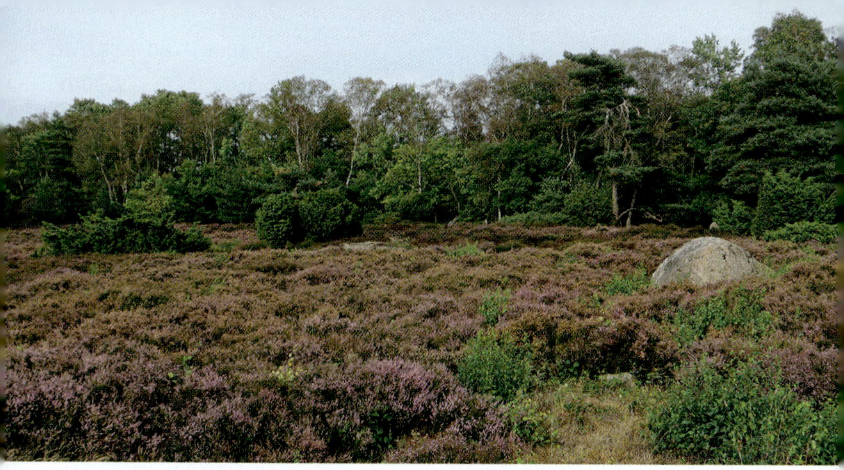

Blühende Heide in Rutsker Højlyng.

breite, vermutliche Gräberfeld wird auf einen recht großen Zeitraum der Bronze- und Eisenzeit datiert (etwa 1700 v. Chr. bis 375 n. Chr.).

Wir halten uns etwas rechts und folgen dem Pfad durch Wald, der zu etwa zwei Dritteln aus Nadelbäumen besteht, von denen die Hälfte älter als 40 Jahre ist. Nach wenigen Minuten passieren wir ein Gatter und zur Linken einen größeren Felsblock. Dahinter halten wir uns rechts und folgen dem gekiesten Radweg durch die offene (Heide-)Landschaft. Nach wenigen Minuten erreichen wir den aussichtsreichsten Punkt, einen **Rastplatz** ❸ mit Tisch und Bank mitten in der Heide. Nach 50 m liegt etwas links vom Weg ein bekannter Felsblock mit dem Namen **Fabeldyret** ❹ (»Fabeltier«), mit 30 t der größte Findling in diesem Gebiet. Kurz darauf empfängt uns der Wald wieder, wo wir dem Radweg durch wenige Kurven zu einem weiteren Tisch mit Bank folgen.

Nach links ist ein kurzer Abstecher möglich zu einem weiteren Findling, dem **Rokkesten** ❺ von Rutsker, der mit seinem Gewicht von 20 t früher so labil gelagert war, dass er sich hin und her bewegte – daher der Name »Waagstein«. Heute wackelt er nur mit Kraftanstrengung.

Ab dem Tisch mit Bank folgen wir dem Weg noch ein kurzes Stück zurück zum **Parkplatz Rutsker Plantage** ❶ am Straßenrand.

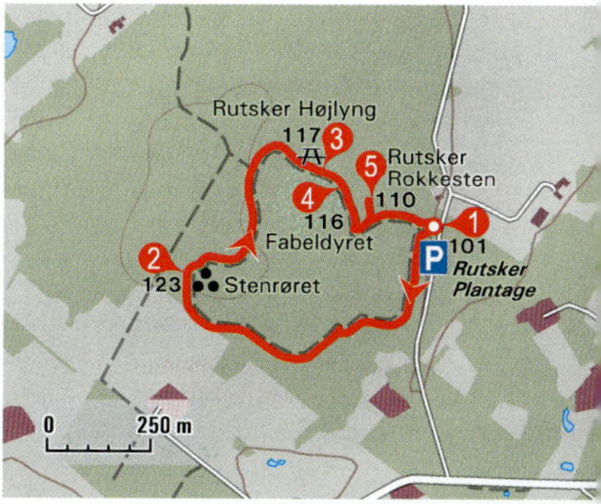

↗ 60 m | ↘ 60 m | 6.5 km

34 Von Tejn nach Allinge-Sandvig

2.30 h

Küstenwanderung im Nordosten

Der zwischen dem Døndal und Tejn großteils über Straße führende Küstensteig setzt sich ab Tejn nordwärts auf einem schönen Küstenweg fort, dem diese Tour folgt. Wir verlassen schnell den eher industriell anmutenden Fischerhafen von Tejn – den drittgrößten der Insel – und erleben eine abwechslungsreiche Felsküste mit vielen Buchten und Schären, die stellenweise an Schweden erinnert. In dem großen Fischerdorf Allinge bietet sich ein Einkehr- oder Versorgungsstopp an, ehe wir den Weg nordwärts fortsetzen. Dabei entfernen wir uns von der Küste und nähern uns auf der erhöht verlaufenden alten Bahntrasse mit weitem Blick dem Zielort Sandvig.

Ausgangspunkt: Hafen von Tejn, mit Parkplatz (Navi: 3770 Allinge, Tejn, Havnen 3).
Endpunkt: Hafen von Sandvig.
ÖPNV: Zwischen Tejn und Sandvig (Haltestelle Hotel Falcon kurz vor dem Hafen) verkehren die Buslinien 2 sowie 7 und 8 (letztere nur von April bis Oktober), dazu kommen häufige Verbindungen der Linie 1 zwischen Tejn und Allinge (Haltestelle Lindeplads 150 m südwestlich vom Hafen).
Anforderungen: Leichte Wanderung entlang der felsigen Küste über kleine Wege, die stellenweise mit Felsen bzw. Steinen durchsetzt sind. Einige Abschnitte – vor allem in Allinge – führen über kleine asphaltierte Straßen bzw. Bürgersteige. Am Ortsende von Allinge erwartet uns ein kurzer Anstieg zu der erhöht verlaufenden früheren Bahntrasse, heute ein Radweg mit Kiesbelag.
Markierung: Kyststi.
Einkehr: Diverse Möglichkeiten in Allinge und Sandvig.
Variante: Kurz vor Schluss lohnt sich beim Einmünden auf die Bahntrasse ein Abstecher nach links zu den bronzezeitlichen Felszeichnungen von Madsebakken (10 Min. hin und zurück).
Kombi-Tipp: Als Etappe des Kyststi kombinierbar mit Tour 40, den Rundtouren bei Sandvig (Touren 42–44) und dem Beginn von Tour 35.

Badebucht am Strand von Næs.

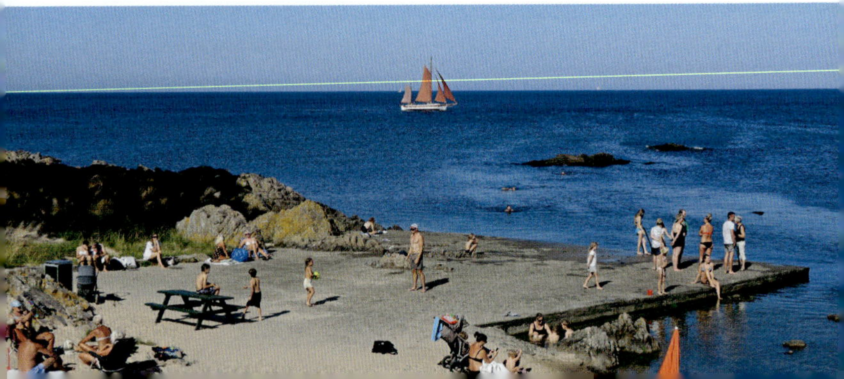

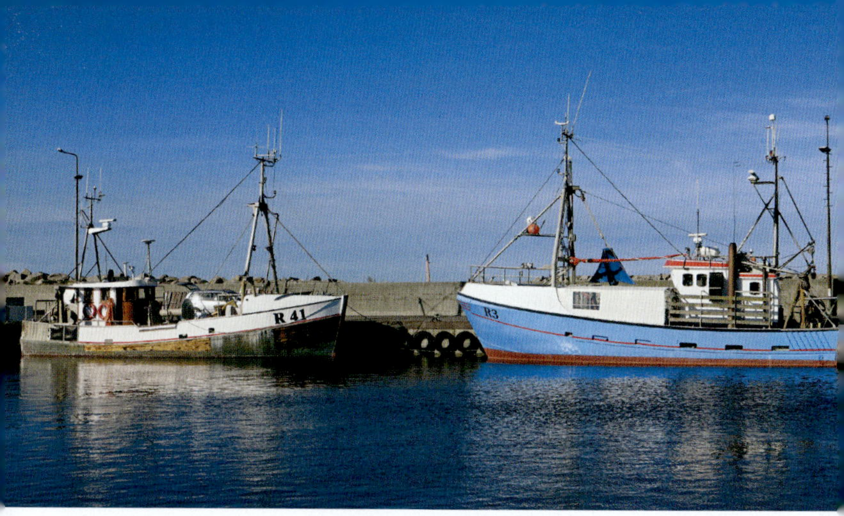

Der Fischerhafen von Tejn ist der größte Hafen im Norden Bornholms.

Von der Bushaltestelle am **Hafen von Tejn** ❶ folgen wir der Uferstraße (Nordre Strandvej) 50 m nordwestlich in Richtung Sandvig und gehen vor dem Supermarkt »Dagli Brugsen« rechts auf den Hafen zu und gleich danach wieder links (Havnervej). Den neueren Hafen, in den 1960er- und 1980er-Jahren ausgebaut mit Werft und Schiffshebeanlage, haben wir hinter uns. Die kleine Straße führt vorbei an schmucklosen Gebäuden und in einer Linskurve aufwärts zur Hauptstraße verlassen wir sie, indem wir geradeaus wandern auf dem gekiesten Kyststi (»Allinge 3,6 km«), vorbei an einer Bank. Links abzweigende Wege ignorieren wir. Nach einigen Minuten entlang der Küste passieren wir kurz nacheinander bei Sandkås zwei Strände. Zwischen beiden ist ein Rastplatz mit Tisch und Bank und links davon ein Parkplatz mit einem Kiosk (im Sommer). Wir folgen am zweiten Strand bei **Sandkås** ❷ dem Uferweg weiter in nördliche Richtung.
An diesem schönen Küstenabschnitt laden mehrere Bänke zur Rast ein. Bei dem Wendehammer einer Fahrpiste gehen wir geradeaus weiter und passieren die Bucht mit dem **Strand von Næs** ❸, mit Bänken. Vom Strand folgen wir kurz vor der Küste links der leicht aufwärtsführenden Betonrampe mit rechts einem Geländer und wandern auf dem Uferweg zum Südende von Allinge. Hier folgen wir der Straße rechts zur sichtbaren Räucherei. 50 m hinter der **Nordbornholms Røgeri** biegen wir in die Gasse links ein, die auf das Hotel Klostergården zuführt. Hier halten wir uns rechts und erreichen kurz darauf den **Hafen von Allinge** ❹ mit Einkehr- und Einkaufsgelegenheiten. Links oberhalb vom Hafen liegt die Bushaltestelle Lindeplads – für den Fall des Tourenabbruchs.

In Allinge umgehen wir den Hafen links und folgen an dessen Nordende mit dem Gamle Pakhus (altes Lagerhaus) der alten Bahntrasse rechts, vorbei am Café Den Grønne (Schild »Gangsti til Sandvig«). Nach einer kleinen Brücke gehen wir rechts abwärts zum kleinen **Kampeløkkehavn** (gelber Pfeil), wandern nach dem Parkplatz rechts auf dem Bohlenweg entlang der felsigen Küste und erreichen nach dem Hafen einen markanten modernen **Holzpavillon 5**. Das Holzgebäude wurde anlässlich der Folkemødet von Allinge errichtet, einer alljährlichen Veranstaltung im Juni, wo Prominenz aus Politik und Wirtschaft mit Bürgern bei Festival-Ambiente über alles Mögliche diskutiert, um gemeinsam nach Lösungen für gesellschaftliche Probleme zu suchen (folkemoedet.dk). Diese basisdemokratische Veranstaltung ist mit ihren jährlich mehr als 100.000 Besuchern (dem Zweieinhalbfachen der gesamten Inselbevölkerung!) an vier Tagen eine logistische Herausforderung!

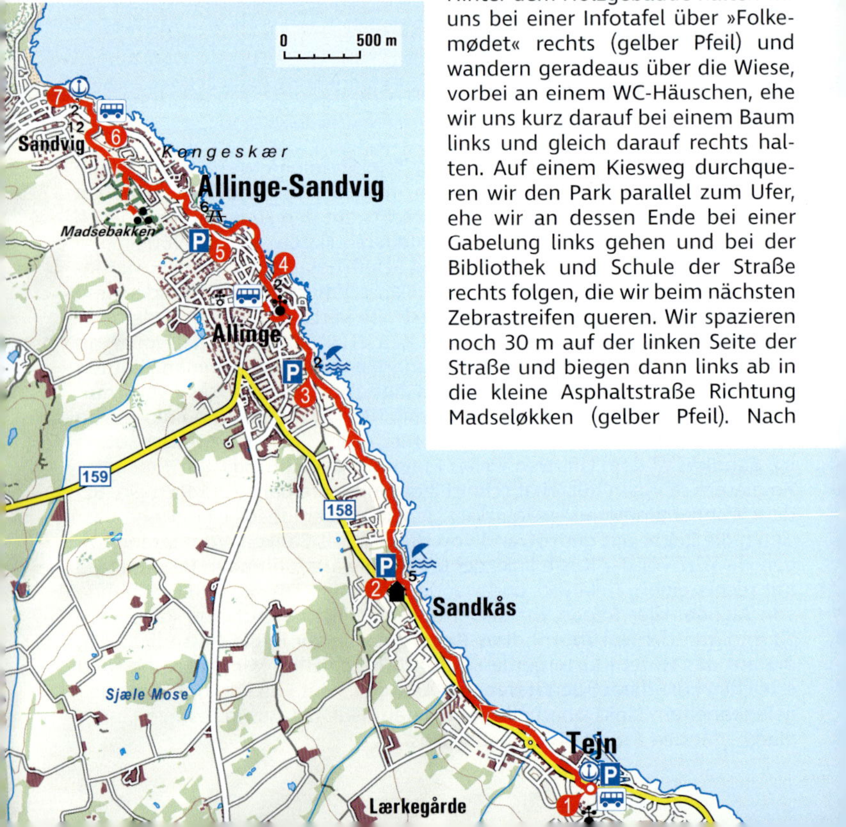

Hinter dem Holzgebäude halten wir uns bei einer Infotafel über »Folkemødet« rechts (gelber Pfeil) und wandern geradeaus über die Wiese, vorbei an einem WC-Häuschen, ehe wir uns kurz darauf bei einem Baum links und gleich darauf rechts halten. Auf einem Kiesweg durchqueren wir den Park parallel zum Ufer, ehe wir an dessen Ende bei einer Gabelung links gehen und bei der Bibliothek und Schule der Straße rechts folgen, die wir beim nächsten Zebrastreifen queren. Wir spazieren noch 30 m auf der linken Seite der Straße und biegen dann links ab in die kleine Asphaltstraße Richtung Madseløkken (gelber Pfeil). Nach

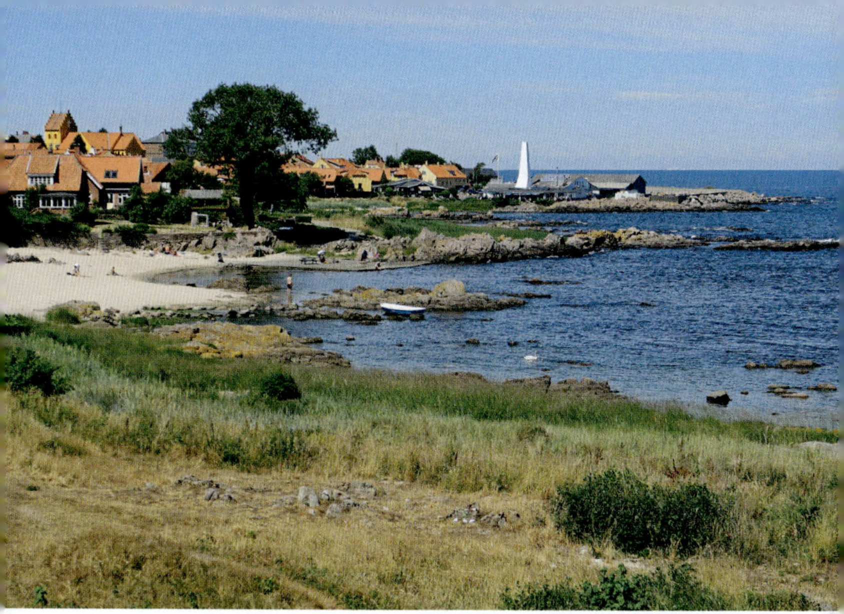

Blick auf Allinge mit seiner Räucherei.

kurzem Anstieg und einem Tempo-20-Schild nehmen wir bei einer Kreuzung die zweite Straße nach rechts, die auf Kiesbelag leicht aufwärtsführt (gelber Pfeil sowie Hausnummern 69–70–71), vorbei an Ferienwohnungen zu einem Radweg mit Kiesbelag. Hierbei handelt es sich um die frühere Bahntrasse, auf der von 1913 bis 1953 Züge zwischen Rønne und Sandvig verkehrten, mit jährlich bis zu 142.000 Fahrgästen. Diesem Kiesweg folgen wir nach rechts mit schöner Aussicht auf die Nordküste von Bornholm Richtung Sandvig.

Nach 5 bis 10 Minuten nehmen wir den ersten rechts abwärtsführenden Weg, links vorbei an den Gebäuden des Hotels Falcon. An der Uferstraße gehen wir entweder rechts zur **Bushaltestelle Hotel Falcon** ❻ oder weiter zum Hafen mit Einkehrgelegenheit. Dazu queren wir die Straße und halten uns links, gehen nach 30 m rechts Richtung Küste und davor etwas links, und folgen dann dem Fußweg durch die Metallsperre und auf den alten Räuchereischornstein zu. Nach wenigen Minuten erreichen wir den **Hafen von Sandvig** ❼ mit einer beliebten Eisbar rechts davor.

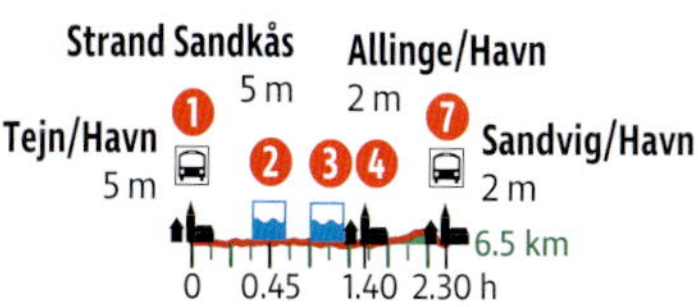

↗ 40 m | ↘ 130 m | 6.7 km

35 Von Olsker über Sandkås nach Allinge

2.30 h

Wanderung von der höchsten Rundkirche zur Küste und nach Allinge

Und wieder ein Superlativ, oder besser zwei: Nach dem Start der Tour in Olsker passieren wir mit der Olskirke die höchste und höchstgelegene der vier Bornholmer Rundkirchen. Diese besonderen Sakralbauten mit ihren bis zu 2 Meter mächtigen Mauern und nur kleinen Fenstern waren im Mittelalter sowohl Gotteshaus als auch Fluchtburg für die Bevölkerung. Statt eines Daches hatten Rundkirchen früher einen oberen Wehrgang, der im 18. Jh. mithilfe eines Mittelpfeilers durch kegelförmige Dächer ersetzt wurde.
Auf Feldwegen, der alten Bahntrasse sowie kleinem Pfad durch ein Spaltental steigen wir ab zur Küste bei Sandkås und folgen dem Küstenweg nach Allinge über einen schönen felsenreichen Abschnitt.

Ausgangspunkt: Bushaltestelle in Olsker, Parkgelegenheit oberhalb von Olsker bei der Olsker-Rundkirche (Navi: 3770 Allinge, Olsker, Lindesgårdsvej 1).
Endpunkt: Allinge im Zentrum nahe der Bushaltestelle Lindeplads, Parkplatz am Hafen nördlich der Räucherei (Navi: 3770 Allinge, Kæmpestranden 2).
ÖPNV: Buslinie 1 zwischen Ausgangs- und Endpunkt (Mo–Fr stündlich, sonst alle 2 Stunden).
Anforderungen: Leichte Wanderung über Feld-, Wald und Küstenwege mit unterschiedlichem Wegbelag: Gras, Steine, (verfestigter) Sand sowie in Ortschaften Asphalt. Sie folgen stellenweise dem Radweg sowie Küstenweg. Der Abstieg von der Bahntrasse (Radweg) über die kleine Treppe und dann hinunter auf dem Pfad durch Wald kann bei/nach Nässe sehr rutschig sein.
Markierung: Anfangs Radwegweiser, später Kyststi.
Einkehr: Im Sommer Kiosk am Strand von Sandkås, mehrere Einkehrgelegenheiten am Endpunkt Allinge.
Varianten: In Allinge sind auch andere Wege möglich, etwa am Ufer entlang zum Hafen.
Kombi-Tipp: Zusammen mit Tour 36 18 km lange Rundwanderung zwischen Allinge und Olsker, außerdem streckenweise Kombinationsmöglichkeit mit dem Küstenweg von Tour 34.
Tipp: Olskirke (geöffnet täglich 8–17 Uhr).

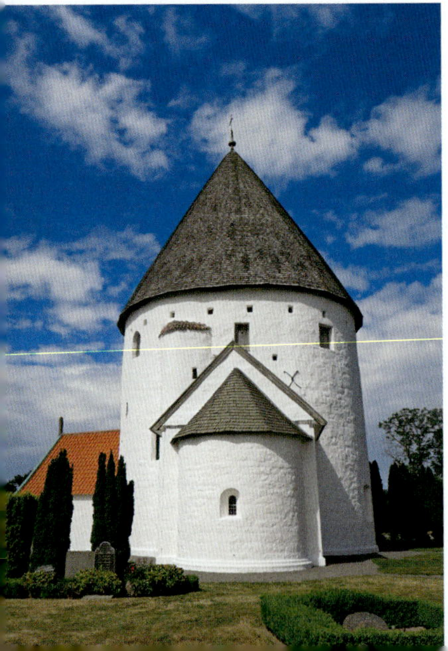

Olskirke, die höchste Rundkirche der Insel.

Die Bushaltestelle in **Olsker** ❶ liegt in der Ortsmitte gegenüber von einem Antiquitätenladen. Dort beginnt unsere Tour, zunächst entlang der Hauptstraße in südliche Richtung (also der Fahrtrichtung des Busses aus Allinge kommend). Beim letzten Haus von Olsker auf der linken Seite folgen wir dem Grasweg halb links, rechts an dem Haus vorbei und erreichen nach kurzem Anstieg die im 13. Jh. erbaute Wehrkirche **Olskirke** ❷, die höchste (28 m) und höchstgelegene (112 m) aller vier Bornholmer Rundkirchen.

Von der Olskirke aus nehmen wir die vor dem Nebengebäude (Degnegård, dort WC) links abzweigende Straße mit Meerblick. Bei der T-Kreuzung mit einer Straße queren wir diese, gehen links auf dem Radweg weiter und folgen 300 m nach der Linkskurve der Straße dem rechts abzweigenden Feldweg. Nach 70 m macht dieser eine Rechtskurve und verläuft leicht abwärts. 1 km nach der Abzweigung von der Straße wandern wir bei einer T-Kreuzung vor einem alten Gebäude nach links und dann durch eine Rechtskurve, um nach 5 Minuten dem links abzweigenden Rad-/Fußweg Richtung Allinge-Sandvig zu folgen, links an einem stallartigen **Gebäude** ❸ mit Fotovoltaik und dahinter einer Kläranlage vorbei.

Bei der Kreuzung mit der kleinen Straße Storedalen bei zwei Feldsteinen gehen wir geradeaus auf der geschotterten ehemaligen

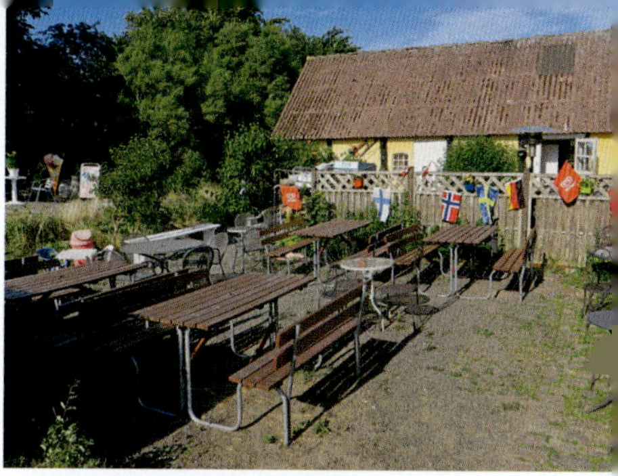

Einladendes Freiluftcafé in Olsker.

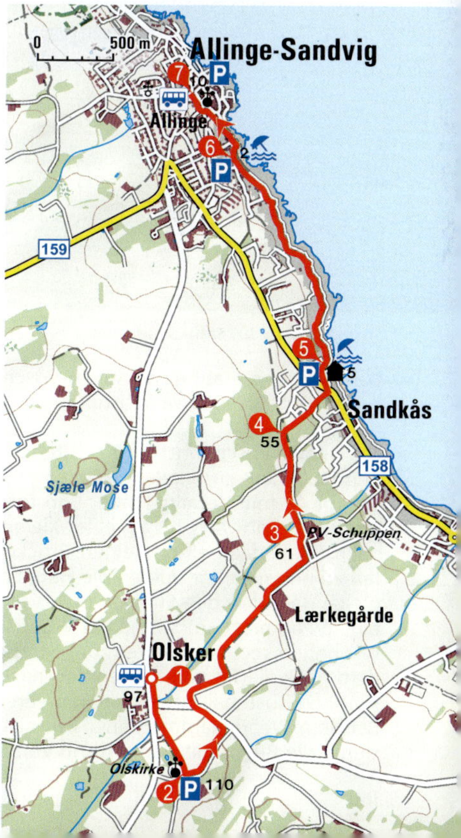

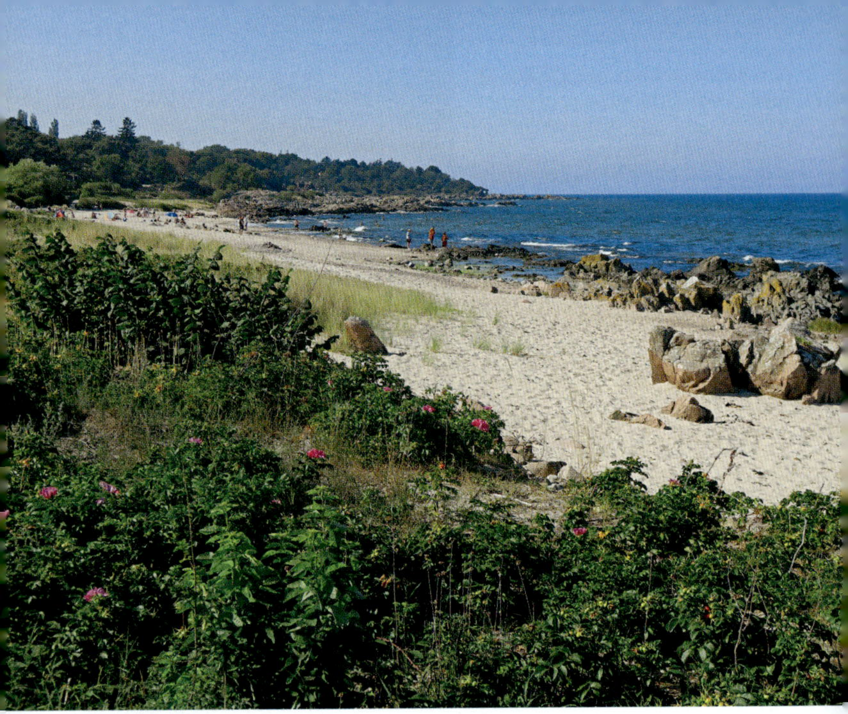

Strandszenerie bei Store Sandkås.

Bahntrasse, die auf einer hohen Böschung durch Wald in nördliche Richtung führt. Bis 1953 verkehrten hier Züge auf der Strecke zwischen Rønne und Sandvig.
Nach etwa 200 m entlang der alten Bahntrasse aufgepasst: Bei einer kleinen Holzbank zur Linken nehmen wir die rechts abwärtsführende, steile **Treppe** ❹ mit Metallgeländer und folgen dem Pfad durch das Spaltental Storedalen abwärts bis zu einer kleinen Straße. Hier gehen wir links, um nach 50 m nach einer kleinen Brücke rechts die abwärtsführenden Stufen zu nehmen. Wir queren die Hauptstraße, halten uns links und zweigen gleich darauf in den Fußweg rechts ab (Schild »Sti til Allinge«), der uns zu einem Parkplatz am Strand mit WC, Tischen und Bänken sowie Kiosk führt. Wir gehen rechts hinunter zum **Strand von Sandkås** ❺ und folgen dort dem gelb markierten Küstenpfad nach links Richtung Allinge. An diesem schönen Küstenabschnitt laden mehrere Bänke zur Rast ein.
Bei dem Wendehammer einer Fahrpiste wandern wir geradeaus und passieren die Bucht mit dem **Strand von Næs** ❻ mit Bänken. Am Strandende

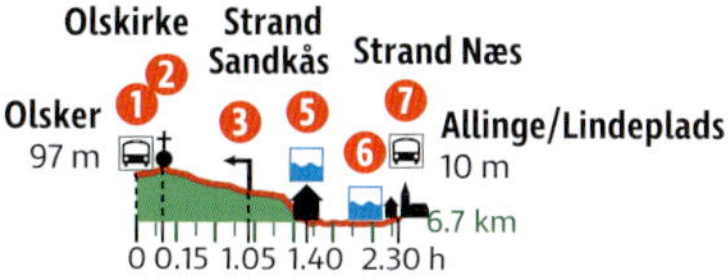

gehen wir rechts über die Betonrampe mit einem Geländer und weiter am Ufer entlang, bei der nächsten Gabelung nahe der Räucherei kurz links und dann rechts in die Gasse Løsebækgade.

Bei einer Gabelung vor Haus Nr. 1 gehen wir links aufwärts auf der Kirkestræde, auf die im 19. Jh. umgestaltete **Allinge Kirke** zu, die auf das 16. Jh. zurückgeht. Wir gehen links an der Kirche vorbei und vom Vorplatz halb rechts in die Skolegade Richtung NNW (Einbahnstraße). Nach 80 m erreichen wir in der Ortsmitte die Bushaltestelle **Lindeplads** 7, wo am Mittwoch Markttag ist. Der Hafen liegt 100 m weiter nördlich.

An der Schärenküste vor Allinge mit der Räucherei.

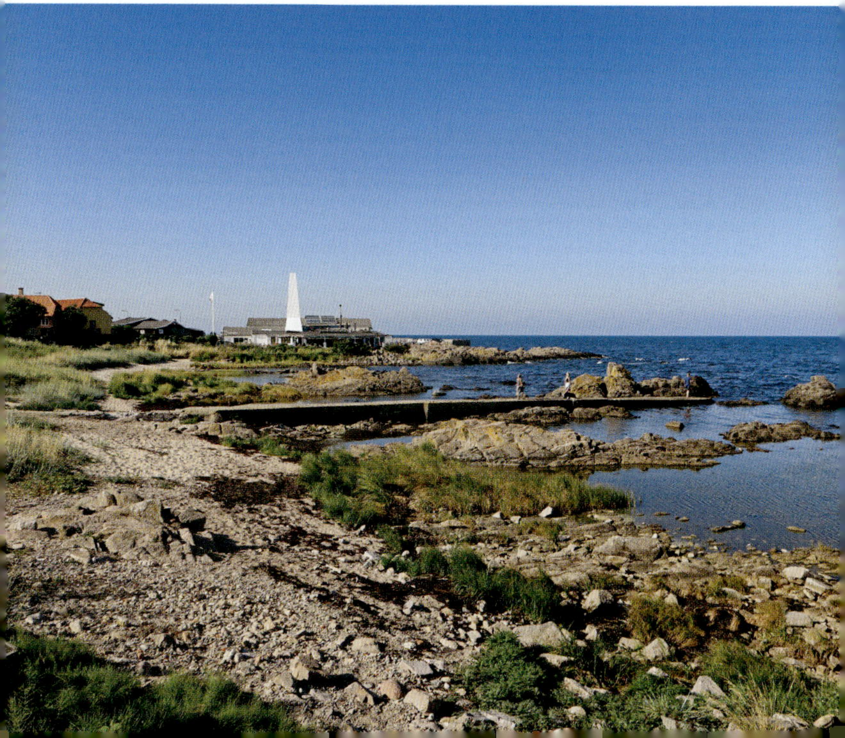

↗ 270 m | ↘ 180 m | 11.1 km

36 Von Allinge auf dem Højlyngssti nach Olsker

3.30 h

Wanderung von der Küste durch Hammersholm und das Ravnedal nach Olsker

Bornholms jüngster Fernwanderweg, der Højlyngssti, führt im Norden von den Wäldern bei Hammershus durch das mit Granit und Heide durchsetzte Spaltental Ravnedal und im Gleichlauf mit einem schönen Radweg durch eine Wald- und Wiesenlandschaft bis nach Olsker, das von der höchsten der vier Bornholmer Rundkirchen überragt wird. Diese Tour folgt diesem Abschnitt. Zuvor geht es von der Ostküste bei Allinge vorbei an vorgeschichtlichen Felszeichnungen und über aussichtsreiche Wiesen bei Hammersholm bis zum Beginn des Fernwanderwegs.

Ausgangspunkt: Hafen in Allinge mit großem Parkplatz seeseitig an der Südseite (Navi: 3770 Allinge, Kæmpestranden 2).
Endpunkt: Olsker mit Parkplatz oberhalb des Ortes bei der Olsker-Rundkirche (Navi: 3770 Allinge, Olsker, Lindesgårdsvej 1).
ÖPNV: Zwischen Olsker und Allinge (Haltestelle Lindeplads, 100 m südlich vom Hafen) verkehrt Linie 1 (Mo–Fr stündlich, sonst alle 2 Stunden).
Anforderungen: Leichte Wanderung, die großteils auf gekiesten und asphaltierten Rad-, Feld- und Waldwegen verläuft.
Markierung: Anfangs weiße Pfeile (u. a. »Cirkelstien«), kurz nach der Panoramaplattform Hammersholm durchgehend Højlyngsstien mit weißer Person auf orangem Grund.
Einkehr: Am Start in Allinge sowie bei der Burg Hammershus.
Varianten: 1) Abstecher zur Burg Hammershus mit Runde über die Burganlage (etwa 1 km). 2) Abstecher zur Rundkirche Olskirke am Ziel (2 x 0,6 km): von Olsker südwärts und am Ortsende halblinks aufwärts zur Rundkirche.
Kombi-Tipp: Zusammen mit Tour 35 ergibt sich eine 18 km lange Rundwanderung zwischen Allinge und Olsker.
Tipp: Olskirke (geöffnet täglich 8–17 Uhr) mit kurzem südlichen Abstecher (0,6 km, s. Variante).

Am **Hafen von Allinge** ❶ gehen wir zunächst am Hafenbecken entlang und halten uns danach rechts. Nach einem Parkplatz führt rechts ein schöner Holzbohlenweg über die felsige Schärenküste. Danach passieren wir rechts haltend den modernen Holzpavillon, errichtet zur alljährlichen basisdemokratischen Veranstaltung Folkemødet (folkemoedet.dk).

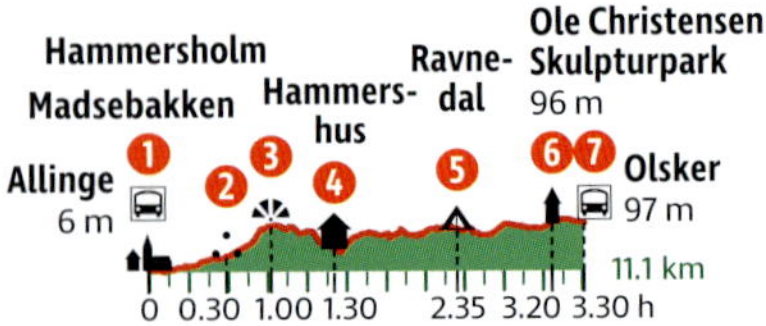

Wir gehen geradeaus über die Wiese und weiter durch den Park parallel zum Ufer. Bei der Schule queren wir links die Straße über den Zebrastreifen und folgen kurz darauf der kleinen Straße Madseløkken aufwärts (gelber Pfeil). Nach kurzem Anstieg und einem Tempo-20-Schild nehmen wir bei einer Kreuzung die zweite Straße nach rechts mit Kiesbelag (gelber Pfeil sowie Hausnummern 69–70–71). Wir erreichen den auf einer alten Bahn-

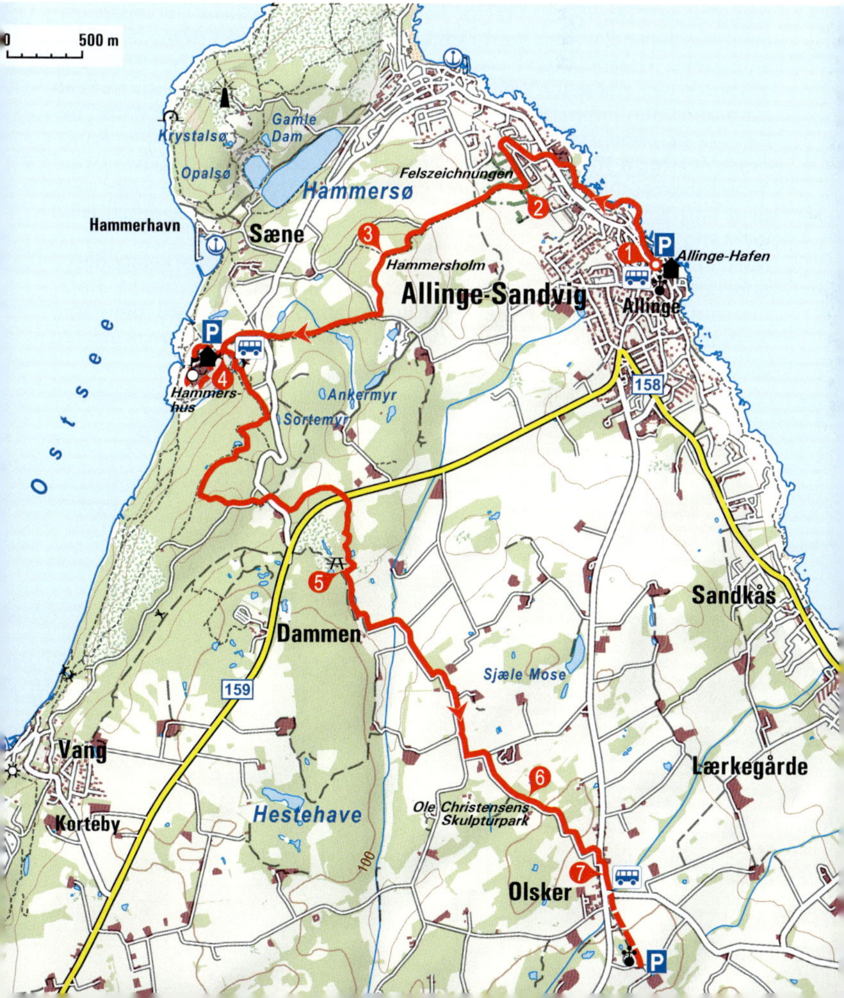

trasse verlaufenden Radweg und folgen ihm scharf links. Nach 5 Minuten zweigen wir nach rechts ab und passieren Felsen mit den bekannten bronzezeitlichen **Felszeichnungen** 2 von Madsebakken. Von hier geht es westwärts auf einem Grasweg und nach 5 Minuten bei der Kreuzung mit einem Spurweg geradeaus leicht aufwärts auf die bewaldete Kuppe zu (»Hammershus 2,3 km«). Nach weiteren 5 Minuten wandern wir bei einer Infotafel über Biolandbau geradeaus aufwärts über Holzstufen und kurz darauf durch ein Gatter. Rechts können wir den Ausblick genießen von einer runden hölzernen **Panoramaplattform**. Wir gehen geradeaus über eine kleine Holzbrücke in das Wäldchen (»Cirkelstien«, gelber Pfeil) und passieren hier erst einen Weiher (rechts) und dann das bronzezeitliche Grab Hammersholm (links). Nach einem Gatter verlassen wir den Wald und gehen auf den höchsten Punkt der freien Fläche zu. Nach der runden **Panoramaplattform Hammersholm** 3 folgen wir dem Graspfad südwärts auf den einzeln stehenden Baum und danach das Gatter zu, halten uns nach dem Gatter rechts und gehen auf dem Højlyngssti geradeaus durch Wald Richtung Hammershus.

Nach Querung der Straße geht es zwischen dem Reisebusparkplatz (links) und der Bushaltestelle westwärts zur mittelalterlichen Burgruine Hammershus. Vor der Brücke über den **Burggraben** 4 folgen wir dem Højlyngssti links und gleich darauf rechts haltend am Picknickplatz vorbei und

Ein Holzbohlenweg erschließt die Schärenküste bei Allinge.

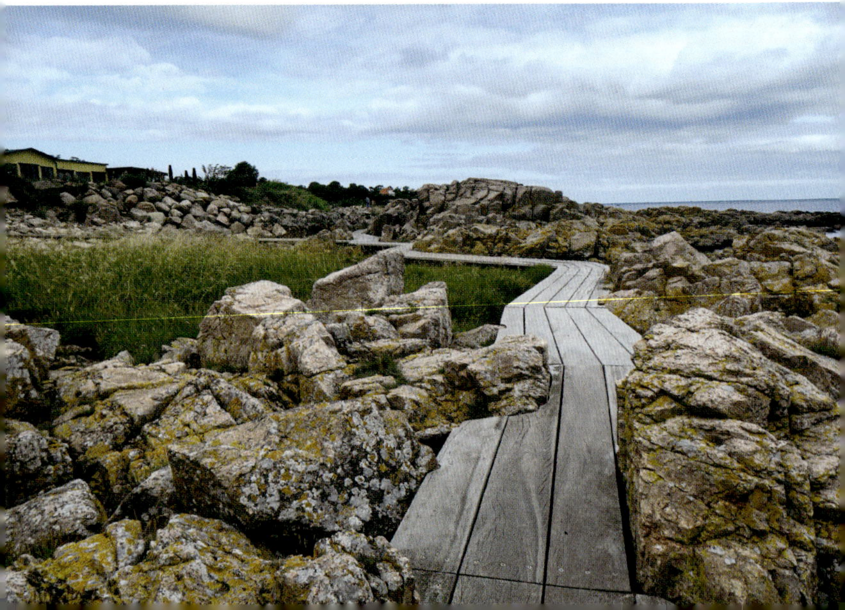

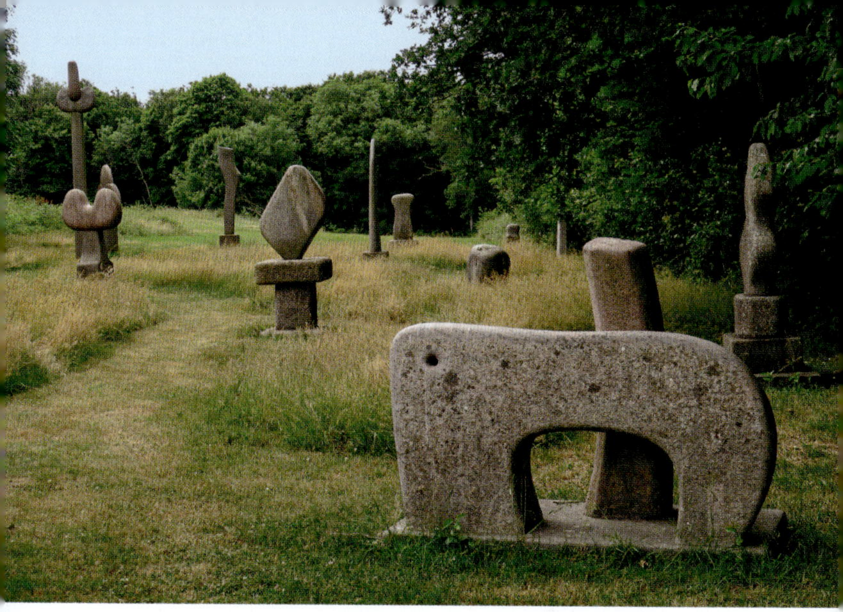

Vor Olsker erregt ein Garten mit Steinskulpturen die Aufmerksamkeit.

abwärts. Nach 100 m steigt der Højlyngssti links wieder an und führt in den Wald hinein. Der Højlyngssti schlängelt sich zusammen mit der Rundroute Finnens Fodspor durch den Wald südlich der Burganlage und mündet nach einem Rechtsschwenk in einen Radweg ein. Nach einer Straßenquerung in der Niederung folgen wir dem Højlyngssti nach rechts – kurz auf dem Radweg neben der Straße, dann links schwenkend in einem großen Bogen aufwärts durch Wald.

Der Højlyngssti quert die Haupstraße (Norre Borrelyngvej) und leitet südwärts zum **Ravnedal** 5, auf dessen anderer Seite ein Rastplatz mit Biwakierhütte zur Rast einlädt. Der Højlyngssti folgt weiter dem Radweg links durch das mit Felsen und Heide durchsetzte Spaltental und schlängelt sich danach abwechselnd durch die von Wäldern und Weiden dominierte Landschaft.

In einem größeren Waldstück erregt ein **Skulpturenpark** 6 die Aufmerksamkeit: Rechts vom Weg sind mehrere Granitskulpturen von Ole Christensen auf einer Wiese ausgestellt. Das Gelände ist nach einer Vereinbarung zwischen der Familie des verstorbenen Künstlers, dem Bornholmer Kunstmuseum und der Regionalverwaltung frei zugänglich. Weiter durch Wald und zuletzt freie Fläche leitet uns der als Højlyngssti markierte Radweg zum Etappenziel **Olsker** 7.

↗ 140 m | ↘ 70 m | 7.6 km

37 Von Hasle nach Jons Kapel

2.30 h

Küstenwanderung im Westen

Nördlich von Hasle schließt eine schmale Fahrstraße mehrere versteckt liegende Fischerdörfer an die Außenwelt an. Wir teilen uns diese Straße mit Radfahrern und wandern direkt an der flachen Westküste entlang, wo man viele Kormorane sehen kann. Nach einem steilen Anstieg geht es weiter auf schmalem Pfad durch Wald oberhalb der Küste, ehe wir auf langer Holztreppe hinuntergehen zu einem 40 Meter hohen, im Meer stehenden Felsen, entstanden – wie die Spaltentäler – durch die Erosion von Diabasgängen im Granit. Namensgeber ist Mönch Jon, der sich einer Legende nach diesen Felsen als Kanzel ausgesucht haben soll, um von hier aus die ungläubigen Bornholmer zum Christentum zu bekehren. In der noch heute existierenden Höhle unterhalb des Felsens soll der genügsame Mönch der Sage nach gewohnt haben. In den Felsen nisten Trottellummen und Tordalke.

Hafen von Hasle mit markanten Ferienhäusern.

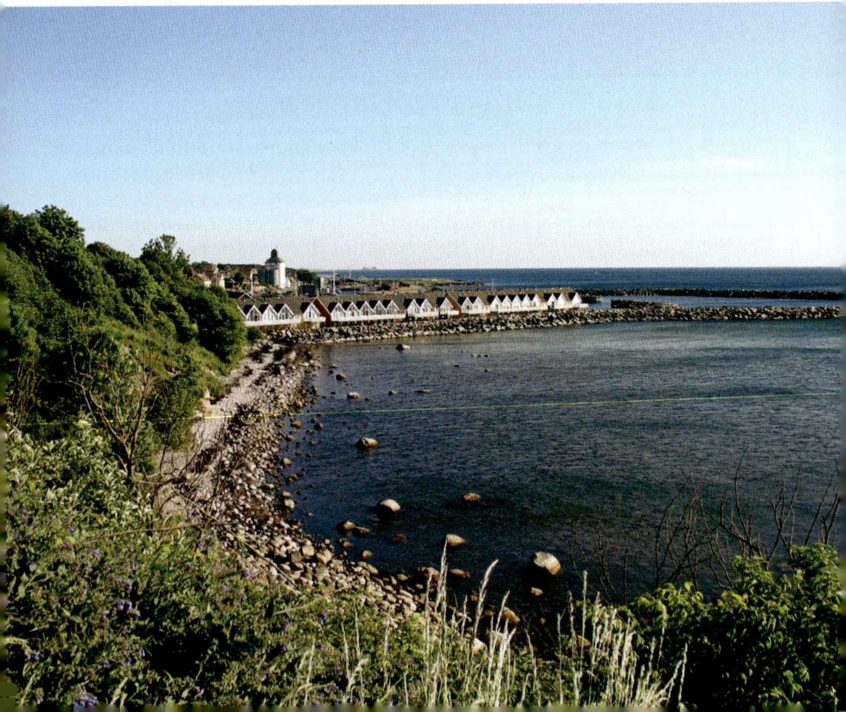

Ausgangspunkt: Marktplatz (Torv) in Hasle mit Bushaltestelle. Im Gegensatz zum Ausgangspunkt zeitlich unbefristete Parkmöglichkeit in der Pilestræde oder nach 0,3 km am Hafen von Hasle (Navi: 3790 Hasle, Havnen).
Endpunkt: Jons Kapel. Östlich davon gibt es einen Kiosk mit Parkplatz (Navi: 3790 Hasle, Jons Kapelvej 4) und 0,7 km östlich davon eine Bushaltestelle.
ÖPNV: Zwischen dem Ausgangs- und Endpunkt fahren wenige Male täglich die Buslinien 10 (nicht Ende Juni bis Anfang August) sowie die Küstenbuslinien 7 und 8 (Mai bis Oktober).
Anforderungen: Leichte Wanderung auf dem gut markierten Küstenwanderweg, großteils entlang einer kleinen Straße direkt am Wasser mit eher wenig Auto-, dafür mehr Radverkehr. Stellenweise wandern wir auch über Kiesweg und durch Wald. Kurz vor Jons Kapel erwartet uns im Wald ein kurzer, aber steiler Anstieg (22 %), den wir uns mit (rauf und runter schiebenden) Radfahrern teilen müssen. Nach Jons Kapel geht es über rund 170 Holzstufen recht steil ab- und dann wieder aufwärts. Zuletzt wandern wir auf einem Feldweg zum Kiosk und ggf. über Straße zur Bushaltestelle.
Markierung: Fast durchgehend Kyststi.
Einkehr: Kioske am Hafen von Hasle sowie kurz hinter Jons Kapel beim Hof Enesgård.
Kombi-Tipp: Als Etappe des Kyststi kombinierbar mit Touren 3 und 40 sowie den Rundwanderungen in Hasle (Tour 4) und bei Jons Kapel bzw. Ringebakkerne (Touren 38, 39).

Vom kleinen Marktplatz **Hasle Torv** ❶, mit Bushaltestelle, folgen wir mit der Kirche im Rücken der Havnegade, links am Supermarkt vorbei, abwärts zum Hafen. Dort halten wir uns rechts, entweder auf der Straße (Havnen) oder – etwas schöner – rechts an den Hafenbecken des **Hasle Havn** ❷ entlang parallel zur

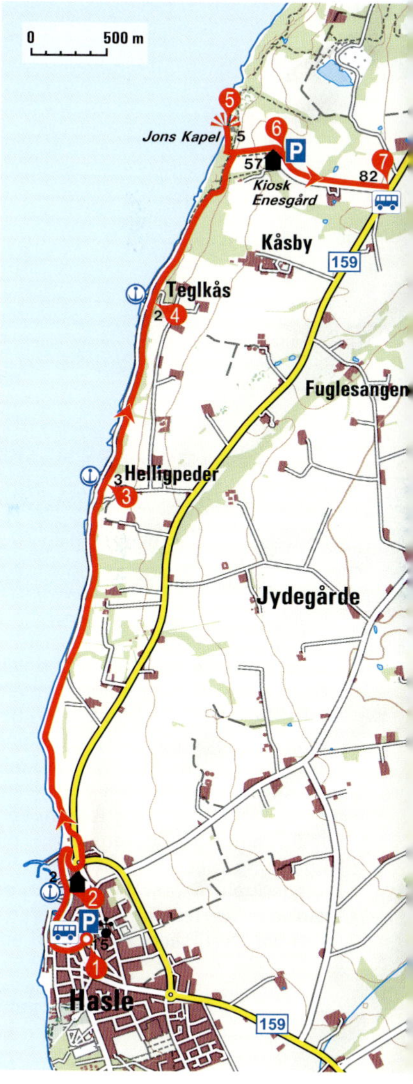

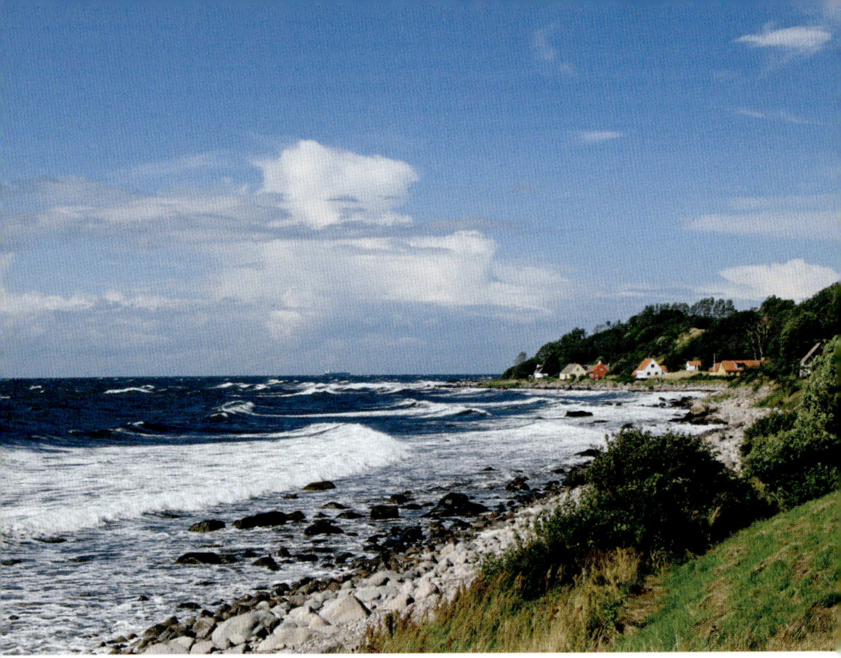

Brandung am Ufer bei Helligpeder.

Straße. Nach 5 Minuten folgen wir der Straße Havnen durch eine Rechtskurve aufwärts und beim Kreisverkehr dem Radweg nach links über die Holzbrücke, links neben der Straße. Nach der Brücke bleiben wir dem Radweg treu, halten uns also links, und wandern auf Kiesbelag Richtung Meer und weiter nordwärts oberhalb des Ufers entlang.
Der Kiesradweg mündet in eine kleine Straße ein, der wir am Ufer entlang in nördlicher Richtung folgen, vorbei an den zwei kleinen Fischerdörfern **Helligpeder** ❸ und **Teglkås** ❹, die beide über einen Hafen mit WC verfügen und mehrere kleine, alte Privaträuchereien, die aber keine Einkehrgelegenheit bieten. Verkehr gibt es kaum, dafür macht sich besonders bei warmem Wetter ein leichter Verwesungsgeruch etwas unangenehm bemerkbar, verursacht durch den am Ufer angeschwemmten Tang, der frü-

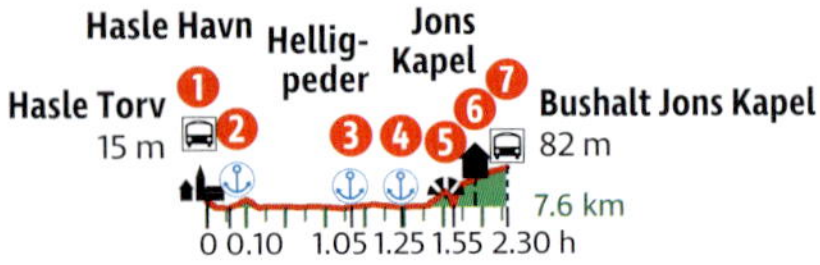

her – in Zeiten ohne Kunstdünger – zur Düngung der Felder verwendet wurde. Gelegentlich säumen wallartige Schanzenanlagen den Weg, angelegt im 17. Jh. zur Verteidigung gegen die Schweden – auf dem Küstenabschnitt zwischen Rønne und Helligpeder im Abstand von 150 m.
Kurz hinter Teglkås endet die Straße, und wir folgen dem als Radweg ausgewiesenen Kiesweg geradeaus (»Vang 3,0 km«). Nach 100 m beginnt bei **Gines Minde** ein steiler Anstieg im Wald (22 %) – Radfahrer müssen hier schieben, sowohl rauf (geht kaum anders) wie runter.
Nach dem Anstieg verlassen wir den rechts abknickenden Radweg, indem wir dem Pfad geradeaus durch Wald parallel zum Ufer folgen. Nach 150 m führt rechts ein Pfad über eine Treppe ins Landesinnere. Dort geht es später entlang, vorher lohnt sich geradeaus ein Abstecher (15 Min.) zu den Felsklippen von Jons Kapel. Wir folgen dazu geradeaus dem Pfad durch den Wald und ignorieren rechts abzweigende Pfade. Nach 150 m beginnt der Abstieg über die Holztreppe hinunter. Von unten sind die 40 m hohen frei stehenden Felsen von **Jons Kapel** 5 besonders eindrucksvoll. Wir gehen die rund 170 Holzstufen (je nach Zählweise auch etwas mehr oder weniger) wieder hinauf und erreichen 150 m nach Ende der Holztreppe wieder die Stufen zur Linken.
Wir folgen dem Weg links aus dem Wald heraus aufwärts zwischen den Feldern auf den Hof **Enesgård** zu, mit einem kleinen **Kiosk** 6 und nettem Garten. Das früher an dieser Stelle stehende Hotel Jons Kapel brannte in den 1980er-Jahren ab. Zur **Bushaltestelle Jons Kapel** 7 geht es in 10 Minuten vom Hof geradeaus auf der Zufahrt zur Hauptstraße.

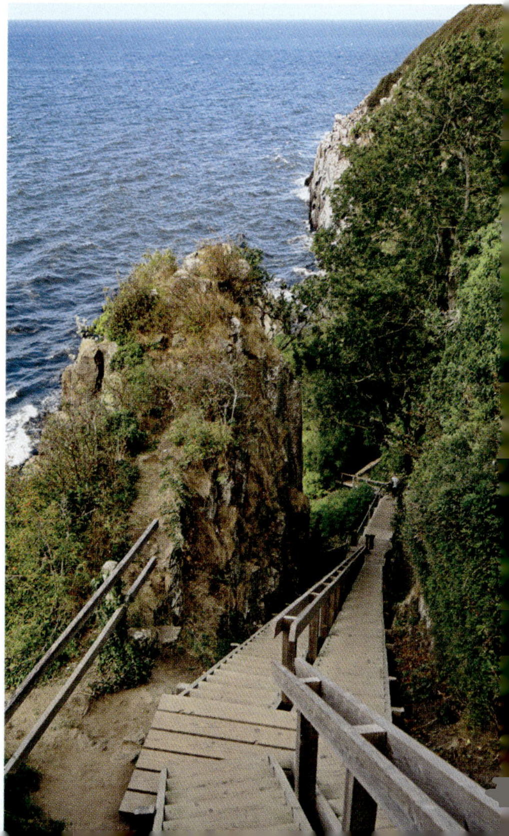

170 Holzstufen führen hinunter zu Jons Kapel.

TOP

38 Große Runde Ringebakkerne

↗ 200 m | ↘ 200 m | 6.1 km

2.00 h

Rundwanderung zwischen Vang und Jons Kapel mit Granitabbaugruben

In dem heute eher ruhigen Gebiet südlich des Fischerdorfes Vang wurde einst intensiv Granitabbau betrieben, wie diese Rundwanderung durch abwechslungsreiche und vom Menschen geprägte Landschaften zeigt: Vorbei an einer Wassermühle und einem künstlichen Teich wandern wir durch Wald aufwärts, durch ein Spaltental und entlang der Küste zurück zum Ausgangsort Vang. Dessen Hafen wird heute von Hobbyseglern statt Fischern genutzt. Von 1902 bis 1967 diente er auch zum Abtransport von Granit, ehe ein eigener Exporthafen unterhalb vom Steinbruch angelegt wurde. Unterwegs sehen wir mehrere Gruben, entstanden durch Granitabbau: Mit Verweis auf den Goldrausch von Alaska wird diese Landschaft auch als »Klondyke« bezeichnet, wo Vangs Steinbruchboom 1896 begann, vornehmlich mit Granit für den Straßenbau. Im Jahr 1997 wurden hier bis zu sechs Tonnen schwere Granitblöcke für die Fundamente der Großen Belt-Querung abgebaut, insgesamt 400.000 m³ – das entspricht einem Würfel mit der Kantenlänge von fast 75 Meter. Dabei wurde dank schwerer Maschinen in drei Tagen soviel Granit gebrochen wie jährlich zwischen den beiden Weltkriegen. Die letzte Lieferung vor der Schließung des Steinbruchs 2003 ging als Terrorschutz an Regierungsgebäude in Kopenhagen.

Der ehemalige Granitsteinbruch Ringe.

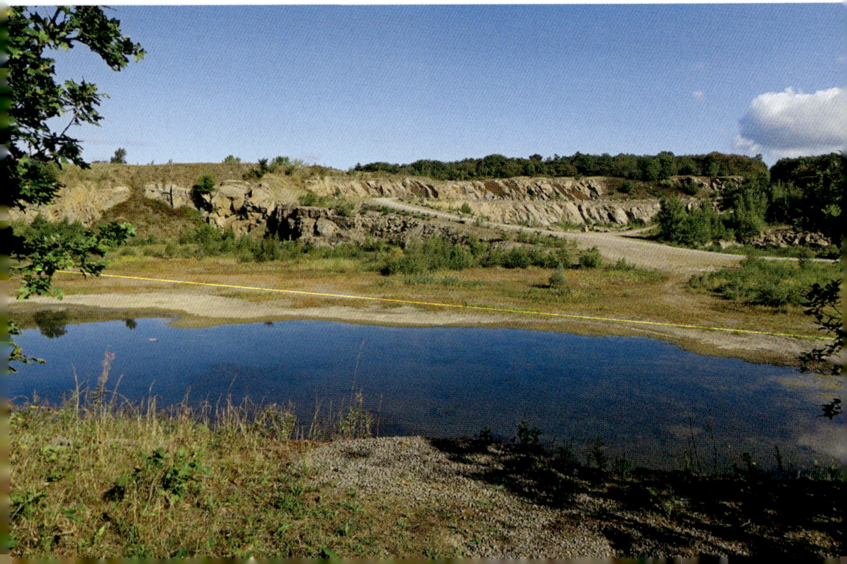

Ausgangspunkt: Hafen von Vang mit Bushaltestelle und Parkplatz (Navi: 3790 Hasle, Vang Havn).
ÖPNV: Von Vang-Havn wenige Male täglich Verbindungen von/nach Rønne und Sandvig, allerdings bis auf Tagesrandzeiten nicht in der sommerlichen Hauptsaison (Ende Juni bis Anfang August). Eine Alternative sind die oberhalb vom Ort ab der Haltestelle Vang-Udsigten verkehrenden Küstenbuslinien 7 und 8 (Mai bis Oktober); erreichbar in 1 km über die in einer großen Kurve auf- bzw. abwärtsführende Hauptstraße.
Anforderungen: Leichte Wanderung mit Wegweisern durch Wald und entlang dem gut markierten Küstenwanderweg. Kurzzeitig teilen wir uns den Weg mit anderem Verkehr auf einem Radweg mit Kiesbelag sowie einer kleinen Straße in Vang. Beim zweiten Steinbruch (kurz vor Vang) führt eine Metallbrücke über den Steinbruch. Die Höhe von 30 m ist durch den gitterartigen Boden der Brücke eindrucksvoll wahrnehmbar. Wer nicht schwindelfrei ist, sollte hier besser nicht nach unten schauen!
Markierung: Großteils gelbe Pfeile, anfangs auch grüne und weiße, später Kyststi.
Einkehr: Unterwegs keine; Café mit netter Terrasse oberhalb des Hafens von Vang.
Variante: Eine Abkürzung ist möglich, wenn wir nach dem Aufstieg vom Mølledam bei der Kreuzung mit der Kiesstraße geradeaus gehen, danach dem Radweg links folgen und bei den Infotafeln über die Steinindustrie den Pfad rechts nehmen (gelber Pfeil) zum Küstenpfad.
Kombi-Tipp: Etappen des Küstenpfades (Touren 37 und 40).

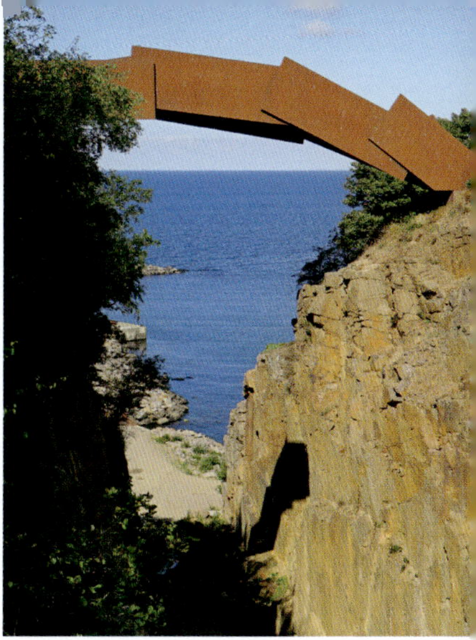

Die Bogenbrücke beim Vang-Steinbruch, gesponsert vom Dänischen Gymnastikverbund.

Vom **Hafen Vang** ❶ folgen wir der Sackgasse rechts aufwärts (blauer, grüner und gelber Pfeil), an den Häusern des Dorfes vorbei und in den Wald. Bei der Gabelung vor einer um 1811 erbauten **Wassermühle** ❷ gehen wir links aufwärts und folgen bei einer Kreuzung dem Radweg nach rechts (grüner und gelber Pfeil), um nach 30 m links den Pfad in den Wald zu nehmen (Aufschrift »Mølledam« auf Stein sowie gelber und weißer Pfeil). Kurz darauf queren wir rechts auf einer Holzbrücke den **Mølledam** ❸, der als Wasserreservoir zum Betrieb der unterhalb liegenden Wassermühle aufgestaut wurde. Der Weg führt uns rechts am Mølledam vorbei und später durch den Wald aufwärts. Wir erreichen eine Kiesstraße, die Zufahrt zum großen Granitsteinbruch von Vang, der wir nach links folgen. Bei der ersten Gabelung gehen wir geradeaus abwärts in den alten Steinbruch und links

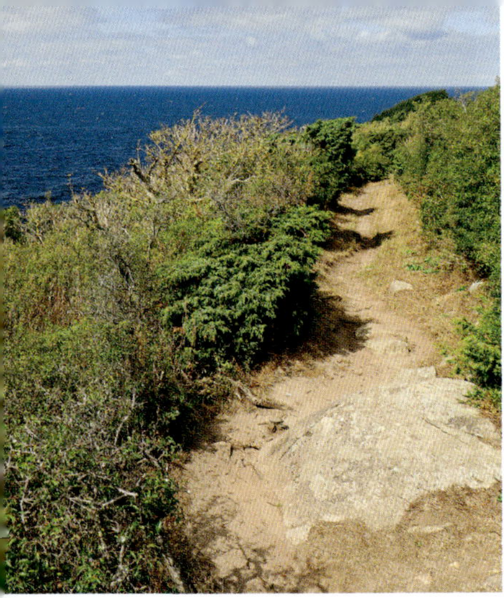

Kyststi bei Jons Kapel.

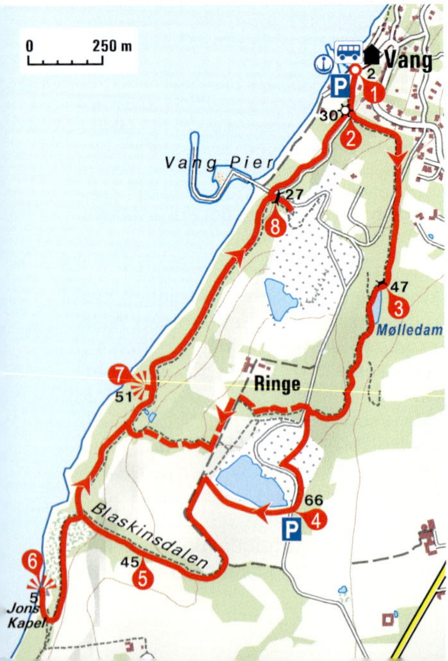

an dem Teich vorbei in südliche Richtung auf einem geschotterten Fahrweg.

Nach Passieren des Teiches liegt vor uns im **Steinbruch Ringe** 4 ein kleiner Parkplatz mit Infotafeln. Wir nehmen den zwischen Teich und Parkplatz rechts aufwärtsführenden Weg (gelber und weißer Pfeil), der links oberhalb des Steinbruchs zu einem Radweg führt, dem wir links folgen (gelber Pfeil).

Nach wenigen Minuten biegen wir am Waldrand rechts in einen abwärtsführenden Pfad durch das urige Spaltental **Blåskinsdal** 5 Richtung Küste. Einige Passagen mit Steinen und bei Nässe rutschigen Baumwurzeln erfordern besondere Konzentration! Schließlich erreichen wir den Küstenweg, wo sich nach links ein kurzer Abstecher zur Felsformation **Jons Kapel** 6 anbietet. Dazu halten wir uns nach 5 Gehminuten rechts und nehmen kurz darauf die steil abwärtsführende Holztreppe mit rund 170 Stufen.

Zurück von Jons Kapel geht es entsprechend dem Hinweg auf dem Küstenweg zur Abzweigung in das Blåskinsdal, wo wir dem Küstenweg weiter nordwärts folgen Richtung Vang. Nach wenigen Minuten informieren Tafeln in einer Holzhütte über das Rettungswesen und Strandungen an der Westküste Bornholms. Kurz darauf ignorieren wir einen nach rechts abzweigenden Pfad (hier mündet die abkürzende Variante ein) und folgen dem Küstenweg geradeaus, vorbei an einem klei-

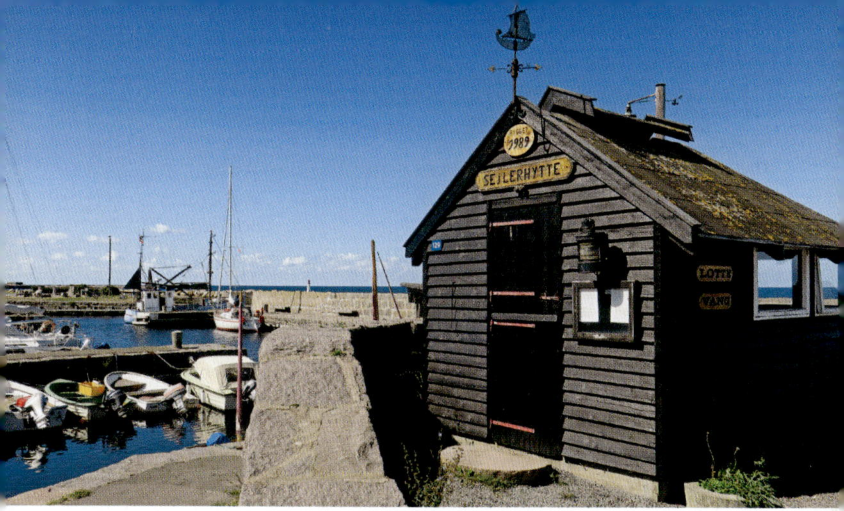

Am Ausgangs- und Endpunkt, dem Hafen von Vang.

nen idyllischen Weiher, entstanden durch Granitabbau. Kurz darauf erreichen wir zu unserer Linken einen schönen **Aussichtspunkt** 7. Nach dem Abstieg über eine felsige Passage, die bei Nässe rutschig sein kann, lädt eine Bank mit Sicht auf den zum Export von Granit angelegten Südhafen von Vang zur Pause ein.

Den dazugehörigen großen Granitsteinbruch erreichen wir kurz darauf vor einer rostigen Stahlbrücke, 2002 vom Dänischen Gymnastikverbund geschenkt. In dem bunkerartigen Gebäude zur Rechten waren verschiedene Anlagen zur Steintrennung und zum Transport installiert. Man kann das Gebäude oben oder unten queren und gewinnt dabei gute Einblicke in die Zeiten des Granitabbaues. In einer Schutzhütte informieren Tafeln über den Granitabbau. Der dahinterliegende, von der Größe her beeindruckende ehemalige Granitsteinbruch öffnet sich als weiter Schlund in der Landschaft. Wir queren nun die tiefe Schlucht zwischen Steinbruch und Granithafen über die **Bogenbrücke** 8 aus rostigen Stahlplatten an der Seite und einem Gitterfußboden. Weit unten ist die Schlucht zu sehen – wer nicht schwindelfrei ist, sollte hier lieber nicht mit gesenktem Kopf gehen!

Nach der Brücke folgen wir dem Küstenweg, halten uns hinter der Wassermühle links und erreichen schließlich auf bekanntem Weg **Vang** mit seinem 1869 angelegten **Hafen** 1.

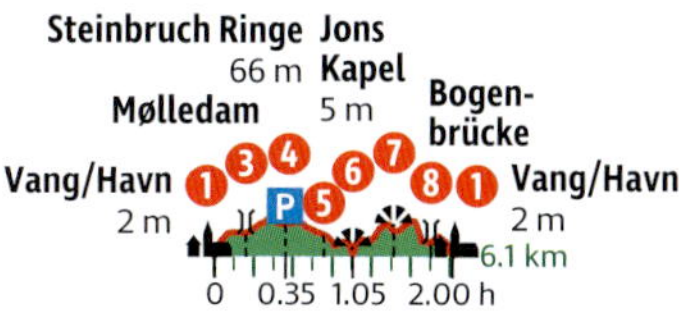

↗ 110 m | ↘ 110 m | 3.8 km

39 Kleine Runde Ringebakkerne

1.15 h

Von Vang durch Wald und eine alte Granitabbaugrube

Diese abwechslungsreiche Wanderung erschließt die von ehemaligem Granitabbau geprägte Küstenlandschaft südlich von Vang. Die kürzere Rundwanderung leitet anfangs durch Wald, vorbei an einer Wassermühle zum alten Mühlenteich, an dem ein uriger Pfad aufwärtsführt. Am Rand des großen Steinbruchs nähern wir uns schließlich aussichtsreich der Küste.

Ausgangspunkt: Hafen von Vang mit Parkplatz (Navi: 3790 Hasle, Vang Havn).
ÖPNV: Von Vang-Havn wenige Male täglich Verbindungen von/nach Rønne und Sandvig, allerdings bis auf Tagesrandzeiten nicht in der sommerlichen Hauptsaison (Ende Juni bis Anfang August). Eine Alternative sind die oberhalb vom Ort ab der Haltestelle Vang-Udsigten verkehrenden Küstenbuslinien 7 und 8 (Mai bis Oktober); erreichbar in 1 km über die in einer großen Kurve auf- bzw. abwärtsführende Hauptstraße.
Anforderungen: Kurze, aber von der Wegbeschaffenheit her nicht immer ganz leichte Wanderung großteils über Waldwege mit Stufen.
Markierung: Großteils gelb markiert.
Einkehr: Unterwegs keine; Café mit netter Terrasse oberhalb des Hafens von Vang.
Variante: Rechts am Mølledam vorbei statt links aufsteigend (0,4 km kürzer).
Kombi-Tipp: Etappen des Küstenpfades (Touren 37 und 40).

An der Bushaltestelle am **Hafen von Vang** ❶ leitet eine Sackgasse südwärts hinauf (blauer, grüner und gelber Pfeil), an einigen Häusern des Dorfes vorbei und in den Wald. Vor der **Wassermühle** ❷ aus dem 19. Jh. links aufwärts und am Ende beim Radweg rechts (grüner und gelber Pfeil). Nach 30 m verlassen wir diesen links auf dem Waldpfad zum »Mølledam« ❸ (gelber und weißer Pfeil). Am Teichanfang ignorieren wir den rechts abzweigenden Weg, gehen links an dem alten Mühlenteich entlang und aufwärts Richtung Kajemaansehul (weißer Pfeil), vorbei an einer Bank mit Teichblick.

Mit einer Rechtskurve geht es über Stufen steil abwärts, ehe wir die Niederung des kleinen Waldbaches queren, der den Mühlenteich speist. Nach dem kurzen **Holzbohlensteg** ❹ steigen wir über Stufen aufwärts und halten uns danach links. Die bald darauf folgende Kiesstraße queren wir und wandern durch Wald zum Radweg, der uns nach rechts führt. In der Rechtskurve vor dem Steinbruch verlassen wir den Radweg und wandern geradeaus nordwärts auf die riesige, durch Granitabbau entstandene Grube zu. Nach 80 m geht es bei einer Wegekreuzung nach links,

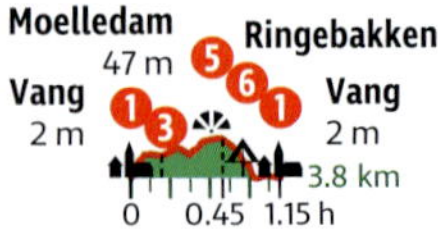

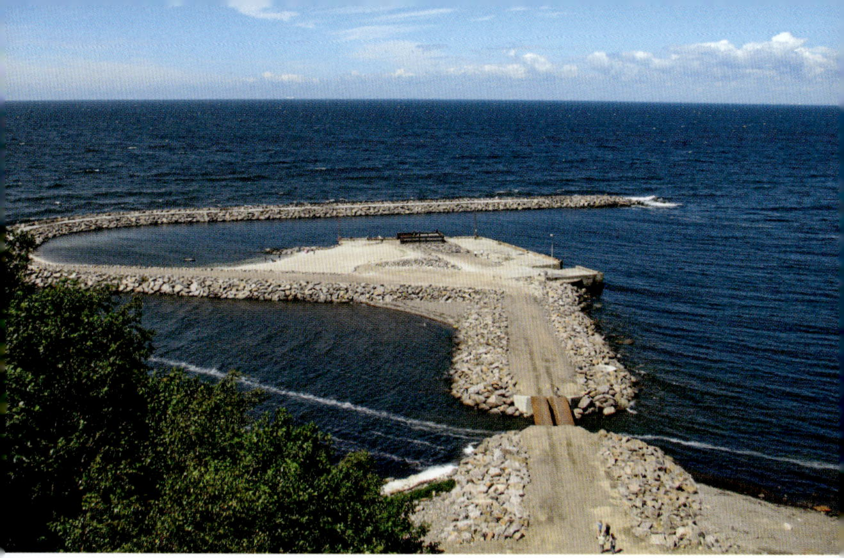

Am Pier von Vang wurden bis 2003 riesige Granitblöcke verschifft.

vorher aber lohnt sich geradeaus ein 20 m kurzer Abstecher zu einem schönen **Aussichtspunkt** ❺ über den alten Steinbruch.

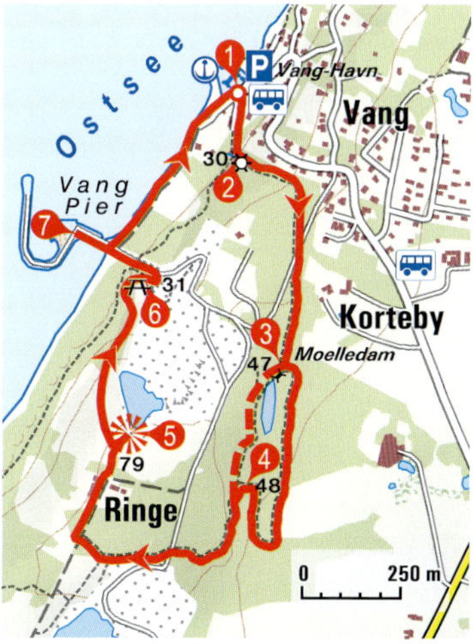

Weiter geht es bei der genannten Kreuzung links haltend auf einem Pfad links oberhalb vom alten Steinbruch entlang, mit imposanten Blicken auf den alten Steinbruch. Der Weg führt abwärts zu einer **Biwakierhütte** ❻ mit Rastplatz am Eingang zum Steinbruch.

Dort gehen wir weiter abwärts und wenden uns schließlich nach links unter der Stahlbrücke hindurch zur Küste. Der vor uns liegende **Vang Pier** ❼ symbolisiert den Strukturwandel: Einst wurde hier der Granit verschifft, heute dient er Erholungsuchenden als Strand und Rastplatz.

Zurück vom Pier folgen wir dem breiten Weg entlang der Küste zurück zum **Hafen Vang** ❶.

TOP 40

↗ 340 m | ↘ 400 m | 12.9 km

Von Jons Kapel über Vang nach Sandvig

4.00 h

Abwechslungsreiche Küstenwanderung im Nordwesten und Norden

Diese Wanderung führt ab Jons Kapel entlang dem Küstensteig durch eine von Granitabbau geprägte Landschaft zunächst in das Fischerdorf Vang, dessen 1869 angelegter Fischerhafen von 1902 bis 1967 auch zum Export von Granit genutzt wurde, ehe unterhalb eines großen Granitsteinbruchs ein eigener Hafen zur Ausfuhr von Granitblöcken und Schotter entstand. Ab Vang führt uns der Küstensteig durch Wald und die 25 Hektar große Heidefläche von Slotslyngen, vorbei an der großen mittelalterlichen Burganlage von Hammershus und schließlich über die Nordspitze Hammeren nach Sandvig, der nördlichsten Siedlung Bornholms.

Ausgangspunkt: Bushaltestelle Jons Kapel. 0,7 km weiter westwärts gibt es entlang der Route einen Kiosk mit Parkplatz (Navi: 3790 Hasle, Jons Kapelvej 4).
Endpunkt: Sandvig, Bushaltestelle Gl. Station oben im Ort an der Duchgangsstraße. Parkmöglichkeiten in Sandvig am Strand (Navi: 3770 Allinge, Sandlinien), alternativ unterwegs bei Vang und Hammershus.

ÖPNV: Zwischen dem Start- und Endpunkt verkehren mehrmals täglich die Buslinien 10 (nicht in dänischen Sommerferien) sowie 7 und 8 (Mai bis Oktober), die zwischendurch auch in Vang halten; 10 unten am Hafen, 7 und 8 etwas oberhalb.
Anforderungen: Mittelschwere Wanderung auf dem gut markierten Küstenpfad entlang der felsigen Küste. Es geht durch Wald, Gras mit Heide und über

Majestätisch erhebt sich die Burg Hammershus 74 Meter über der Ostsee.

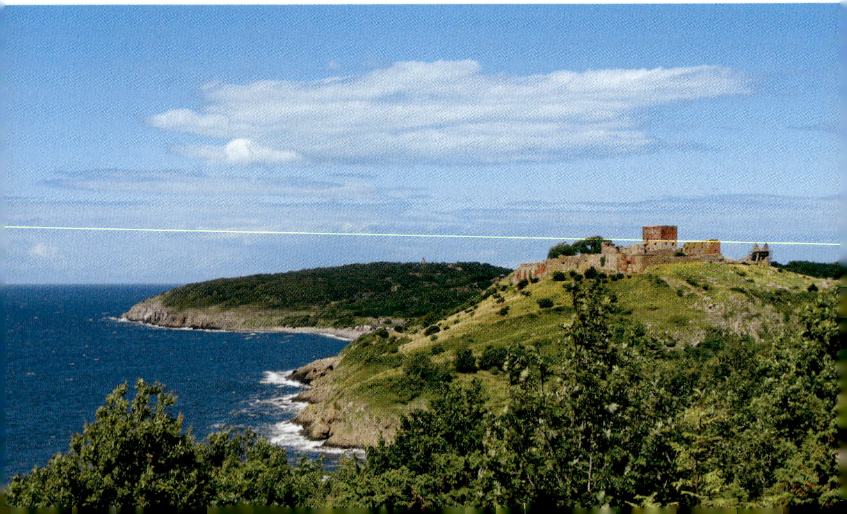

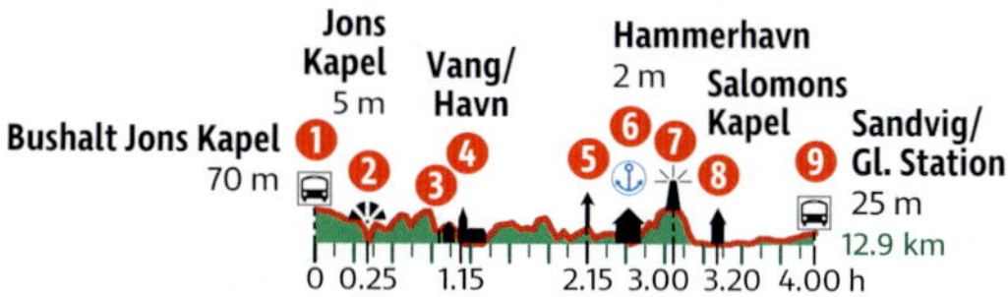

Felsen, z. T. mit Stufen in häufigem Auf und Ab. Bei den Abstiegen kann der Untergrund bei/nach nassem Wetter, vor allem im Wald bei Baumwurzeln, sehr rutschig sein.
Markierung: Großteils Kyststi.
Einkehr: Beim Hafen von Vang; Restaurant im Infozentrum der Burg Hammershus; in Sandvig; Kioske mit Kleinigkeiten am Enesgård und Hammerhavn.
Varianten: 1) Bei der Burg Hammershus lohnt sich ein kurzer Abstecher zu der Burganlage. 2) Ab Hammerhavn sind über die Halbinsel Hammer mehrere andere Varianten möglich, die stellenweise anderen Touren entsprechen, etwa Umrundung oder am Hammersø entlang. 3) Ab Salomons Kapel Abkürzung möglich direkt nach Sandvig auf dem rechts landeinwärts führenden Pfad.
Kombi-Tipp: Als Etappe des Kyststi kombinierbar mit Touren 37 und 34 sowie den Rundtouren bei Vang (38), Hammershus (41) und Sandvig (42–44).

Von der **Bushaltestelle Jons Kapel** ❶ folgen wir dem Jons Kapelvej westwärts Richtung Küste bis zum Hof **Enesgård** mit Parkplatz, Toilettenhäuschen und Kiosk. Das früher an dieser Stelle stehende Hotel Jons Kapel brannte in den 1980er-Jahren ab. Wir queren den netten Garten zwischen dem Haus (links) und Kiosk (rechts) und folgen danach dem Feldweg nach links Richtung Ufer. Nach 5 Minuten tauchen wir in Wald ein, es geht einige Stufen abwärts und danach rechts auf dem Küstensteig entlang, rechts abzweigende Pfade ignorieren wir. Nach 150 m beginnt links der Abstieg zu **Jons Kapel** ❷ über die Holztreppe. Von unten ist der 40 m hohe, frei stehende Granitfelsen besonders eindrucksvoll, von dem einer Legende nach einst der Mönch Jon versucht haben soll, die Bornholmer zum Christentum zu bekehren. Wir gehen die rund 170 Holzstufen wieder hinauf, steigen nach der Treppe links aufwärts und folgen dem Küstensteig nordwärts Richtung Vang.
Nach 10 Minuten informieren Tafeln in einer Holzhütte über das Rettungswesen und Strandungen an der Westküste Bornholms. Kurz darauf ignorieren wir einen nach rechts abzweigenden Pfad (hier mündet die abkürzende Variante ein) und folgen dem Küstenweg geradeaus, vorbei an einem kleinen, idyllischen **Weiher**, entstanden durch Granitabbau. Mit Verweis auf den Goldrausch von Alaska wird diese Landschaft auch als »Klondyke« bezeichnet, wo Vangs Steinbruchboom Ende des 19. Jh. begann, der bis 2003 dauerte.
Kurz darauf erreichen wir zur Linken einen schönen Aussichtspunkt. Nach dem Abstieg über eine felsige Passage, die bei Nässe rutschig sein kann, lädt eine Bank mit Sicht auf den zum Export von Granit angelegten Südhafen von Vang zur Pause ein. Den dazugehörigen großen Granitstein-

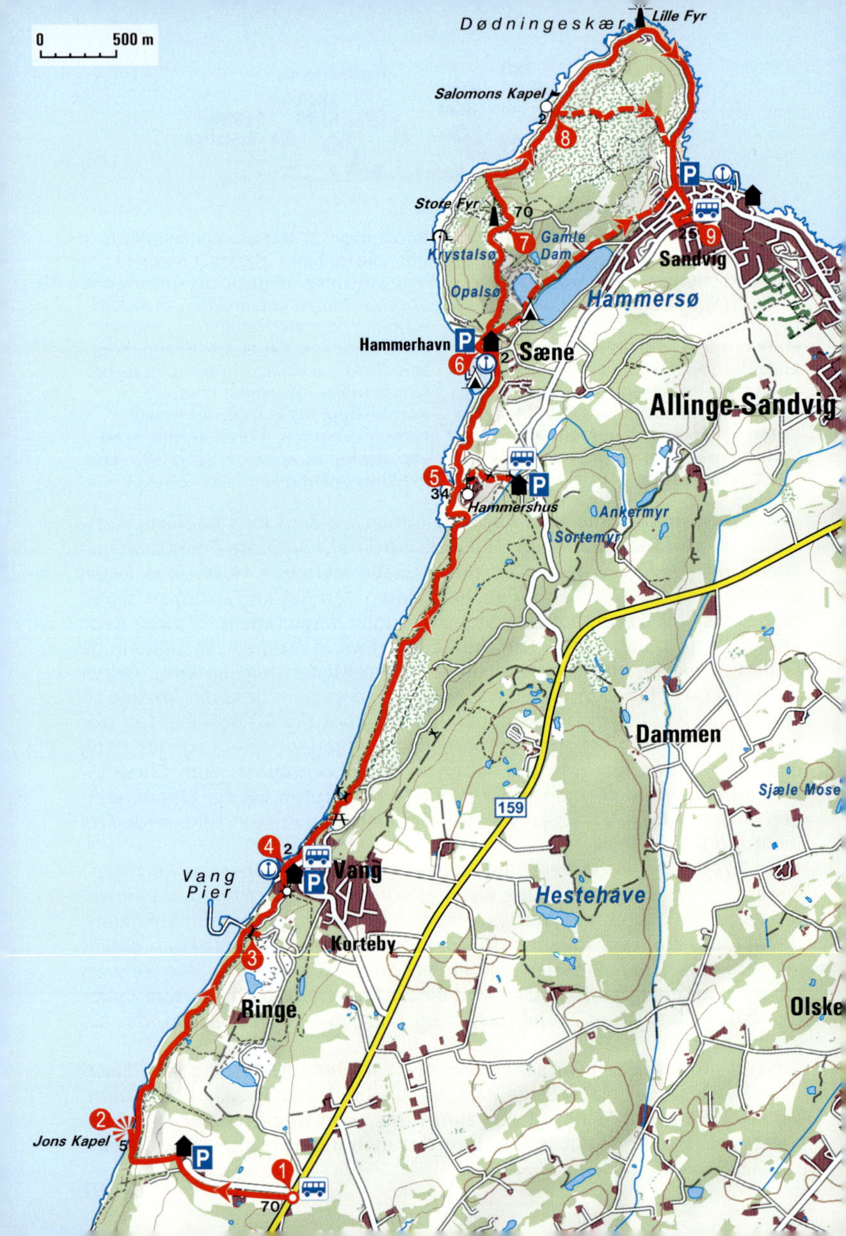
0 500 m
Dødningeskær
Lille Fyr
Salomons Kapel
Store Fyr
Krystalsø
Gamle Dam
Opalsø
Hammersø
Sandvig
Hammerhavn
Sæne
Allinge-Sandvig
Hammershus
Ankermyr
Sortemyr
Dammen
Sjæle Mose
159
Vang
Vang Pier
Hestehave
Korteby
Ringe
Olske
Jons Kapel

bruch erreichen wir kurz darauf vor einer rostigen Metallbrücke. In dem bunkerartigen Gebäude zur Rechten waren verschiedene Anlagen zur Steintrennung und dem Transport installiert. Man kann das Gebäude oben oder unten queren und gewinnt dabei gute Einblicke in die Zeiten des Granitabbaues. In einer **Schutzhütte** klären Infotafeln über den Granitabbau auf. Der dahinterliegende, von der Größe her beeindruckende ehemalige Granitsteinbruch öffnet sich als weiter Schlund in der Landschaft. Wir queren die tiefe Schlucht zwischen Steinbruch und Hafen über eine vom Dänischen Gymnastikverbund 2002 gesponserte **Bogenbrücke** ❸ aus rostigen Stahlplatten an der Seite und einem Gitterfußboden. Weit unten ist die Schlucht zu sehen – wer nicht schwindelfrei ist, sollte hier lieber nicht mit gesenktem Kopf gehen!

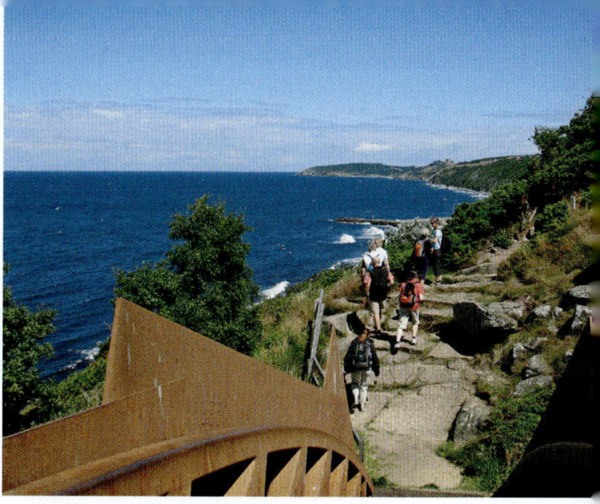

Über die Bogenbrücke geht es weiter auf dem Kyststi Richtung Vang und Hammershus.

Nach der Brücke folgen wir dem Küstensteig, halten uns hinter der Wassermühle links und erreichen schließlich das Dorf **Vang** ❹ mit seinem Hafen. Vom Hafen in Vang folgen wir dem Weg am Ufer nordwärts (»Hammerhavn 3,9 km«), erst auf kleiner Straße, dann Kiesweg und kurz darauf schmalem Pfad am Steinstrand. Nach einer kleinen Holzbrücke folgt eine kurze felsige bzw. steinige Partie am Ufer, ehe wir nach wenigen Minuten dem markierten Pfad rechts aufwärts in den Wald folgen (»Kyststi«).

Nach einer Holztreppe mit rund 120 Stufen halten wir uns links und kurz darauf nach einer Holzbrücke über die Pissebaek mit links einem Wasserfall bei einer Gabelung erneut links. Der Pfad führt durch Wald links am Zelt-/ Picknickplatz **Finnedalshuset** vorbei zu einer freien Fläche vor einem Zaun, wo wir bei einer T-Kreuzung links gehen und nach 50 m durch ein Gatter. Wir wandern nordwärts weiter am Waldrand oberhalb vom Ufer. Links genießen wir gelegentlich weite Blicke über die Ostsee. Am Hang rechts von uns bietet die mit Felsen durchsetzte Wacholderheide von **Slotslyngen** im Spätsommer zur Heideblüte eine farbliche Augenweide.

Kurz nach einer Holzbank und Blick auf die Burg Hammershus gabelt sich der Weg: Wir gehen links abwärts (theoretisch ginge auch geradeaus), Vorsicht bei Nässe bei feuchten Baumwurzeln! Vor einem Gatter und Zaun folgen wir der Markierung (gelber Punkt) nach rechts aufwärts neben einem Zaun und halten uns kurz darauf links (gelbe Markierung), um ein Gatter zu passieren. Leicht abwärts geht es durch Wald und schließlich auf einem wallartigen Weg hinunter in das **Mølledal**, das als natürlicher Burggraben von Hammershus diente. Unten nehmen wir nach wenigen Metern den links aufwärtsführenden Weg. Unterhalb von **Hammershus** 5 ist ein Abstecher über eine nach rechts aufwärtsführende Treppe zur 74 m hoch gelegenen Burg möglich.

Wir folgen dem Küstenweg geradeaus links unterhalb der Burg über einen Holzsteg mit Geländer. 100 m nach der Abzweigung zur Burg halten wir uns nach Stufen vor einem Teich bei einer Gabelung links (gelbe Markierung). Wir umgehen den Teich links, halten uns danach links und passieren ein Gatter. Mit schönen Blicken auf die Ostsee und den Hammerhavn geht es schließlich durch Wald abwärts, ehe wir unten die Zufahrtsstraße zum **Hammerhavn** 6 erreichen. Links liegt der 1892 vom Hamburger Kaufmann Ohlendorff zum Export von Granit angelegte und heute von Freizeitsportlern genutzte Hafen mit Kiosk, Tischen und Bänken sowie WC.

Der in der Rechtskurve der Straße in nordöstliche Richtung hinaufführende Pfad leitet uns an einen größeren Weg heran (hier verläuft auch der Stenhuggerstien). Diesem folgen wir rechts und gehen nach 20 m bei einer Dreifachgabelung links durch ein Gatter und aufwärts. Der Pfad führt an einer alten verrosteten Anlage vorbei, ein Relikt des früheren Granitabbaus. Kurz darauf erreichen wir mehrere Aussichtspunkte auf den **Opalsø**. Dieser ehemalige Granitsteinbruch (seit 1873) ist heute im Sommer ein beliebtes

Hammerhavn wurde von einem Hamburger Kaufmann zum Granitexport angelegt.

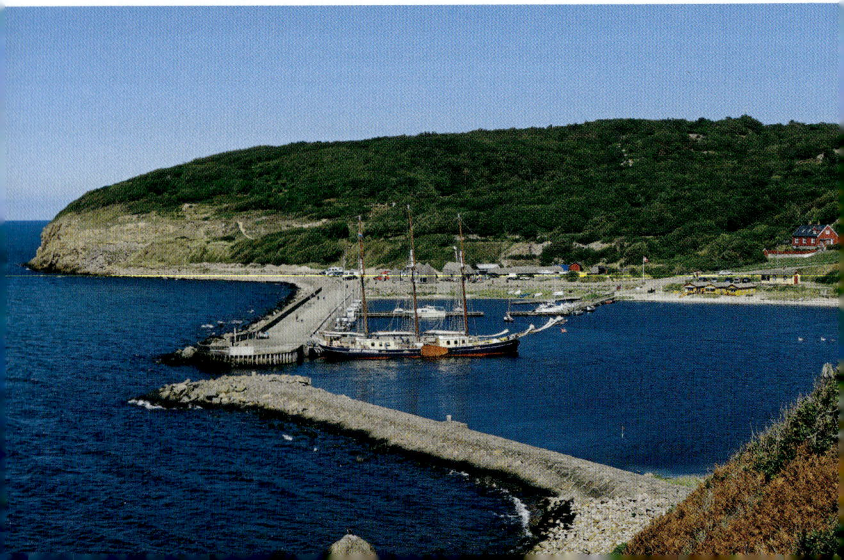

Freizeitgebiet für zumeist Jüngere, die von den rund 7 m hohen Klippen springen oder mit der 290 m langen Seilbahn »Deadslide« aus 50 m Höhe mit rund 60 km/h in den See schweben und auf dessen Wasseroberfläche abgebremst werden. Wir folgen dem Pfad aufwärts links vom Opalsø, auf den sich immer wieder atemberaubende Blicke bieten. Oben angekommen, genießen wir den Blick zurück hinunter auf den See und gehen geradeaus über die Hochfläche, rechts vorbei an dem flachen **Krystalsø**. Das Wasser dieses ehemaligen Steinbruchs ist aber wegen der Fische bzw. organischer Partikel nicht kristallklar.

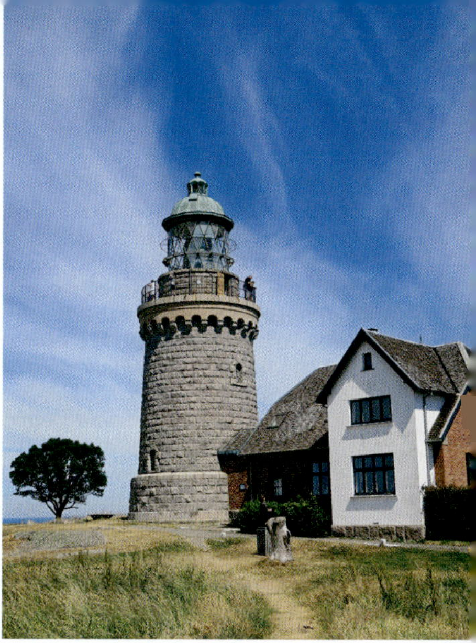

Store Fyr war im 19. Jh. eine Fehlplanung.

Den nach rechts weisenden blauen Pfeil ignorieren wir und wandern geradeaus. Nach einer Rechtskurve gehen wir auf den sichtbaren Leuchtturm **Store Fyr** 7 zu, der bestiegen werden kann (gratis). Um 1872 erbaut, wurde der auch Hammeren Fyr genannte Turm schon 23 Jahre später durch den kleineren Turm Lille Fyr an der Nordspitze ergänzt, weil der Store Fyr einen Großteil des Jahres in Wolken gehüllt ist. Mit der Nase zum Leuchtturm stehend schlagen wir den Weg nach links ein, in nördliche Richtung, durch ein Gatter und hinunter zum Ufer (gelbe Markierung), stellenweise über größere Granitfelsen.

Unten folgen wir dem Küstensteig nach rechts bis nach Sandvig. Dabei passieren wir nacheinander die Ruinen von **Salomons Kapel** 8, Relikt spätmittelalterlicher Heringsmärkte, einen Strand mit Steinmännchen und -kreisen sowie den kleineren Leuchtturm **Lille Fyr** (Hammerodde Fyr) an der Nordspitze. Ab hier verläuft der Küstensteig über den asphaltierten Zufahrtsweg, der für öffentlichen Verkehr (auch Radfahrer) gesperrt ist. Schließlich erreichen wir die Bucht vor **Sandvig**, wo die Schärenküste einem Sandstrand weicht. Rechts vom Sandstrand ist ein größerer Parkplatz. Zur Bushaltestelle folgen wir der Straße (Strandlinien) am Strand geradeaus südwärts, links vorbei an Ella's Restaurant og Konditori, am Ende rechts (Nygade) und dann wieder links hinauf (Jernbanegade) zur Durchgangsstraße (Langebjergvej) mit links der Bushaltestelle **Sandvig Gl. Station** 9 am alten Bahnhof gegenüber dem Danhostel.

TOP

41

Hammershus und die Schlossheide

↗ 160 m | ↘ 160 m | 6.0 km

2.00 h

Rundwanderung südlich der Burg Hammershus

Auf einem großen Felsplateau erhebt sich über der Ostsee die Burg Hammershus, eine der größten Burganlagen Nordeuropas. Diese wurde im 13. Jh. unter dem schwedischen Erzbischof von Lund erbaut und war später abwechselnd in schwedischen, dänischen und hansischen Händen. Das Gebiet südlich davon – die Schlossheide – wurde bis 1909 beweidet und ist heute stellenweise zugewachsen, wird aber seit 1967 wieder mit Schafen beweidet zur Erhaltung der Heide. Über diese Heidefläche sowie durch Wald wandern wir von der Burg Hammershus durch Spaltentäler und vorbei an Moorweihern. Zurück geht es auf dem Küstenwanderweg nach Hammershus mit einem Rundgang durch das ausgedehnte Areal der Burganlage. Die Flurbezeichnungen mit »Finnen« (z. B. »Top«) sollen auf Mads Pedersen Finne zurückgehen, der das Gebiet im 18. Jh. bewirtschaftete.

Ausgangspunkt: Infozentrum der Burg Hammershus mit Parkplatz P2 (Navi: 3770 Allinge, Langebjergvej), gebührenpflichtig (30 dkr). Alternativ freies Parken am Hafen von Vang mit 900 m langem Zubringer zur Abzweigung nach Vang auf dem Kyststi (Navi: 3790 Hasle, Vang Havn).
ÖPNV: Gute Busverbindungen beim Ausgangspunkt u. a. Richtung Rønne sowie Allinge (Linien 2, 7, 8), Bushaltestelle nördlich vom Infozentrum (bei P1).
Anforderungen: Rundwanderung auf teilweise schmalen Wegen auf Gras- und Waldboden, stellenweise auch über Stufen. Vorsicht beim Abstieg im Wald – bei Nässe können die Passagen bei Baumwurzeln sehr rutschig sein! Es empfiehlt sich, die Tour in der angegebenen Richtung zu unternehmen, da dabei die Panoramapassage entlang der Schlossheide mit Blick auf die Burg begangen wird.
Markierung: Die Tour deckt sich weitgehend mit dem mit violetten Pfeilen und Punkten markierten Rundweg Finnens Fodspor (»Finnens Fußspur«), stellenweise auch Højlyngsstien und Kyststien.
Einkehr: Unterwegs keine direkt am Weg; Restaurant im Infozentrum am Start/Ziel bei der Burg Hammershus; Café und Restaurant bei Variante 1 am Hafen in Vang.
Varianten: 1) Zum Fischerdorf Vang führt vom südlichen Scheitelpunkt ein 900 m (einfache Strecke) langer Abstecher. Dazu folgen wir dem Küstenweg ab dem Gatter am Südende der Heide durch Wald, dort steil abwärts zur Küste und nach 500 m zum Hafen von Vang mit Einkehrgelegenheit. 2) Beim Rückweg optional vor der Burg den Weg hinunter zur Küste und danach durch das Mølledal zur Zugangsbrücke: zunächst

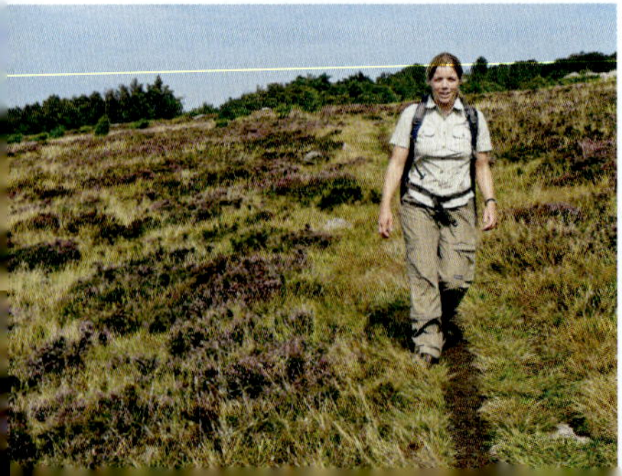

Auf dem Kyststi in der Schlossheide.

nach dem Gatter 100 m nach Ende der Heidefläche auf einem Pfad links abwärts zur Küste, für etwa 100 m entlang dem Strand und dann nach rechts aufwärts. Unterhalb von der Burg den beschriebenen Weg queren und statt links zur Burg hinaufzugehen, dem Weg geradeaus durch das Mølledal zur Steinbrücke folgen.

Kombi-Tipp: Rundtour 42; die Wanderung ist stellenweise (Küstenpfad) Bestandteil von Tour 40.

Am **Infozentrum der Burg Hammershus** ❶ namens **Brohuset** (»das Brückenhaus«) gehen wir aufwärts auf das Dach des im Jahr 2018 eröffneten Zentrums, gesponsert vom A.-P.-Møller-Fonds, der philantropischen Stiftung der Mærsk-Reederei. Die Anlage geht in Grundzügen zurück auf einen Entwurf des dänischen Architekten Jørn Utzon aus dem Jahr 1971. Die Dachterrasse bietet einen beeindruckenden Blick auf die Burg Hammershus. Die Burg rechts im Blick gehen wir links Richtung Parkplatz P2. Nach 70 m bietet sich rechts bei einem Rastplatz mit Tischen und Bänken ein schöner Blick auf die Burg. Hier verlassen wir den Zugangsweg zum Parkplatz, indem wir am Rastplatz den links abwärtsführenden Pfad nehmen, der uns nach wenigen Metern auf einen anderen (mit gelbem Punkt markierten) Pfad führt, dem wir durch den Wald folgen. Nach 5 Minuten halten wir uns etwas rechts und wandern aufwärts, abzweigende Pfade ignorieren wir. 50 m nach Waldende erreichen wir den 82 m hohen Troldsbjerg und passieren dabei einen mehr als 2 m hohen bronzezeitlichen Bautastein. Wir wandern auf dem sich schlängelnden Pfad mit violetter Markierung südwärts, vorbei an den Moorweihern Troldsmyr und Komyr sowie durch Wald. 300 m nach dem linken Abzweig des Højlyngssti erreichen wir einen Fahrweg und folgen ihm durch das Gatter in das seit 1967 wieder mit Schafen beweidete Heidegebiet. Geradeaus auf dem Pfad mit dem 82 m hohen **Finnens Top** ❷ und schöner Aussicht auf die Küste Richtung Finnedalshuset

Das moderne Informationszentrum der Burg Hammershus.

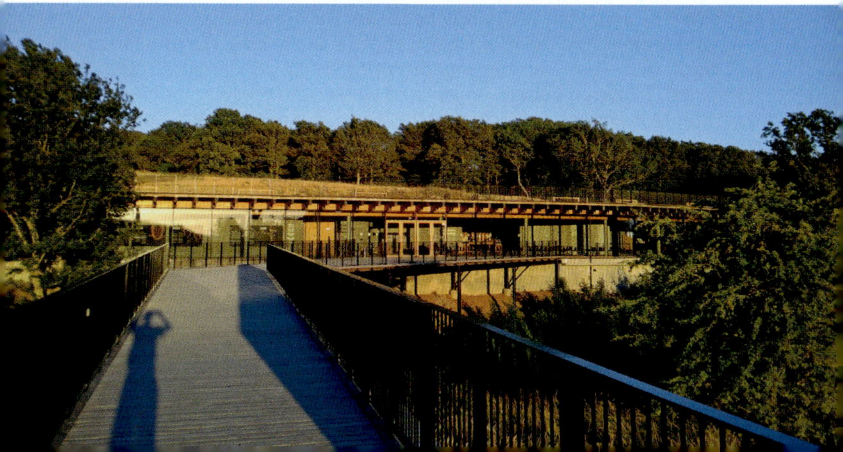

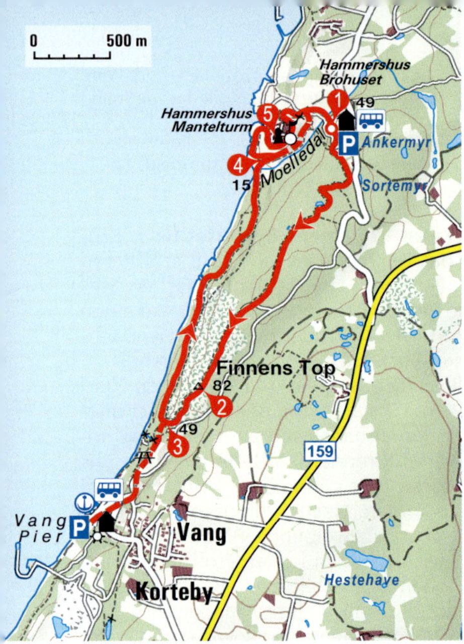

hinunter durch Wacholderheide mit Farn bis zu einem Gatter am Südende der Heidefläche. Hier stoßen wir auf den gelb markierten Küstenwanderweg. Links ist ein Gatter und die **Abzweigung nach Vang** ❸, siehe Variante.

Wir aber folgen dem Küstenweg nach rechts, links unterhalb der Schlossheide. Bald bietet sich ein schöner Blick auf die Burg Hammershus, dahinter erkennen wir die Halbinsel Hammeren und am Horizont die minimal etwa 37 km entfernte schwedische Küste. Der Weg verschwindet wieder im Wald. 400 m nach dem Ende der Heide passieren wir ein Gatter, halten uns danach rechts, gehen durch ein weiteres Gatter und danach links (gelbe Markierung). Der Waldpfad führt abwärts und kann vor allem an wurzeligen Stellen bei Nässe rutschig sein. Unten halten wir uns an der Kreuzung unter Bäumen halb rechts und gehen links an Teichen vorbei. Nach 100 m geht es im **Mølledal** ❹ an der Abzweigung scharf links aufwärts in Richtung der Kamelhovederne (»Kamelköpfe«) genannten Felsen, oder alternativ (kürzer und ohne Burgbesichtigung) geradeaus durch das Mølledal zurück.

Nach 300 m verlassen wir den links an der Burg vorbeiführenden Küstenweg und steigen rechts über Holzstufen zur **Burgruine Hammershus** hinauf. Nach dem Passieren der inneren Burgmauer gehen wir an dem Teich vorbei, der früher in Belagerungszeiten als Wasserreservoir für Mensch und Vieh diente. Kurz vor der Aussichtsplattform, der ehemaligen Kanonenbatterie, sind rechts in der Mauer Teile der alten Backstube und Brauerei erkennbar. In Belagerungszeiten musste die Burg so autark wie möglich sein, und Bier war damals ein Grundnahrungsmittel – pro Person und Tag wur-

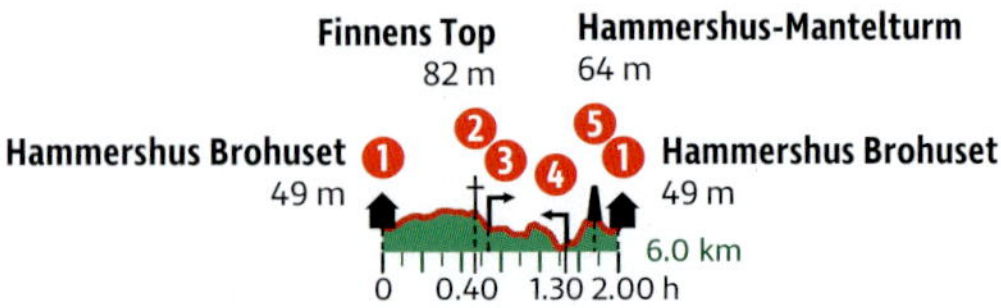

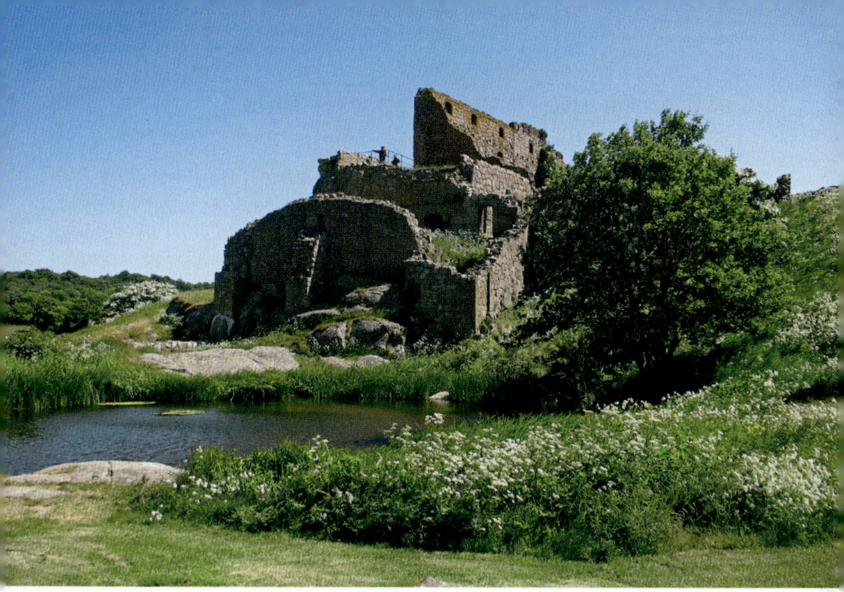

Wasserreservoir in der Burg Hammershus.

den mehrere Liter getrunken. Wir halten uns weiterhin links und durchqueren den ehemaligen Innenhof mit links den Gemeinschaftsräumen und der Kirche dahinter, rechts der Küche und dem Wohntrakt des Schlossherrn.
Der Weg führt unter dem **Mantelturm** ❺ hindurch, dem ehemaligen Gefängnis, wo im 17. Jh. die Königstochter Leonora Christina mit ihrem Mann wegen Hochverrats eingesperrt war und mithilfe zusammengeknoteter Laken filmreif flüchtete. Die (Back-)Steine des oberen Teiles unterscheiden sich von dem unteren: Sie erinnern an die Zeit der Besetzung durch die Lübecker im 16. Jh., die als Hansemacht den Turm erhöhten und in der Burg ihre Steuereinnahmen horteten. Alte Dokumente berichten von jährlich u. a. 180 t Butter, 11 Ochsen, 37 Schweinen und 360 Gänsen.
Aus dem Mantelturm hinaustretend, wandern wir geradeaus zu den Steinfundamenten an der rechten Innenseite der Burgmauer – den früheren Ställen und Scheunen. Wir folgen dem Mauerverlauf nach links, links vorbei an dem großen Magazingebäude und durch die innere Burgmauer hindurch. Dann geht es abwärts, links um einen weiteren Schlossteich herum und schließlich auf dem Hauptweg im Rechtsbogen hinab, mit weitem Blick auf die Küste Bornholms und hinüber nach Schweden. Nach der Querung der besterhaltenen Festungsbrücke Dänemarks halten wir uns rechts und gehen über die moderne Holzbrücke zum neuen **Hammershus-Infozentrum** ❶, mit Restaurant und dem Parkplatz dahinter.

↗ 140 m | ↘ 140 m | 8.1 km

42 Felszeichnungen und Hammershus

3.00 h

Rundwanderung zu Felszeichnungen und zur Burg Hammershus

Diese Rundwanderung im Norden Bornholms entführt uns zunächst in die vorgeschichtliche Vergangenheit der Insel: Wir passieren die größte Ansammlung bronzezeitlicher Felszeichnungen Dänemarks und wandern vorbei an Feldern und durch Wald in das Inselinnere. Dort entdecken wir einen noch in Betrieb befindlichen Granitsteinbruch und kurz darauf einen idyllischen Waldweiher. Vorbei an Burg Hammershus und dem von einem Hamburger Kaufmann angelegten früheren Ausfuhrhafen für Granit erreichen wir mehrere Seen, ebenfalls Relikte des Granitabbaus. An diesen entlang wandern wir zurück nach Sandvig, wo der Tourismus auf Bornholm um 1900 mit dem Bau mehrerer großer Badehotels entlang der Promenade begann.

Ausgangspunkt: Hafen bzw. Strandpromenade von Sandvig. Ein großer Parkplatz liegt nördlich von Sandvig zwischen dem Strand und dem Campingplatz Richtung Hammerodde Fyr (Navi: 3770 Allinge, Sandlinien). Weitere (kostenfreie) Parkplätze gibt es unterwegs, etwa am Hammerhavn nach 5,9 km (3770 Allinge, Sænevej 3).
ÖPNV: Busse bedienen die Haltestelle am Hotel Falcon nach 0,3 km oder später beim Infozentrum der Burg Hammershus – jeweils die Linien 2 Richtung Rønne (alle 1 bis 2 Stunden) sowie 7 und 8 mehrmals täglich rund um die Insel (Mai bis Oktober).
Anforderungen: Leichte Wanderung über Gras- und Waldwege sowie auf dem gut markierten Küstenweg, stellenweise auch über kleine asphaltierte Straßen und Parkplätze.
Markierung: Verschiedene Markierungen, u. a. Radweg, Cirkelstien (weiß), Kyststi und Højlyngssti (beide gelb).
Einkehr: Restaurant im Infozentrum der Burg Hammershus; Kiosk am Hammerhavn; Kiosk und nettes Café am Anfang von Sandvig; weitere Einkehrmöglichkeiten am Hafen von Sandvig.
Varianten: Verlängerung durch Runde um Hammeren. Außerdem zwei Varianten zum Abkürzen: 1) Ab Hammersholm geradeaus, durch das Gatter und abwärts, danach erst links und dann rechts und zur Straße kurz vor Hammershus und links haltend zu Infozentrum der Burg Hammershus auf der anderen Straßenseite (0,8 km kürzer). 2) Nach dem Gatter südlich von Hammersholm kurz rechts, dann geradeaus durch Wald abwärts (Højlyngssti), über die Straße und zum Infozentrum (1 km kürzer).
Kombi-Tipp: Küstenweg (Touren 40 und 34) sowie Rundwanderungen bei Sandvig (Touren 43, 44) und Hammershus (Tour 41).

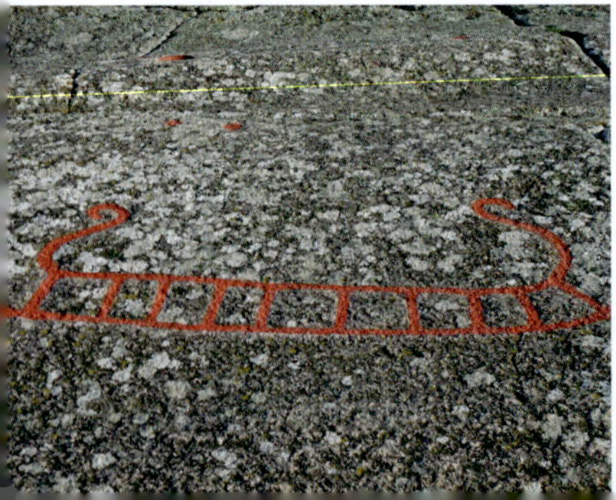

Felsritzzeichnungen am Madsebakke.

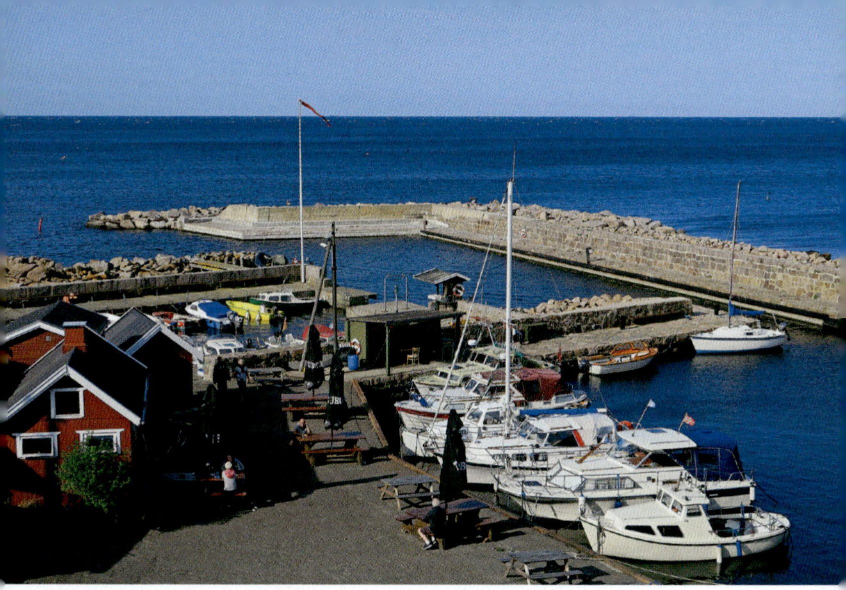

Der kleine Hafen von Sandvig.

Der **Hafen von Sandvig** ❶ ist überschaubar. Das Hotel Strandhotellet im Rücken gehen wir hinunter Richtung Hafenbecken, mit dem Café Dideriks Veranda zur Rechten. Weiter geht es rechts am Hafen vorbei, auf den Schornstein einer kleinen Räucherei zu und links an ihr vorbei. Links lockt (in der Saison) die beliebte Eisdiele Kalas. Wir folgen dem Pfad durch die Rechtskurve (Strandpromenaden) und halten uns nach Einmündung in einen größeren Weg rechts Richtung Uferstraße. Links liegt die Bushaltestelle Strandvejen/Hotel Falcon.
Nach Querung der Uferstraße gehen wir geradeaus über Stufen zwischen Metallgeländern aufwärts und danach links. Nach 20 m nehmen wir den rechts aufwärtsführenden Fahrweg, rechts an der Hotelanlage vorbei. Oben erreichen wir einen Radweg, der entlang der ehemaligen Bahntrasse verläuft, wo von 1913 bis 1953 Züge zwischen Rønne und Sandvig verkehrten. Hier gehen wir links und nehmen nach 5 Minuten den rechten Grasweg

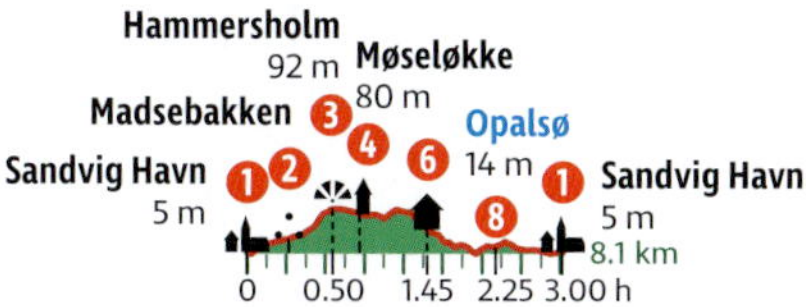

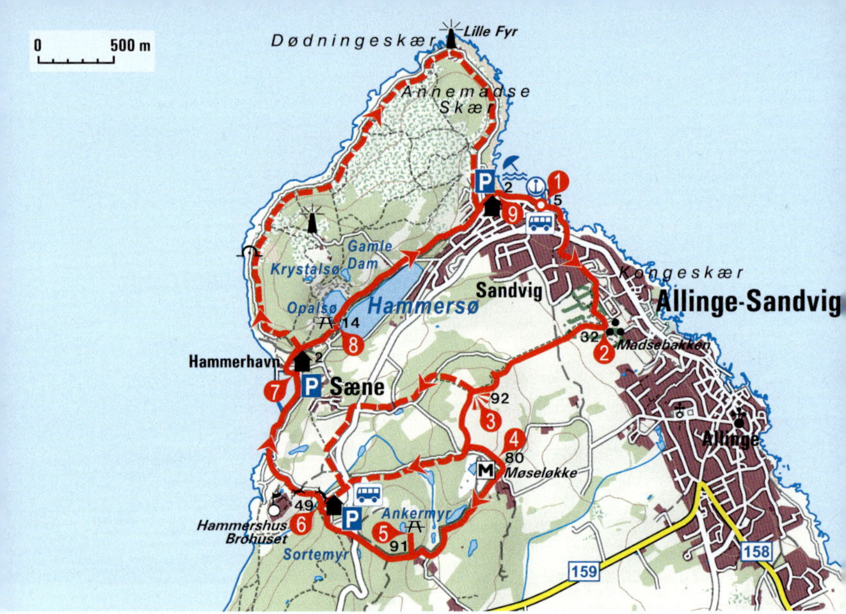

zu **Felsritzzeichnungen** aus der Bronzezeit, die mit roter Farbe verstärkt wurden, damit sie auch von Laien erkennbar sind. Abgebildet sind Sonnenräder, Schiffe, Schalen und Menschen – über die genaue Bedeutung rätseln Archäologen noch.

Wir folgen dem Grasweg etwas südlich (parallel zum Radweg) auf den Sendemast zu und erreichen nach wenigen Minuten bei einem großen Felsen weitere **Felszeichnungen** ❷. Wie die vorigen stammen auch diese aus der Bronzezeit und wurden in den 1990er-Jahren auf dem hügeligen Grund von dem Bauern Mads entdeckt, daher die Ortsbezeichnung **Madsebakken** (»Madsens Hügel«).

Kurz vor den Felszeichnungen von Madsebakken gehen wir bei einer Wegkreuzung rechts (gelber Pfeil) landeinwärts auf einem Grasweg und nach 5 Minuten bei der Kreuzung mit einem Spurweg geradeaus leicht aufwärts auf die bewaldete Kuppe zu (»Hammershus 2,3 km«). Nach weiteren 5 Minuten wandern wir bei einer Infotafel über Biolandbau geradeaus aufwärts über Holzstufen und kurz darauf durch ein Gatter. Rechts können wir den Ausblick genießen von einer runden hölzernen **Panoramaplattform**, die auch als Ufo-Landeplattform durchgehen könnte.

Wir gehen geradeaus über eine kleine Holzbrücke in das Wäldchen (»Cirkelstien«, weißer Pfeil) und passieren hier erst einen Weiher (rechts) und dann das bronzezeitliche Grab Hammersholm (links). Nach einem Gatter ver-

lassen wir den Wald und gehen auf den höchsten Punkt der freien Fläche von **Hammersholm** ❸ zu, der wieder von einer futuristischen **Panoramaplattform** gekrönt wird. Auf den Felsen dieser Hochfläche wurden auch einige Felszeichnungen entdeckt.
Bei der Aussichtsplattform Hammersholm halten wir uns leicht links und folgen dem Graspfad über die Wiese südwärts in etwa 5 bis 20 m Entfernung von einem Zaun. Nach dem Passieren des Gatters mit einer Infotafel über Hammersholm halten wir uns links und folgen dem Waldweg zum Steinbruch bei **Møseløkke** ❹. Ein **Museum** informiert hier über die Entwicklung des Granitabbaus auf Bornholm. Als einer der wenigen Granitsteinbrüche ist dieser noch in Betrieb und zählt rund 25 Arbeitskräfte – von einst mehr als 1000!
Wir wandern links an der beeindruckenden Grube vorbei und halten uns bei der Kreuzung nach dem Museum rechts. Der breite Radweg führt uns links am Steinbruch vorbei und durch Wald. In einer Linkskurve des Radweges vor einer Wiese gehen wir geradeaus über den Viehrost und folgen dem Spurweg aufwärts. Nach der Steigung beachten wir den rechts abzweigenden Weg nicht und folgen dem kleineren Spurweg geradeaus in den Wald. 250 m nach Verlassen des Radwegs bietet sich nach rechts ein kurzer Abstecher zum idyllisch gelegenen Waldweiher **Ankermyr** ❺ mit Tisch und Bank an.
Danach gehen wir auf dem bisherigen Weg durch Wald in westliche Richtung, der nach 200 m in einen anderen (Rad-)Weg mündet. Diesem folgen

Møseløkke ist einer der wenigen noch aktiven Granitsteinbrüche auf Bornholm.

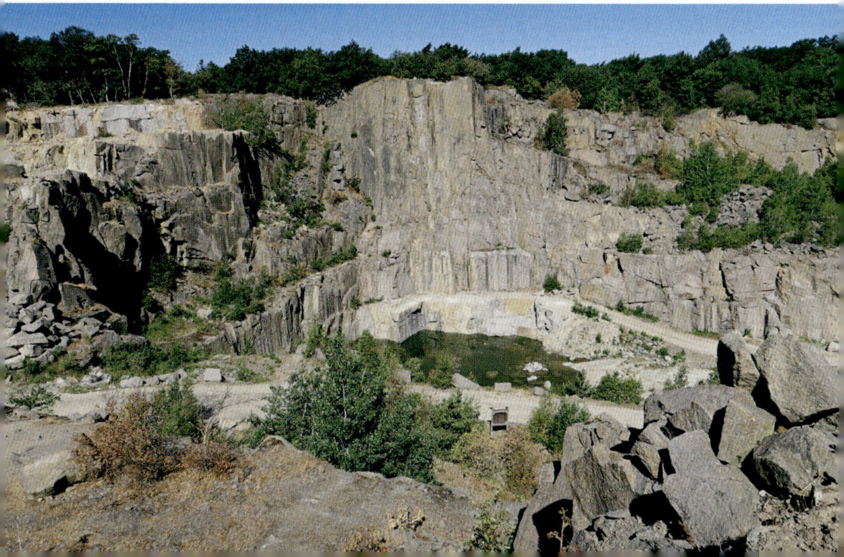

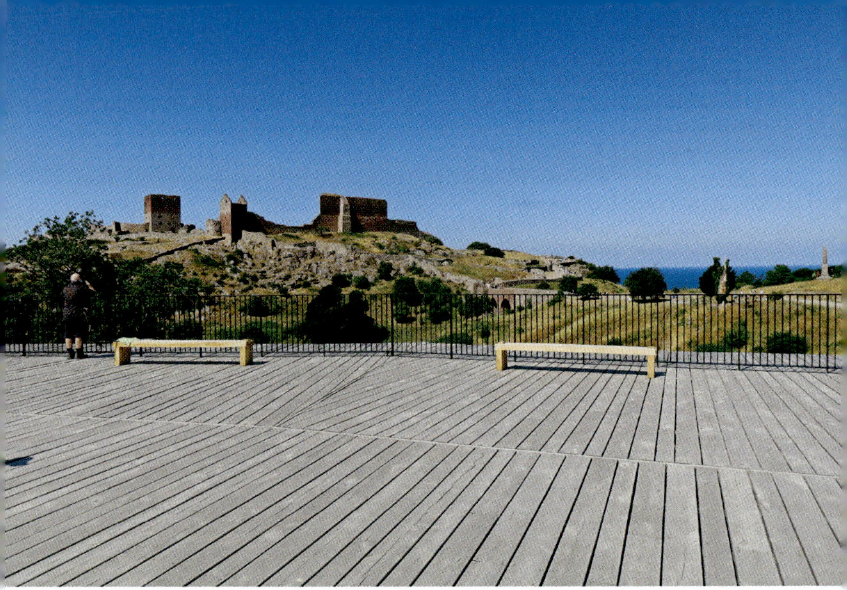

Blick auf Hammershus von der Dachterrasse des neuen Infozentrums.

wir geradeaus bzw. leicht rechts bis zur Straße vor der Burg Hammershus, die wir queren. Anschließend umgehen wir den großen Parkplatz (P1) auf der linken Seite und nehmen hinten rechts in der (nordwestlichen) Ecke den Zugangsweg zum **Infozentrum der Burg Hammershus** 6, das wir auf der Dachterrasse erreichen. In das Zentrum geht es rechts mittig auf der Treppe, unten hinaus durch die Glasfront und über die moderne Holzbrücke Richtung Burg und Küste. Bei der Kreuzung mit Tisch und Bank und dem Übergang zur Burg gehen wir etwas rechts haltend über Gras nach 50 m durch ein Gatter, Richtung Kamelhovederne. Wir folgen dem Pfad abwärts zu einer Senke mit links einem Weiher. Hier beachten wir den links abzweigenden Pfad nicht und gehen geradeaus und kurz darauf rechts durch ein Gatter.

Wir wandern jetzt auf dem Küstenpfad zum Hafen, den wir bald von oben erkennen können. Unten angekommen, nehmen wir links die Straße zum **Hammerhavn** 7. Weiter geht es nach 80 m in der Rechtskurve auf dem leicht zu übersehenden, rechts spitzwinklig aufwärtsführenden Pfad. Möglich ist vorher ein kulinarischer Stopp bei dem Kiosk in einem der modernen Holzhäuser am Hafen, dort ist auch eine Toilette. Der Hammerhavn wurde 1892 von dem Hamburger Kaufmann Ohlendorff nach dem Zusammenbruch seines Guanogeschäfts angelegt, um den im Hinterland abgebauten Granit günstig abtransportieren zu können.

Der in der Rechtskurve der Straße in nordöstliche Richtung hinaufführende Pfad bringt uns an einen größeren Weg heran (hier verläuft auch der Stenhuggerstien), dem wir rechts folgen, um nach 20 m bei einer Dreifachgabelung geradeaus zu gehen auf dem rot markierten Stenhuggerstien. Wir folgen dem Weg über die Wiese zum Parkplatz, wo wir den rechts abzweigenden Steig ignorieren und geradeaus gehen bzw. leicht links hinunter zur kleinen Badestelle am **Opalsø** 8. Dort nehmen wir die rechts aufwärtsführende Treppe und gehen auf dem Felsriegel zwischen Opalsø (links) und Hammersø (rechts), vorbei an einem Tisch mit Bank. Diesem Pfad folgen wir geradeaus entlang dem linken Ufer des Hammersø und ignorieren alle links abzweigenden Wege.
Schließlich treffen wir auf eine kleine Straße – die Zufahrtsstraße zum Leuchtturm – und folgen ihr für 50 m nach rechts, um dann links durch das Gatter und rechts haltend auf dem Pfad zu gehen. Beim zweiten Gatter auf der rechten Seite verlassen wir die Wiese und nehmen nach Passieren des Gatters den Fußweg nach links, auf dem wir nach 5 Minuten eine Kreuzung vor dem **Strand von Sandvig** 9 erreichen; links finden wir einen Kiosk, rechts Ella's Restaurant og Konditori. Wir nehmen geradeaus die Strandpromenade und folgen ihr bis zum Ende am **Hafen von Sandvig** 1, dem Ausgangspunkt unserer Wanderung.

Die Bucht vor Sandvig rühmt sich des größten Sandstrands im Norden Bornholms.

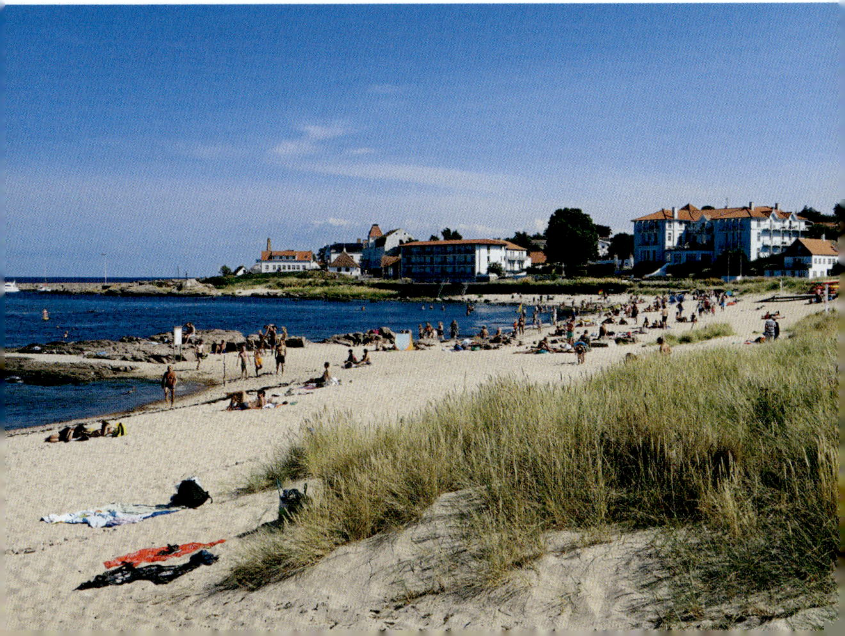

TOP

↗ 130 m | ↘ 130 m | 7.0 km

43 Bornholms Hammeren

3.00 h

Küsten-Rundwanderung um die Nordspitze

Auf der Karte erscheint die Nordspitze Bornholms wie ein Hammer, daher der entsprechende Name. Diese hammerförmige Halbinsel wird durch den Hammersø vom übrigen Bornholm getrennt, den einzigen (eiszeitlichen) Karsee Dänemarks. Die Gletscher der letzten Eiszeit haben den Granit am Hammer zu einem runden Felsen (ab)geschliffen. Wir umrunden den Hammer entlang der felsigen Gestade, die an die Schärenküste Schwedens erinnern, das als nächstgelegene Festlandsmasse am Horizont erscheint. Wir passieren mehrere Leuchtfeuer und Steinbruchseen, ehe wir wieder unseren an einer Sandbucht gelegenen Ausgangspunkt erreichen. Der 21 Meter hohe, große Leuchtturm Store Fyr (Hammeren Fyr) wurde 1872 auf dem 70 Meter hohen Plateau der Hammer-Halbinsel errichtet. Zu spät bemerkten die Bauherren, dass der einen Großteil des Jahres in Wolken gehüllte Standort nicht ideal war. Daher entstand 23 Jahre später unterhalb am Nordufer der neuere, niedrigere (12 m) Leuchtturm Lille Fyr. Beide strahl(t)en rund 35 Kilometer weit, das Store Fyr ist seit 1990 nicht mehr in Betrieb.

Ausgangspunkt: Sandvig Strand, am östlichen Ende der Strandpromenade. Landeinwärts gibt es neben dem Campingplatz und am Promenadenkiosk an der Straße Sandlinien mehrere Parkplätze (Navi: 3770 Allinge, Sandlinien). Weitere große Parkplätze finden sich unterwegs, etwa am oberen Leuchtturm Store Fyr

Salomons Kapel erinnert an Heringsmärkte der Hanse.

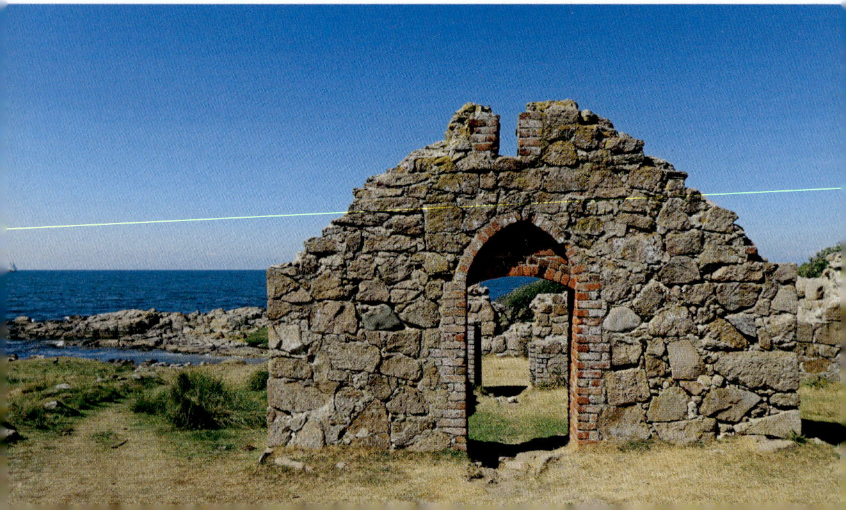

nach 4,8 km (3770 Allinge, Fyrvej 15).
ÖPNV: Die Bushaltestelle Sandvig Gl. Station (alter Bahnhof) liegt 0,3 km vom Ausgangspunkt entfernt oben im Ort. Dort halten die Linien 2 Richtung Rønne (alle 1 bis 2 Stunden) sowie mehrmals täglich die Linien 7 und 8 rund um die Insel (Mai bis Oktober); von der Haltestelle abwärts Richtung Strand zu Ellas Konditori, wo die Route erreicht wird.
Anforderungen: Leichte Wanderung großteils über den gut markierten, stellenweise felsigen Küstenweg. Wir wandern anfangs über die asphaltierte Zufahrtsstraße zum Leuchtfeuer, die für Verkehr (auch Radfahrer) gesperrt ist. Im weiteren Verlauf führt der Weg stellenweise über steinige und felsige Passagen, weshalb wir nicht allzu schnell vorankommen. Später geht es durch Wald, über Wiese und auf einem Kiesweg zurück nach Sandvig.
Markierung: Großteils Hammerknudten Rundt mit blauen Pfeilen sowie stellenweise Stenhuggersti (rot), Kyststi (gelb) und Salomons Sti (grün).
Einkehr: Kiosk und Café bei Sandvig Strand am Ende; Kiosk bei Abstecher zum Hammerhavn.
Varianten: 1) Abkürzung zu oder ab Salomons Kapel auf schönem Pfad durch das Landesinnere zwischen Ausgangspunkt und Salomons Kapel.
2) Weitere Abkürzungen: Während der Umrundung der Halbinsel Hammeren führen nach Salomons Kapel alle links abzweigenden Wege im Prinzip aufwärts Richtung Leuchtturm und sind damit als Abkürzung zu verwenden. 3) Oben auf der Halbinsel kann der Krystalsø kurz vor dem Leuchtfeuer auf einem urigen Pfad links umgangen werden.
Kombi-Tipp: Küstenweg (Touren 40 und 34) sowie andere Rundwanderungen bei Sandvig (42, 44).
Tipp: Besteigung des 21 m hohen Leuchtturms (Store Fyr) mit tollem Panorama und Blick in das ehemalige Arbeitszimmer des Leuchtturmpersonals (gratis).

Vom **Parkplatz am Strand von Sandvig** ❶ wandern wir nordwärts und passieren Infotafeln und einen Zugang mit Gatter, ab dem die Zufahrtsstraße zum Leuchtfeuer Lille Fyr nur noch für Fußgänger freigegeben ist. Links vor den Infotafeln zweigt eine Abkürzung zu Salomons Kapel ab. Wir aber folgen geradeaus der asphaltierten Zufahrt zum Leuchtfeuer entlang dem Ufer. Kurz nach einem Denkmal über eine Schiffsstrandung passieren wir das 12 m hohe weiße Leuchtfeuer **Lille Fyr** ❷, auch Hammerodde Fyr genannt.
Nach dem Leuchtfeuer folgen wir dem Weg rechts an einer Kanone und dem Funkmast vorbei durch ein Gatter (Schild »Salomons Kapel«). 150 m weiter sticht an einem Steinstrand eine ganze Armee von Steinmännchen ins Auge, ehe wir kurz darauf die mittelalterlichen Ruinen von **Salomons Kapel** ❸ erreichen. Im 14./15. Jh. wurden hier zu Hansezeiten große Heringsmärkte abgehalten.

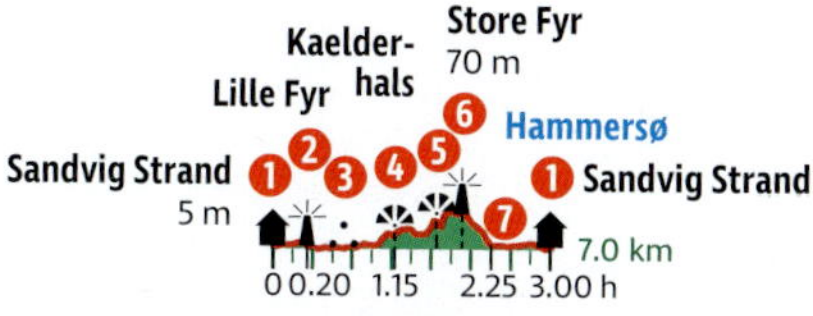

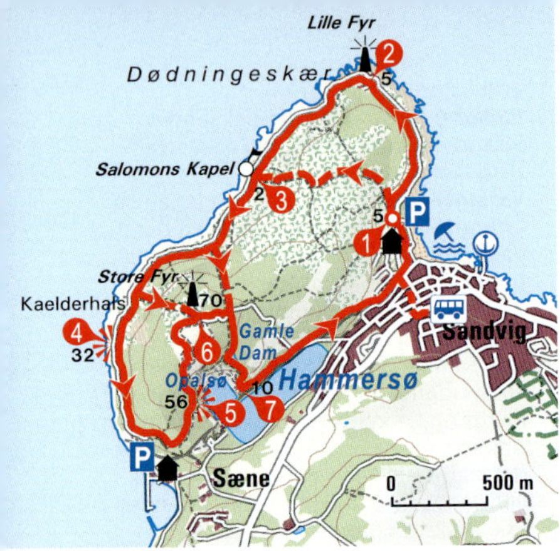

Der Uferweg führt uns nach 10 Minuten zu einer Gabelung. Hier ist es egal, wo wir gehen: Beide Varianten kommen wenig später wieder zusammen. Ansonsten bleiben wir auf dem rot-gelb markierten Uferweg, stellenweise mit Treppen, und beachten nach links abzweigende Wege nicht. An der Westküste passieren wir mehrere Felsklippen, darunter den 35 m tief abfallenden **Kælderhals** ❹, ein Paradies für Wasservögel.

Der Rundweg führt uns südwärts oberhalb vom Ufer Richtung Hammerhavn, angelegt 1892 für den Export von Granit, heute ein reiner Freizeithafen mit Jachten. Auf Höhe des Hafens halten wir uns etwas links und folgen dem Pfad auf etwa gleichbleibender Höhe (blaue Markierungen). Rechts zum Hafen hinunterführende Pfade ignorieren wir, es sei denn, wir wollen uns dort beim Kiosk stärken. Nach einer Linkskurve steigt der Pfad etwas an und führt an einer alten verrosteten Anlage vorbei, ein Relikt des früheren Granitabbaus. Kurz darauf erreichen wir mehrere Aussichtspunkte auf den **Opalsø** ❺. Dieser ehemalige Granitsteinbruch (seit 1873) ist heute im Sommer ein

Opalsø – früher steinharter Arbeitsplatz, heute Vergnügungsstätte für Freizeitsuchende.

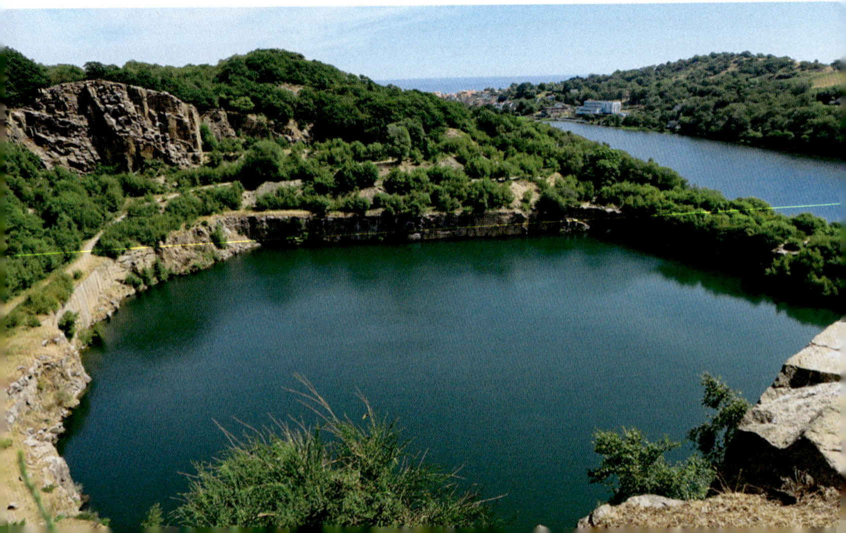

beliebtes Freizeitgebiet für zumeist Jüngere, die von den rund 7 m hohen Klippen springen oder mit der 290 m langen Seilbahn »Deadslide« aus 50 m Höhe mit bis zu 60 km/h in den See schweben und auf dessen Wasseroberfläche abgebremst werden.

Wir folgen dem Pfad aufwärts links vom Opalsø, auf den sich atemberaubende Blicke bieten. Oben angekommen, genießen wir noch einmal den Blick zurück hinunter auf den Opalsø und gehen geradeaus über die Hochfläche, rechts vorbei an dem flachen Krystalsø, ebenfalls ein ehemaliger Steinbruch. Das Wasser ist trotz des Namens nicht kristallklar, sondern eher braun infolge organischer Verschmutzung durch Fische.

Die bei flachen Felssteinen nach rechts weisende blaue Markierung ignorieren wir an dieser Stelle für einen lohnenden Umweg geradeaus zum Leuchtturm. Nach einer Rechtskurve gehen wir auf den sichtbaren Leuchtturm **Store Fyr** 6, auch Hammeren Fyr genannt, zu – mit weitem Ausblick von oben.

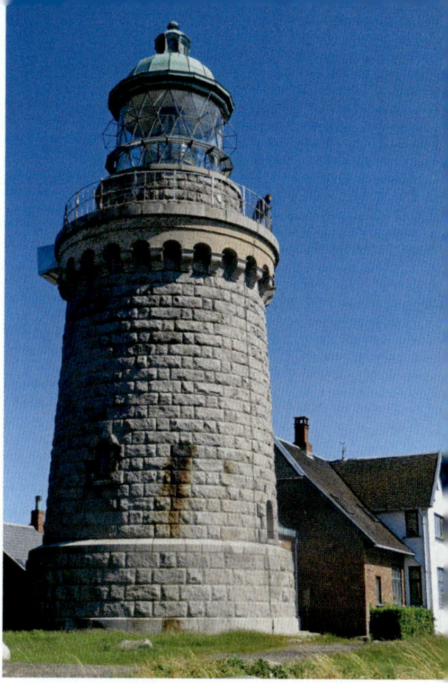

Store Fyr bietet einen Rundumblick über Hammeren.

Danach folgen wir für wenige Minuten der Straße abwärts durch den Wald, um bei der ersten Gelegenheit den rechts hinabführenden Fußweg zu nehmen. Nach wenigen Minuten halten wir uns oberhalb vom Opalsø links und folgen dem Weg links am Opalsø vorbei abwärts. Unten angekommen, gehen wir vor dem **Hammersø** 7 links auf dem nördlich an dessen Ufer entlangführenden Pfad durch Wald. Nach 5 Minuten stoßen wir auf die Zufahrtsstraße zum Leuchtturm und folgen dieser 50 m geradeaus, passieren danach links das Gatter und folgen dem Weg über die Wiese. Dabei halten wir uns so weit rechts wie möglich, d. h. links am Zaun entlang. Nach 5 Minuten gehen wir rechts durch ein (das erste) Gatter, über eine kleine Brücke und danach auf dem Fußweg nach links, der uns in rund 5 Minuten zu einer Kreuzung führt. Hier finden wir rechts eine Einkehrgelegenheit, Ella's Restaurant og Konditori, und links einen Campingplatz mit Kiosk. Ab dieser Kreuzung vor dem Strand von Sandvig folgen wir der Straße links zum **Parkplatz Sandvig Strand** 1, oder wir machen noch einen kleinen Umweg halb links den Strand entlang (Bretterweg durch Sand hinter dem Strand).

44 Der Steinhauersteig (Stenhuggerstien)

2.00 h

Rundwanderung im Norden zu alten Granitsteinbrüchen

Der thematische Rundweg Stenhuggerstien bewegt sich auf den Spuren der jüngeren Vergangenheit, nämlich den großen Granitsteinbrüchen im Norden der Insel, die seit 1819 und in großem Stil zwischen 1881 und 1971 abgebaut wurden. Einer der Investoren war der Hamburger Kaufmann Heinrich Ohlendorff (1836–1928) mit dem Motto »Granit statt Guano«. Zuvor war er zusammen mit seinem Bruder größter Importeur von Guanodünger im Deutschen Reich. Nach dem Zusammenbruch des Guanogeschäfts 1884 investierte er sein Vermögen in neue Projekte, wie eine Bank, Zeitung oder eben in den Abbau von Bornholmer Granit, dem wir heute als Pflastersteine etwa in Hamburg und Berlin begegnen oder bei Hafenanlagen an der deutschen Ostseeküste sowie dem Nord-Ostsee-Kanal. Wir wandern durch schmale Täler und hoch über teilweise wassergefüllten alten Steinbrüchen mit weiten Blicken über Bornholm und die Küste. Der 1892 zum Granitexport angelegte Hammerhavn markiert den Wendepunkt dieser Rundwanderung.

Ausgangspunkt: Parkplatz bei Sandvig Strand, nördlich vom Campingplatz (Navi: 3770 Allinge, Sandlinien). Weitere Parkplätze gibt es unterwegs, etwa am Opalsø (3770 Allinge, Sænevej 3).
ÖPNV: Die Bushaltestelle Sandvig Gl. Station (alter Bahnhof) liegt 0,3 km vom Ausgangspunkt entfernt oben im Ort. Dort halten die Linien 2 Richtung Rønne (alle 1 bis 2 Stunden) sowie mehrmals täglich die Linien 7 und 8 rund um die Insel (Mai bis Oktober); von der Haltestelle abwärts Richtung Strand zu Ellas Konditori, wo die Route erreicht wird.
Anforderungen: Mittelschwere Wanderung großteils über kleine Pfade durch Wald, über Gras und über Felsen, z.T. mit Stufen. Ein Mindestmaß an Trittsicherheit sowie Schwindelfreiheit bei den Felsplateaus sollte vorhanden sein. Ansonsten gibt es zwar kurze und stellenweise steile, aber keine langen An-/Abstiege.
Markierung: Stenhuggerstien mit roten Pfeilen und Punkten.
Einkehr: Kiosk und Café bei Sandvig Strand am Ende; Kiosk bei kurzem Abstecher zum Hammerhavn (100 m).
Varianten: Abkürzungsmöglichkeit beim Opalsø, wo wir geradeaus gehen und links zum Hammersø abbiegen können, ohne die Schleife zum Hammerhavn.
Kombi-Tipp: Küstenweg (Touren 40 und 34) sowie andere Rundwanderungen bei Sandvig (Touren 42, 43).

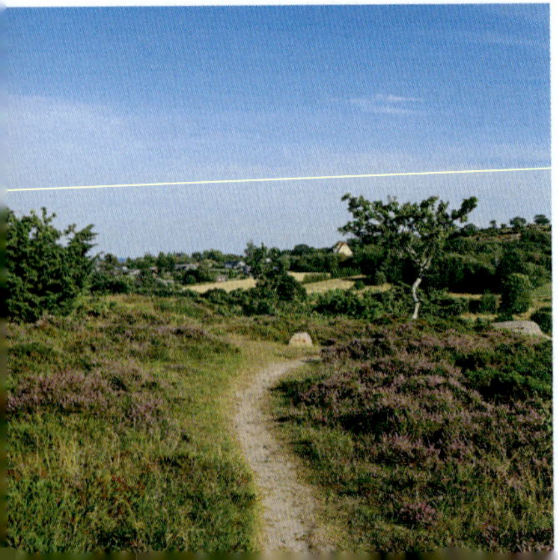

Heidelandschaft auf Hammeren.

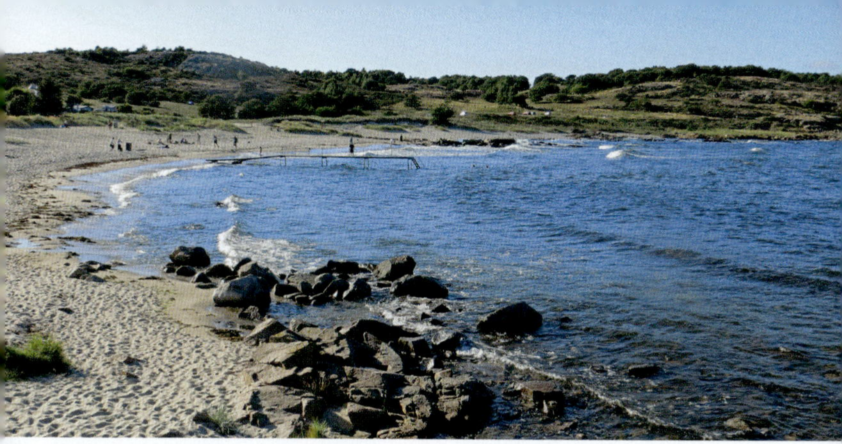

Am Sandvig-Strand mit Badesteg.

Vom **Parkplatz bei Sandvig Strand** ❶ gehen wir nordwärts entlang der kleinen Straße (Sackgasse) und biegen wenige Meter hinter dem Campingplatz links ab; ein Pfahl mit Aufschrift bzw. Logo (und QR-Code für weitere Infos) weist den Weg »Stenhuggerstien«. Wir queren den Sportplatz, links von uns liegt der Campingplatz, hinter uns der Strand. 70 m nach dem Passieren eines Gatters wandern wir bei einer Gabelung rechts durch ein kleines **Spaltental** ❷ mit einer kleinen Quelle radonhaltigen Wassers. Dieses radioaktive Element ist mancherorts auf Bornholm nachweisbar, leider auch in einigen Häusern an Felsformationen, infolge des Granits im Untergrund.

Nach der Schlucht bzw. nach etwa 5 Minuten halten wir uns bei einer weiteren Gabelung vor einer Wiese links (Markierung roter Punkt) und tauchen kurz darauf in den Wald ein. Nach 100 m bzw. nach dem Wald gehen wir – immer auf den roten Punkt achtend – bei einer Kreuzung von Pfaden rechts, nach 30 m bei einer Gabelung links, nach 30 m wieder rechts und nach weiteren 30 m links. Der folgende Abstieg über Sand ist für dänische Verhältnisse recht steil und führt in das Tal, wo wir am Fuß von Granitfelsen geradeaus gehen durch eine offene Landschaft namens **Sletten** (»Ebene«). Nach der Querung eines Gatters folgen wir der Zufahrtsstraße zum Leuchtturm ein kurzes Stück nach rechts, ehe wir nach 80 m den links abzweigenden Pfad nehmen, der uns am bewaldeten Nordufer des **Hammersø** entlangführt.

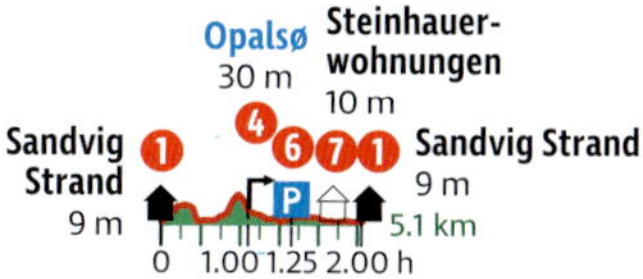

Nach 200 m aufgepasst: Bei den kaum erkennbaren Resten eines alten Steinbruchs (1880–1916) nehmen wir den rechts steil hinaufführenden Pfad (rote

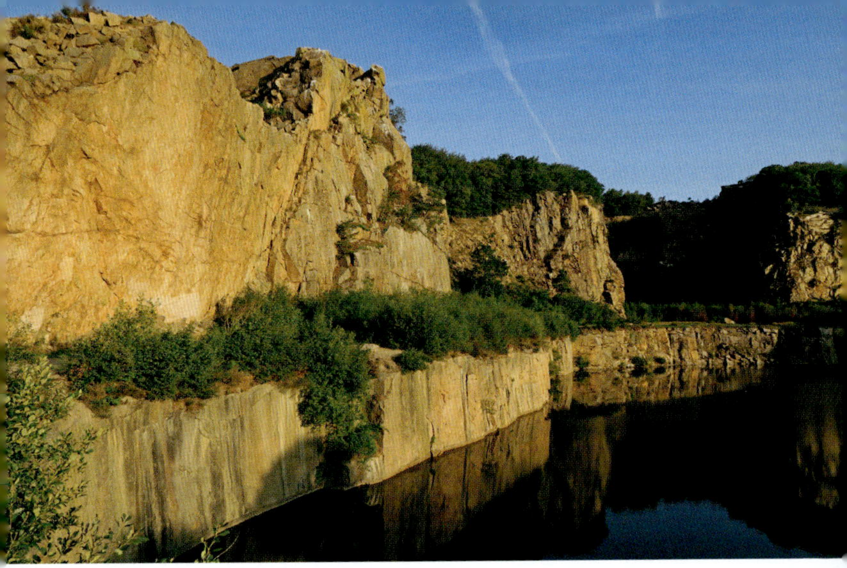

Abbruchkanten am Opalsø im Morgenlicht.

Markierung). Nach 20 m halten wir uns bei einer Kreuzung rechts, um über Schotter weiter aufwärts zu steigen zu drei übereinanderliegenden **Terrassen** ❸ eines ehemaligen **Steinbruches**. Oben offenbart sich ein weiter Blick über den Norden von Bornholm. Der gut markierte Steinhauersteig führt stellenweise im Zickzack aufwärts und entlang einer alten Seilbahn, über Felsenpartien und mit weiten Blicken von den terrassenartigen Strukturen, wo früher Granit abgebaut wurde. Vorbei an Felsen und großen Steinen geht es wieder abwärts. Der Abstieg führt zu einem wassergefüllten alten Steinbruch, vor dem wir dem Pfad bei einer T-Kreuzung vor einem Holzgeländer links abwärts folgen (roter Punkt). Kurz darauf geht es noch einmal abwärts über eine Holztreppe mit einer steilen Felswand rechts.

Vor dem beeindruckenden Steinbruchsee **Opalsø** ❹ erreichen wir eine Gabelung, wo wir uns rechts halten (roter Pfeil) und den See entgegen dem Uhrzeigersinn umrunden. Im Sommer verkehrt die abenteuerliche, 290 m lange Seilbahn »Deadslide« (tovbanen.dk) über den See. Wo heute die meist jüngeren Fahrgäste nach einer wenige Sekunden dauernden Fahrt mit bis zu 60 km/h im See landen, schwitzten bis 1971 Bergarbeiter beim Abbau des Granits.

Nach einem Gatter halten wir uns rechts und folgen dem Steig geradeaus in südwestliche Richtung; links von uns liegt eine Wiese mit dem Parkplatz dahinter. Nach 250 m gehen wir bei einer Kreuzung geradeaus, rechts neben dem Zaun und erreichen nach 100 m am Scheitelpunkt dieses Rundweges eine Abzweigung. Wir gehen links abwärts über Stufen und erreichen nach 20 m den **Scheitelpunkt 5** mit dem links unterhalb liegenden **Hammerhavn**, zu dem ein steiler Pfad hinunterführt.

Ansonsten geht es links weiter und bald darauf erreichen wir wieder den Weg, auf dem wir kurz zuvor in die andere Richtung gegangen sind. Aber nach 20 m verlassen wir ihn wieder bei einer Dreifachgabelung, wo wir geradeaus gehen (roter Punkt) über die Wiese und bei einem Tisch mit Bank etwas rechts, über den **Parkplatz 6**. Nach 50 m halten wir uns links, passieren die Schranke und folgen dem Radweg auf der rechten Seite des **Hammersø** Richtung Sandvig. Der 650 m lange und 150 m breite See kann mit zwei Superlativen aufwarten: Bornholms größter See mit einer Tiefe von bis zu 13 m und Dänemarks einziger (durch Gletscher geschaffener) Karsee.

Nach 10 Minuten erreichen wir wieder die Straße zum Leuchtturm, folgen ihr 50 m nach rechts und biegen dann links ab in die kleine Straße Hammershusvej, wo nach 100 m die in Reihen gebauten ehemaligen **Arbeiterwohnungen 7** der Steinhauer den Weg säumen. Viele Arbeiter waren aus dem seinerzeit armen Schweden eingewandert, sodass die Einwohnerzahl von Allinge und Sandvig zwischen 1850 und 1900 von rund 1000 auf 3000 wuchs.

Nach weiteren 100 m nehmen wir bei der linken Abzweigung der Strandgade den asphaltierten Pfad ganz links und nach 30 m den Fußweg nach rechts, der uns zur Kreuzung vor dem Strand führt, mit Ella's Konditorei rechts und links dem Strandkiosk und Campingplatz. Hier gehen wir links in nördliche Richtung und erreichen kurz darauf den **Parkplatz Sandvig Strand 1** am Campingplatz, unseren Ausgangspunkt.

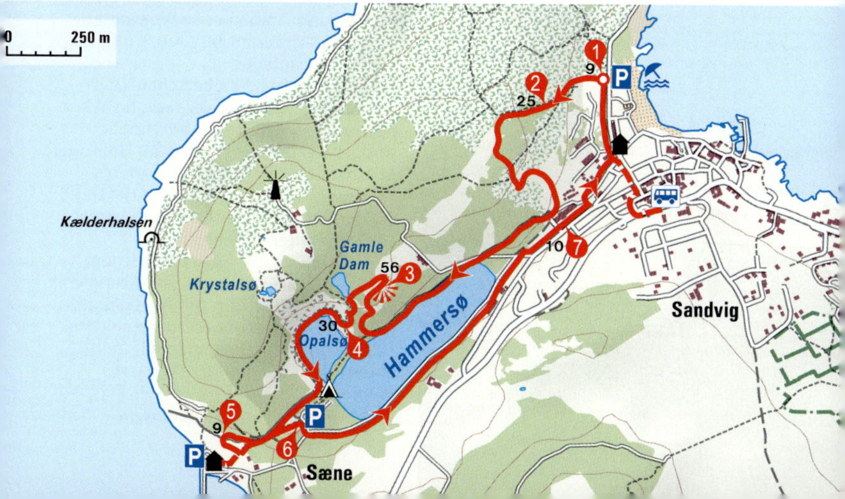

↗ 50 m | ↘ 50 m | 3.4 km

1.30 h

45 Auf den Erbseninseln (Ertholmene)

Rundwanderung auf den Ertholmene Christiansø und Frederiksø

Wie Erbsen erscheinen auf der Landkarte die Bornholm 15 Kilometer östlich vorgelagerten Schäreninseln Ertholmene (»Erbseninseln«), die per Schiff von Bornholm aus in einer Stunde zu erreichen sind. Die beiden größten und bewohnten Inseln sind nach dänischen Königen benannt, unter denen die Inseln als wichtiges militärisches Bollwerk im 17. Jh. ausgebaut wurden, erst gegen Schweden, später gegen Engländer: Christiansø und Frederiksø. Die Wanderung führt rund um diese beiden mit einer Brücke miteinander verbundenen Eilande mit ihren alten Verteidigungsanlagen und -gebäuden, in denen heute etwas weniger als 100 Menschen leben und die von 45.000 Gästen pro Jahr besucht werden.

Ausgangspunkt: Die Wanderung über die autofreien Inseln beginnt und endet am Anleger des Linienschiffes nahe der Brücke zwischen Christiansø und Frederiksø.

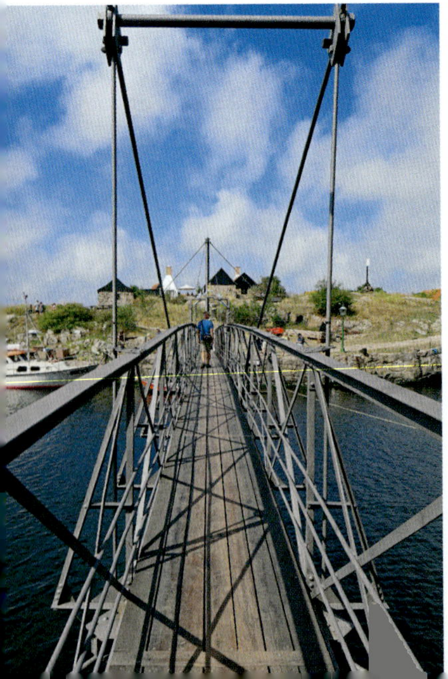

ÖPNV: Ganzjährige Schiffsverbindung zwischen Gudhjem und Christiansø (Fahrtdauer jeweils ca. 1 Std., Hin- und Rückfahrt ca. 250 dkr). Von Ende April bis Ende Oktober 10 Uhr ab Gudhjem und 14 Uhr zurück, in der Sommersaison, von Mai bis September gibt es täglich bis zu drei Abfahrten, christiansoefarten.dk.

Anforderungen: Leichte Wanderung über gut ausgebaute und befestigte Wege rund um die Inseln, stellenweise über Gras, gepflastert und mit Stufen.

Markierung: Stellenweise Wegweiser.

Einkehr: Restaurant und Kiosk oberhalb vom Schiffsanleger.

Varianten: Über die überschaubaren Ertholmene führt ein verzweigtes Wegenetz, sodass viele Varianten möglich sind, etwa kurze Abstecher am Ufer oder Abkürzungen Richtung Inselinneres. Verlaufen ist unmöglich – der Hafen ist von jedem Punkt der Insel in maximal 10 Gehminuten erreichbar.

Tipp: Lille Tårn mit lokalhistorischem Museum (u.a. Modell der Seefestung von 1855) sowie Store Tårn mit Aussichtsterrasse und Ausstellungen zu Geschichte, Natur und Kunst (beide täglich, zeitlich abgestimmt auf die Tagesfahrten).

Brücke zwischen den Erbseninseln.

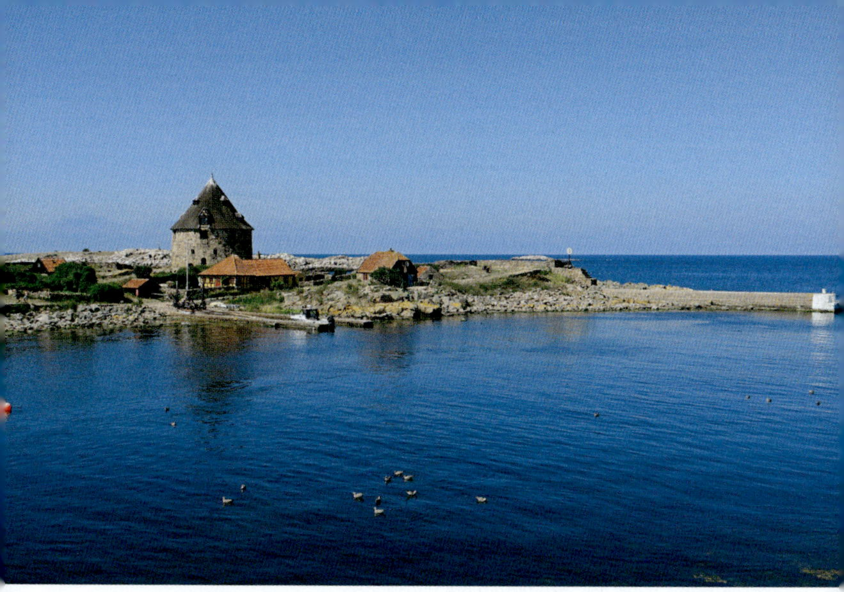

Lille Tårn, der »kleine Turm« auf Frederiksø.

Vom **Schiffsanleger Christiansø** 1 kommend gehen wir über die schmale Fußgängerbrücke hinüber zur kleineren Insel **Frederiksø** und halten uns gleich nach der Brücke rechts, um Frederiksø entgegen dem Uhrzeigersinn zu umrunden. Nach 5 Minuten erreichen wir kurz nach dem nördlichsten Punkt **Lille Tårn** 2, der seinen Namen zur Abgrenzung von dem größeren Turm auf Christiansø erhielt. Dieser »kleine Turm« mit seinen vier Stockwerken wurde 1687 zur Überwachung der Fahrrinne zwischen Frederiksø und Græsholmen erbaut und diente später als Herberge, Fechtübungsraum, Theater, Lazarett und heute als Museum über die Geschichte der Militärfestung. Entlang dem Westufer folgen wir dem Weg südwärts, vorbei an der **Nyhavn Batteri** mit einem Badesteg. Vor dem Gebäude mit wenigen und kleinen Fenstern, dem ehemaligen Gefängnis, gabelt sich der Weg. Bevor wir unseren Weg rechts entlang dem Ufer fortsetzen, lohnt sich ein kurzer Abstecher nach links zu dem in der Regel geöffneten Gefängnis **Fængslet Ballonen** 3 mit seinen sieben Zellen. In einer von ihnen war der Theologe und Philosoph Dr. Dampe 1826–1841 eingesperrt. Er hatte sich als Systemkritiker beim absolutistisch herrschenden Königshof keine Freunde gemacht.

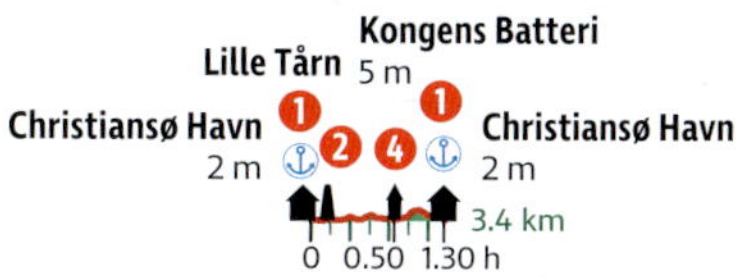

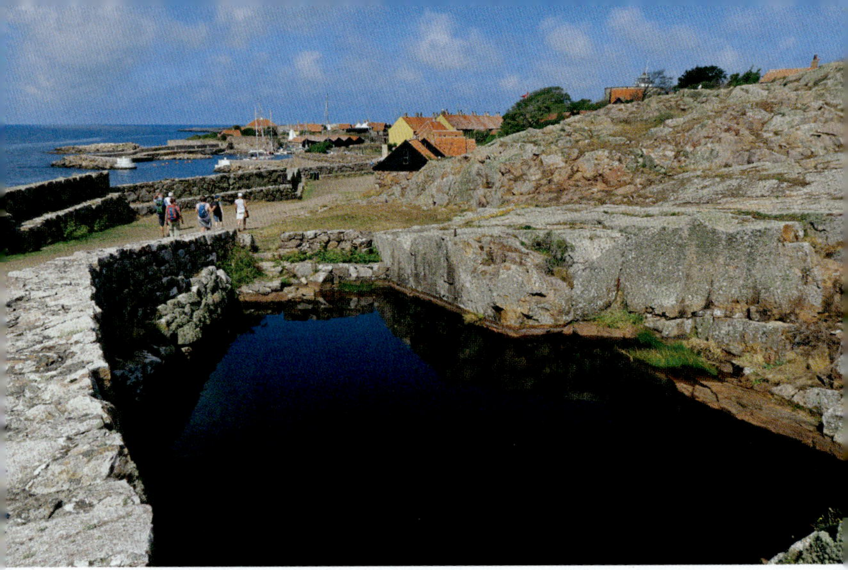

Wasserreservoir bei Kongens Batteri auf Christiansø.

Anschließend umrunden wir die Südspitze mit **Spanns Bastion** von 1684 und erreichen kurz nach den alten Kanonenbootsschuppen die Brücke, die uns wieder zur größeren Nachbarinsel Christiansø führt.
Auf **Christiansø** steigen wir nach der Brücke die Treppe hinauf und halten uns links, vorbei an einem kleinen Laden und der Gaststätte **Christiansø Kro** zur Rechten, wo früher der Kommandant wohnte. Wir folgen dem Weg geradeaus nordwärts. Mehrere links abzweigende Wege (zu alten Geschützstellungen) ignorieren wir und folgen dem Hauptweg im Norden von Christiansø bis kurz vor einen Sportplatz, wo wir zwischen Steinmauern dem Weg durch die Rechtskurve folgen. Der links abzweigende Weg zu »Verdens Ende« ist nicht lohnend, denn

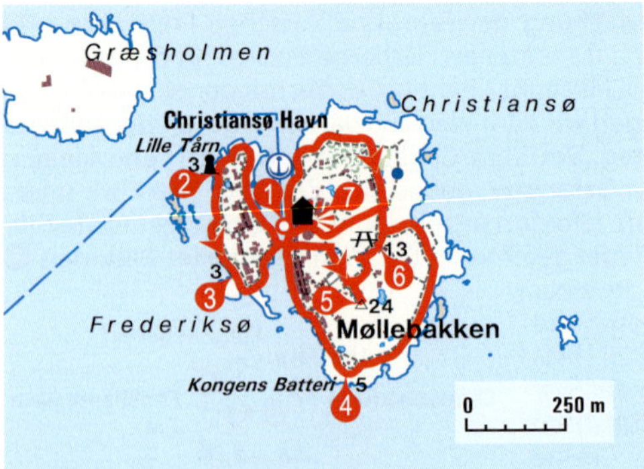

am »Ende der Welt« (wörtlich) ist Bauschutt deponiert. Nach 100 m passieren wir zur Rechten das alte Pfarrhaus von 1831, das heute als Schule genutzt wird – angeblich Dänemarks kleinste mit 10 bis 15 Schülern. Wir halten uns kurz nach der linken Abzweigung zu einem Campingplatz links und wandern kurz danach in einer Rechtskurve durch Kildendals Port und weiter über einen Grasweg, der uns zur Südspitze führt. Dort befinden sich die beiden größten Geschützstellungen der Insel: **Dronninge und Kongens Batteri 4**, beide errichtet um 1730. Von letzterer wandern wir abwärts in nördlicher Richtung, vorbei an einem Spielplatz und durch eine Gasse mit Wohngebäuden (und u. a. einer Post), ehemaligen Kasernen. Nach den Wohnblöcken steigen wir rechts die Treppe aufwärts, zwischen der Touristinfo (rechts) und dem Store Tårn. Kurz nach der Treppe halten wir uns rechts und folgen dem teilweise gepflasterten Weg links am Friedhof vorbei. Nach diesem gehen wir bei einer Kreuzung leicht links versetzt geradeaus und erreichen den höchsten Punkt der Erbseninseln, den 22 m hohen **Møllebakken 5**.

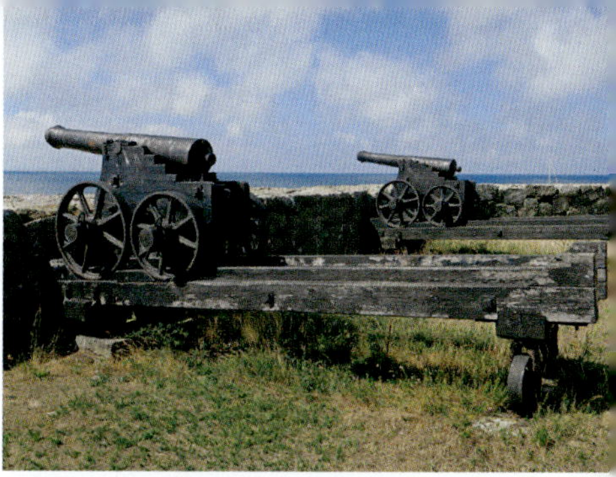

Kanonen bei Kongens Batteri auf Christiansø.

Hinunter geht es zunächst auf demselben Weg, aber gleich bei der ersten Abzweigung gehen wir rechts zu Teichen, wo wir uns wieder rechts halten. Danach laden links in **Kongens Have 6**, dem »Garten des Königs«, Tische und Bänke zur Rast ein. Wir folgen dem Weg in nördlicher Richtung rechts am Zeltplatz vorbei und gehen bei erster Gelegenheit links, direkt auf den **Store Tårn 7** zu. Bei seiner Modernisierung 2017 wurde er mit einem (Glas-) Dach versehen – nach mehr als einem Jahrhundert ohne Wetterschutz.

Weiter geht es westlich rechts am Store Tårn vorbei. Rechts lohnt sich ein kurzer Abstecher zur **Christiansø-Kirche** – einer ehemaligen Waffenschmiede – mit einem netten Aussichtspunkt davor.

Dann folgen wir der Treppe geradeaus abwärts, vorbei am **Christiansø Kro**, dem einzigen Restaurant der Inseln, sowie einem Kiosk zum Schiffsanleger Christiansø 1.

Schiffsanleger auf Christiansø.

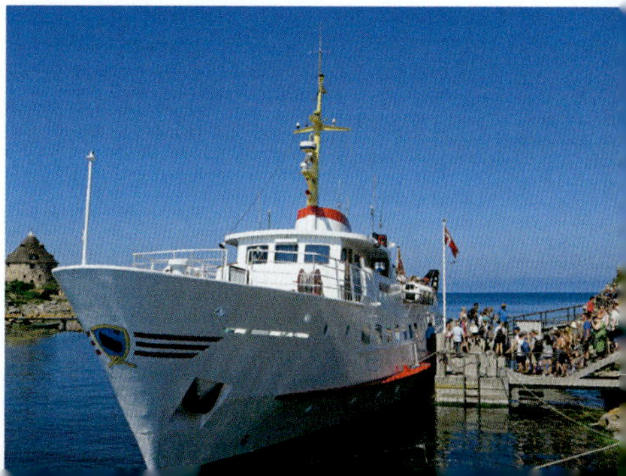

STICHWORTVERZEICHNIS

Umschlagbild: Küste mit Brandung und blühender Heide an der Nordspitze der Halbinsel Hammeren (Tour 43).

Bild im Innentitel: Küstensteig auf der Hammer-Halbinsel.

Alle Fotos vom Autor, ausgenommen die Fotos
der Seiten 152–157 (Idhuna Barelds).

Kartografie:
45 Wanderkärtchen im Maßstab 1:25.000, 1:50.000 und 1:75.000,
Geodaten © OpenStreetMap und Mitwirkende,
Kartografisches Design: SHOCart (CZ), shocart.cz;
2 Übersichtskärtchen im Maßstab 1:245.000 und 1:420.000,
© Freytag & Berndt, Wien

Werk-Nr.: 4546

2., überarbeitete und erweiterte Auflage 2024

ISBN 978-3-7633-4758-2

FSC www.fsc.org MIX Papier | Fördert gute Waldnutzung FSC® C147178

Wir freuen uns über jeden Korrekturhinweis zu diesem Wanderführer!
Bitte per E-Mail an: leserzuschrift@rother.de

ROTHER BERGVERLAG · Keltenring 17 · D-82041 Oberhaching
Tel. +49 89 608669-0 · rother.de